Aldo Maria Valli

Die KLEINE WELT des VATIKAN

Alltagsleben im Kirchenstaat

Aus dem Italienischen übersetzt
von Renate Warttmann
unter Mitabeit von Antje Peter

Klett-Cotta

Klett-Cotta
www.klett-cotta.de
Die Originalausgabe erschien unter dem Titel
»Piccolo mondo vaticano«
im Verlag Editori Laterza, Rom/Bari 2012
© 2012 by Editori Laterza, Rom/Bari
© 2014 by J. G. Cotta'sche Buchhandlung Nachfolger GmbH,
gegr. 1659, Stuttgart
Alle deutschsprachigen Rechte vorbehalten
Fotomechanische Wiedergabe nur mit Genehmigung des Verlags
Printed in Germany
Redaktion: Antje Peter, Berlin; Michael Lenkeit
Umschlag: Rothfos & Gabler, Hamburg,
unter Verwendung eines Fotos von © Dorothea Schmid/laif
Vorsatzkarte: © Editori Laterza, Rom/Bari
Innenabbildungen: © Doomko/Dreamstime.com (Wappen),
© myvector/123rf.com (Briefmarke)
Gesetzt von Dörlemann Satz, Lemförde
Gedruckt und gebunden von CPI – Clausen & Bosse, Leck
ISBN 978-3-608-94744-1

Bibliografische Information der Deutschen Nationalbibliothek
Die Deutsche Nationalbibliothek verzeichnet diese Publikation in der
Deutschen Nationalbibliografie; detaillierte bibliografische Daten
sind im Internet über http://dnb.d-nb.de abrufbar.

INHALT

Einführung
Klein und ein bisschen seltsam — 7

Ein heiliger Stuhl — 19
Darf ich eintreten? — 33
Die Vatikanstadt — 45
Spenden und Investitionen — 58
Am Hof des Souveräns — 67
Die neun Schwestern — 82
Noch mehr Ämter der Römischen Kurie — 98
Kleiner Kosmos — 116
In den Häusern des Papstes — 165
Landhaus am See — 173
Massenmedien — 185
Die andere Hälfte des Himmels — 200
Schattenseiten — 209
Ein Tag mit Benedikt XVI. – Der Tagesablauf
eines Papstes — 234
Ite, missa est – Gehet hin in Frieden — 243

Literatur — 246
Ausführliches Inhaltsverzeichnis — 248
Personenverzeichnis — 251
Legende — 256

EINFÜHRUNG

KLEIN UND EIN BISSCHEN SELTSAM

EINE WELT FÜR SICH Das Territorium heißt »Staat der Vatikanstadt«. Die Rechtskörperschaft, die ihre Aktivität in diesem Staat entfaltet, und nicht nur dort, heißt »Heiliger Stuhl«. Aber diese Unterscheidung wird sehr häufig nicht so genau genommen, und man spricht einfach vom »Vatikan«: Der Vatikan hat ... gesagt; der Vatikan hat ... entschieden; der Vatikan hat verkündet ...; der Vatikan hat interveniert ...

Das ist nur eine erste Beobachtung. Sobald man aber das Gebiet hinter den schützenden Mauern betritt, ahnt man schon, dass man in eine ebenso kleine wie komplexe Welt eintaucht.

Im Hinblick auf die Flächenausdehnung ist es der absolute Rekord: knapp 44 Hektar; das ist weniger als die Hälfte des Fürstentums Monaco, des zweitkleinsten Staates weltweit. Aber mit seiner Komplexität ist der Vatikan ein ganz einzigartiger Kosmos. Das beginnt schon mit den beiden Staatssprachen: Italienisch und Lateinisch. Letztere ist ja eine »tote« Sprache, aber man hält sie hier für wichtiger als die Erstere, was sich daran zeigt, dass der Vatikan – pardon, hier muss es »der Heilige Stuhl« heißen – die lateinische Sprache verwendet, wenn er etwas besonders Gewichtiges zu verlautbaren hat.

Damit hören aber die seltsamen Widersprüche nicht auf. Der Staat »Vatikanstadt« prägt zwar eigene *Münzen* (einst die

Lira, heute den Euro), aber ausschließlich zu Sammlerzwecken. Für den normalen Gebrauch im Handel verwendet man den Euro, der in Italien oder in den anderen Staaten der Euro-Zone geprägt wird – obwohl der Vatikan selbst gar nicht der Europäischen Union angehört. Anders bei den *Briefmarken*: Der Vatikan stellt sie für Sammler und den alltäglichen Bedarf her; es gibt sogar ein Postamt in der Vatikanstadt.

Der *Heilige Stuhl* ist ein Subjekt des Völkerrechts mit voller Souveränität auf dem Territorium des Staates Vatikanstadt. Dennoch unterscheidet sich dieser Staat von allen übrigen Staaten insofern, als auf seinem Gebiet das kanonische Recht gilt. Der Heilige Stuhl ist kein Mitglied irgendeiner internationalen Organisation wie UNO, FAO, UNESCO – und dennoch entsendet er ständige Beobachter in diese Organisationen.

Als *souveräner Staat* kann der Vatikan, sofern er es für berechtigt oder ratsam hält, auf Antrag politisches Asyl gewähren. Wenn aber eine Person, die sich eines Delikts auf italienischem Staatsgebiet schuldig gemacht hat, in das Gebiet hinter den heiligen Mauern flüchtet, ist er gehalten, den Täter den italienischen Behörden zu übergeben.

Wie verhält es sich nun mit der *Staatsbürgerschaft*? In allen Staaten der Welt erhält man sie auf zwei verschiedene Arten: durch das *ius soli* oder das *ius sanguinis* – in einfachen Worten: Um Bürger eines bestimmten Staates zu sein, muss man in diesem Staat geboren sein oder man muss Eltern haben, die sich schon dort aufhalten. Um aber die vatikanische Staatsbürgerschaft zu erwerben, muss man Kardinal sein und im Vatikan residieren, also im Vatikan leben, um seiner Berufstätigkeit nachzugehen – oder Mitglied der Schweizergarde sein.

Hier stoßen wir auf eine weitere Kuriosität. Es ist zwar ganz normal, dass ein Zwergstaat auch eine winzige *Operetten-Armee* unterhält, aber es ist absolut einzigartig, dass die Soldaten dieser Armee aus einem anderen Staat stammen müssen.

Sie haben die sehr ernst zu nehmende Pflicht, das Leben des Papstes zu schützen; dennoch tragen die Gardisten Waffen, die vor 500 Jahren gebräuchlich waren.

Es stimmt schon: Hinter den Leoninischen Mauern (so genannt nach Papst Leo IV., der sie vor über 1000 Jahren errichten ließ, nachdem der Vatikan von den Sarazenen geplündert worden war), betritt man eine Welt voller Überraschungen: Der hochberühmte *Petersdom* ist eigentlich ein *Grabmonument*. Erbaut und häufig neu errichtet wurde der Dom über dem Grab des armen Fischers aus Galiläa, der nach Rom kam und dort den Märtyrertod erlitt. Wirklich eine Kirche ist hingegen die *Sixtinische Kapelle*, jährlich von Millionen Touristen besucht, die sich dort zusammendrängen und wie in einem Museum das *Jüngste Gericht* von Michelangelo bestaunen. Der *Petersplatz*, weltbekannt durch die päpstlichen Zeremonien, bildet mit der Windrose und dem Obelisken, der als Schattenstab dient, zudem eine Sonnenuhr. Der Pontifex (von lateinisch »Brückenbauer«) hat in seiner Eigenschaft als *Bischof von Rom* seinen Stuhl nicht im Petersdom, sondern in der *Basilika San Giovanni in Laterano*.

Noch viele weitere Merkwürdigkeiten könnte man aufzählen. Im Folgenden versuche ich, diese vielgestaltige Welt zu beschreiben und ihre Besonderheiten zu beleuchten und genauer zu erklären. Wir glauben uns einem großen Tableau zu nähern, in dem jedes Detail zahlreiche Bedeutungen hat und auf Gegebenheiten verweist, die ihrerseits alle zur Erklärung beitragen. Ich beginne mit der Geografie.

AUF DEM HÜGEL DER WAHRSAGER   Der Tiber bildet auf seinem Weg zur Mündung ins Mittelmeer zahlreiche flache Schwemmlandgebiete. In Rom befand sich eine solche Fläche zwischen dem Monte Mario und dem Gianicolo; in der Antike wurde sie *Ager Vaticanus* (vatikanisches Feld) genannt, nach einer archaischen Ansiedlung der Etrusker mit Namen *Vaticum*. So hieß auch ein kleiner Hügel am Rand dieses Geländes, vielleicht weil sich dort der Gott *Vaticanus* aufhielt, der möglicherweise seinen Namen vom *vaticinium*, der Wahrsagekunst, erhielt, weil an dieser Stelle die *Haruspices*, etruskische und römische Priester, künftige Ereignisse wahrsagen konnten, indem sie die Eingeweide von Opfertieren untersuchten.

Im Übrigen hatte dieser Bezirk keinen guten Ruf. In dem sumpfigen Gelände lauerte die Malaria. Tacitus sprach nur von *infamibus Vaticani locis*, also von der verruchten Gegend des Vatikan. Und alles, was auf den Äckern wuchs, war bekannt für seine schlechte Qualität. Über die Rebsorten, die auf dem kleinen Hügel gediehen, dichtete Martial: *Vaticana bibas, si delectaris aceto*, die Vaticaner magst du trinken, wenn du Spaß an Essig hast.

In der Kaiserzeit wurde das Gelände trockengelegt, und einige römische Matronen ließen in diesem Bezirk Landhäuser mit schönen Gärten errichten. Im 1. Jahrhundert n. Chr. plante Kaiser Caligula einen Circus für Streitwagen-Rennen in der Senke neben dem Hügel, und Kaiser Nero ließ den Bau fertigstellen. Der Bezirk lag außerhalb der Stadtmauern, weshalb er außerdem als Nekropole genutzt wurde.

Der Überlieferung zufolge bestattete man dort auch den *Apostel Petrus*, das Oberhaupt der Jünger Jesu, nachdem man ihn gekreuzigt hatte: mit dem Kopf nach unten – auf eigenen Wunsch und als Zeichen dafür, wie niedrig und unwürdig er mit Blick auf seinen Herrn und Meister war. Dies geschah wohl zwischen 64 und 67 n.Chr. während der Christenverfolgung, die Kaiser Nero angeordnet hatte. Man beschuldigte die Christen, den großen Brand gelegt zu haben, der die Stadt Rom verwüstete.

Das *Petrusgrab* war zweifellos sehr schlicht, nicht viel mehr als ein kleiner Grabhügel, dicht neben dem Circus. Dennoch hüteten die Christen die Grabstelle sorgsam, und 100 Jahre später bargen sie die Gebeine und legten sie in eine marmorne Grabnische innerhalb eines kleinen Monuments, das aus zwei schlichten Säulen und einer Überdachung bestand. Es war an eine rotgetünchte Mauer gelehnt, die von den Christen dieser Zeit mit zahlreichen Inschriften versehen wurde. In einem Text aus dem Jahr 160 sprach der römische Diakon Gaius von dem Petrusgrab, das man auf dem *Vatikanshügel* in einem *tropaion*, einem Grabmonument, aufsuchen und verehren könne.

Im Jahr 1939, unter dem Pontifikat Pius' XII., wurden archäologische Forschungen auf den Weg gebracht. Ein Expertenteam, das zwischen 1941 und 1950 dort tätig war, entdeckte nicht nur die Überreste des Gräberfeldes, sondern auch ein ganz kleines Grabmonument und die rotgetünchte Mauer, und gerade auf dieser Mauer fand sich ein griechisches Graffito, das von der Epigrafikerin Margherita Guarducci als *Petros eni* (Hier liegt Petrus) entziffert wurde. In neueren Studien wird allerdings vermutet, es könnte sich um einen Teil des Satzes *Petros in eirene*, Petrus ruht in Frieden, handeln. Die Gebeine wurden im Jahr 1953 unter dramatischen Umständen wieder aufgefunden; sie gehören zu einem Mann von stämmigem Körperbau und etwa 1,65 Meter Größe; er starb im Alter von etwa 70 Jahren. Auf Margherita Guarducci und ihre Entdeckung komme ich an geeigneter Stelle zurück.

Die Gebeine waren nicht mehr an dem bescheidenen Ort, weil sie in konstantinischer Zeit in das kleine Grabmal umgebettet wurden (das belegen die Reste der »roten Mauer«), aber dass es sich in der Tat um die Gebeine des Apostels handelt, gilt als recht glaubhaft, zumal Reste eines golddurchwirkten Purpurstoffs, in die sie eingehüllt waren, zutage kamen. Das wiederum beweist, dass dieser Mann zwar in einem sehr einfachen Grab beigesetzt wurde, aber mit den besonderen Ehrenbezeugungen für ein hohes Amt.

Der zum Christentum übergetretene Kaiser Konstantin I. ließ im 4. Jahrhundert genau über den Resten dieses kleinen Grabmonuments eine gewaltige Basilika errichten. Papst Julius II. (Giuliano della Rovere) plante eine ganz neue Basilika, zu der er am 18. April 1506 den Grundstein legte – an der Stelle, wo heute der *Veronikapfeiler* im Petersdom zu sehen ist.

Jede Bautätigkeit zog tiefgreifende Veränderungen nach sich und zahllose weitere Gebäude kamen hinzu, alles zu Ehren von Petrus, dem ersten Bischof von Rom. Das war ein ganz einzigartiger Vorgang, wenn man bedenkt, dass Kaiser Konstantin das weitläufige Gelände für die Errichtung der ersten Basilika einebnen ließ, denn dieses Gelände galt damals wegen seiner zahllosen Grabmonumente als unantastbar. Ein solches Vorgehen konnte nur einem höchst ungewöhnlichen Beweggrund entspringen.

Unter Paul VI. hat man die armseligen Gebeine wieder in das kleine Grabmal verlegt und mit einer Plexiglas-Vitrine geschützt. Sie geben all dem seine Bedeutung, was im Lauf der Jahrhunderte – darüber und darum – gebaut wurde. Zum einen sind da die verschiedenen *Altäre*, die dort übereinanderliegen: der Altar von Gregor dem Großen aus dem 6. Jahrhundert, der von Kalixtus II. aus dem 12. Jahrhundert und der von Clemens VIII. aus dem 16. Jahrhundert. Diese Geltung zeigt sich an der heutigen *Kuppel* des Petersdoms mit ihren 136 Metern Höhe, erbaut von Giacomo Della Porta nach dem Entwurf Michelangelos im 16. Jahrhundert, und schließlich auch an dem kostbaren *Baldachin* über dem Altar, den Bernini im 17. Jahrhundert erdachte: Sie alle erheben sich in der genauen Vertikale über dem bescheidenen Grabmal, das unter der Erde verborgen war und in der westlichsten Ecke der antiken vorchristlichen *Nekropole* lag.

Dort unten, gleich neben den *Petrusreliquien*, werden auch

die geweihten Pallien aufbewahrt. Das *Pallium* ist ein langer, weißer Wollstreifen, der als Zeichen eines hohen liturgischen Amtes um die Schultern getragen wird. So trägt auch der Papst ein Pallium, und jedes Jahr überreicht er den neu ernannten Metropolitan-Erzbischöfen ein solches. Aus reiner Lammwolle gewebt, symbolisiert es den guten Hirten, der nach dem Gleichnis ein verirrtes Lamm auf den Schultern trägt.

Ein Pallium herzustellen erfordert eindrucksvolle, komplexe Zeremonien: Jedes Jahr, genau am 20. Januar (dem Tag der hl. Agnes), erhalten die Schwestern von der Heiligen Familie von Nazareth zwei weiße Lämmer von den Trappistenmönchen aus dem Kloster Tre Fontane. Sie waschen die Tiere sehr sorgfältig, trocknen sie, schmücken sie mit Tüchern und Bändern, setzen sie am nächsten Tag in einen Korb und übergeben sie den Beauftragten des Vatikans, und diese wiederum tragen die Lämmer für einen Segensspruch zur Kirche Sant'Agnese fuori le Mura an der Via Nomentana. Schließlich werden sie beim Papst abgeliefert, der verfügt, dass sie in das Kloster der Benediktinerinnen von Santa Cecilia im Stadtteil Trastevere zu bringen sind. Dort werden die Lämmer in der Karwoche geschoren, und eben aus dieser Wolle spinnen, weben, schneidern und besticken die Nonnen die Pallien, die der Papst am Abend des 28. Juni (Peter und Paul) über dem Petrusgrab segnet.

VOM HEILIGENGRAB ZUM STAAT   Über dem Petrusgrab hat das Christentum viel mehr errichtet als nur eine Basilika. Ausgehend von einem bescheidenen Grabhügel, entstand hier eine religiöse, kulturelle und politische Organisation, die immer weiter ausgreift und zunehmend komplexer wird. Genau von diesem *römischen Grab* aus hat sich die Religion, die Jesus von Nazareth in Palästina gründete, zu einem durchstrukturierten System um die Nachfolger Petri entwickelt, die als *katholische Kirche* (von griechisch *katholikós*, umfassend, universell) definiert und daher für alle Menschen ohne Unterscheidung von Geschlecht, Alter, Sprache und gesellschaftlicher Stellung bestimmt ist.

Heute gibt es auf der ganzen Erde rund 2 Milliarden Christen; etwas mehr als eine Milliarde davon sind römisch-katholisch: Sie erkennen den Papst als Oberhaupt der Kirche an. Durch seinen Namen sind sie, mehr oder weniger ausgeprägt, überall auf dem Planeten miteinander verbunden. Aber wo sie auch leben mögen: Im Geiste schauen sie immer nach Rom und auf den Vatikanhügel, unter dem höchstwahrscheinlich die irdischen Überreste des Fischers aus Kapernaum ruhen. *Kefas* bedeutet in der aramäischen Landessprache, die auch die Sprache Jesu war, »Fels«; in genauer griechischer Übersetzung wurde daraus »Petros«.

Politisch haben sich das *Papsttum* und der *Vatikan* im Lauf der Jahrhunderte zu einem Gebilde entwickelt, das *mehr als nur eine Religion* war. Seit dem 6. Jahrhundert bis zum Jahr 1870 besaß die Kirche nicht nur geistliche, sondern auch weltliche Macht – im weiteren Sinne über einen guten Teil Europas, im engeren über einige Territorien auf der italienischen Halbinsel. Diese weltliche Form von Macht nennen wir auch »zeitlich«, weil sie, wie alle irdischen Dinge, relativ ist, ihre Zeit hat und damit – selbst wenn es sich um eine Macht wie die Kirche handelt – irgendwann zu Ende geht.

Das Ende kam am 20. September 1870 morgens zwischen 9 und 10 Uhr, als italienische Soldaten unter dem Kommando des Generals Raffaele Cadorna eine Bresche in die römische Stadtmauer auf der Höhe der Porta Pia schlugen und in die Stadt Rom strömten, die damals zusammen mit Latium vom einstigen Kirchenstaat übrig geblieben war. Die anderen Regionen, die zum Herrschaftsgebiet des Papstes gehörten – Romagna, Umbrien, die Marken –, waren nach Volksabstimmungen in das Königreich Italien eingegliedert worden. Der Widerstand der 13000 Verteidiger, darunter zahlreiche Freiwillige, war nur symbolisch. Aus militärischer Sicht war diese Operation schon fast lachhaft, ihre Auswirkungen auf die Zukunft Italiens und die des Heiligen Stuhls waren hingegen entscheidend: Das Königreich konnte endlich seine Hauptstadt nach Rom verlegen und damit das gesamte italienische Territorium zusammenführen, während die Kirche fortan die Ausübung ihrer Jurisdiktion auf den Staat Vatikanstadt zu beschränken hatte.

Um die Beziehungen zum Papst und zum Vatikan zu regeln, erließ das Königreich das sogenannte *Garantiegesetz*, das im Mai 1871 ratifiziert wurde. Es sah einen Status der Exterritorialität für die vatikanischen Paläste, den Lateran, den Palazzo della Cancelleria in Rom (»mit allen Gebäuden, Gärten, zugehörigem Grund und Nebengebäuden«) vor, ebenso für die päpstliche Residenz Castel Gandolfo (»mit allem Zubehör und Nebengebäuden«). Außerdem bestätigte es die *Unverletzlichkeit der Person des Papstes* und billigte ihm das Recht zu, eine bewaffnete Garde zur persönlichen Verfügung zu unterhalten. Aber Pius IX., der damalige Papst, war keineswegs einverstanden, betrachtete sich als Gefangener der Italiener, gab die Bulle »Non expedit« (»Es ist nicht angebracht«) heraus und hatte schon vor dem Überfall an der Porta Pia erklärt, er verbiete allen Katholiken, sich an der Politik des Landes zu beteiligen, weil jeder, der sich beteilige, diesem italienischen Staat eine Legitimation zuspreche, die er für die Kirche nicht besitze.

Diese Situation, die sogenannte *Römische Frage*, blieb festgefahren bis zu den Lateranverträgen vom 11. Februar 1929 – den Namen erhielten sie nach dem Ort der Unterzeichnung, dem Lateranpalast. Unterzeichner waren der damalige Kardinalstaatssekretär Pietro Gasparri und der italienische Ministerpräsident Benito Mussolini. In diesen Verträgen (Art. 3, I) heißt es: »Italien anerkennt das volle Eigentum sowie die ausschließliche, unumschränkte souveräne Gewalt und Jurisdiktion des Heiligen Stuhls über den Vatikan, wie er gegenwärtig besteht, mit all seinem Zubehör und seinen Dotationen. Hierdurch wird zu den besonderen Zwecken und unter den im vorliegenden Vertrag genannten Bedingungen die Vatikanstadt geschaffen.«

Diese wenigen Sätze waren entscheidend: Mit ihnen wurde der neue, kleine, unabhängige Staat errichtet, den beide Vertragsparteien anerkannten: der Staat Vatikanstadt, lateinisch *Status Civitatis Vaticanae*. Er ist vollständig vom Stadtgebiet Roms umschlossen, also eine *Enklave* auf dem Territorium der Republik Italien; in diesem Punkt gehört er zu den drei souveränen Staaten in der Welt, die heute als Enklaven bestehen: Die beiden anderen sind San Marino (ebenfalls Enklave auf italienischem Staatsgebiet) und Lesotho (Enklave im Staat Südafrika).

Die *Lateranverträge* sind aus drei Dokumenten zusammengesetzt: dem Vertrag, der die Souveränität des Heiligen Stuhls über den Staat Vatikanstadt anerkennt; der Finanzkonvention, die unter anderem Zollfreiheit auf importierte Waren vorsieht, und schließlich dem Konkordat, das die weltlichen und religiösen Beziehungen zwischen der Kirche und dem italienischen Staat definiert. Da es sich um eine beiderseitige Übereinkunft handelte, die nach einem diplomatischen Konflikt erreicht werden konnte, wurde es auch mit dem Begriff »Versöhnung« (*conciliazione*) definiert. So erhielt auch die große Straßenachse zwischen der Engelsburg und dem Petersplatz, die Mussolini plante (erst 1950 vollendet), den Namen »Via della Conciliazione«. Seit 1948 ist der Inhalt des Konkordats fester Bestandteil der italienischen Verfassung (Art. 7).

Nach langen Verhandlungen wurde am 18. Februar 1984 in der Villa Madama ein *neues Konkordat* unterzeichnet, diesmal von Kardinal Agostino Casaroli als Repräsentanten des Heiligen Stuhls und dem damaligen italienischen Ministerpräsidenten Bettino Craxi. Es enthielt zwei neue Regelungen: Der Klerus in Italien sollte aus einem Teil der gesamten Einkommensteuer (IRPEF) bezahlt werden, durch einen Mechanismus, der im Gesetz Nr. 222 vom 20. Mai 1985 festgelegt und kurz als »Gesetz der Acht Promille« bezeichnet wurde. Danach sollte auch der Religionsunterricht in den Schulen nicht mehr Pflicht, sondern fakultativ sein; bei der Aufnahme in die Schulen sollten die Schüler mitteilen, welche Wahl sie getroffen hatten.

Dieses »Acht-Promille-Gesetz« betraf nicht die Finanzen des Vatikans oder des Heiligen Stuhls. Wie ich noch zeigen werde, besitzt er völlig andere Quellen für Unterhalt und Besoldungen. Deshalb gebe ich hier nur einen raschen Überblick, um genauer zu beschreiben, um was es sich bei dieser Sache handelt.

Durch dieses Gesetz muss der Staat den Anteil an der gesamten Einkommensteuer Italiens, die er einzieht, unter den verschiedenen Glaubensgemeinschaften aufteilen, aber jeder einzelne Steuerzahler kann angeben, welcher Glaubensgemeinschaft sein Beitrag zugutekommen soll. Die Verwendung der vorhandenen Geldmittel ist gesetzlich festgelegt. Soweit es den Staat betrifft, ist vorgesehen, dass sie für den Kampf gegen den Hunger in der Welt, für Hilfsmaßnahmen nach Naturkatastrophen, für Flüchtlingshilfe und für den Schutz von Kulturgütern ausgegeben werden. Die Verwendung der Gelder für Glaubensgemeinschaften werden durch Absprache geregelt, je nachdem, welche Konfession für finanzielle Zuwendungen zugelassen ist.

So etwa ist festgelegt, dass die katholische Kirche, die Waldenserkirche und die Kirche der Adventisten des Siebten Tages die *Gelder* für humanitäre, soziale und kulturelle Maßnahmen verwenden müssen. Die katholische und die lutherische

Kirche können sie auch zur Unterstützung ihrer Geistlichen einsetzen, während die Vereinigung der jüdischen Gemeinden in Italien sie auch zum Schutz der Interessen der Juden in Italien und zur Verteidigung von Minderheiten gegen jegliche Form von Rassismus und Antisemitismus nutzen kann.

Das »Gesetz der Acht Promille« hat jedoch einen Schwachpunkt, der immer wieder für Kritik sorgt. Er betrifft die Verteilung der nicht ausdrücklich vom Steuerzahler gelenkten Gelder (rund 60 Prozent äußern sich nicht, wohin ihr Anteil gelangen soll). Diese Verteilung geschieht proportional zu den ausdrücklichen Bestimmungen durch die Steuerzahler, was zur Folge hat, dass die katholische Kirche, die von etwa 30 Prozent der Steuerzahler angegeben wird, in Wirklichkeit 80 Prozent der Gesamtsumme auf sich zieht.

Vor der Revision des Konkordats hatte der italienische Staat der Kirche seit 1929 die sogenannte *Kongrua* (das Angemessene) zugestanden, im Grunde ein Gehalt für die Priester, »für die Seelsorge«, wie man damals sagte, weil sie mit helfenden Tätigkeiten für die Gläubigen befasst waren. Mit dem »Gesetz der Acht Promille« dagegen werden die Gelder, die von den Steuerzahlern ausdrücklich bestimmt sind, von der italienischen Bischofskonferenz (CEI) im Istituto centrale per il sostentamento del clero (ICSC, Zentralinstitut für die Priestergehälter) gesammelt, verwaltet und weiterverteilt.

Das »Gesetz der Acht Promille« kommt nicht dem Vatikan zugute, sondern der Kirche, die in Italien wirkt, vertreten durch die Bischofskonferenz, also die Körperschaft, die alle Bischöfe umfasst, die in Italien ihr Amt ausüben. Innerhalb der Leoninischen Mauern dagegen funktionieren die Dinge, wie ich gleich zeigen werde, ganz anders.

EIN HEILIGER STUHL

CATHEDRA UND PAPSTTHRON   Anspruchsvoller könnte der Name nicht sein: Heiliger Stuhl. Der »Stuhl« hat auch etwas mit dem »Sitz« zu tun, und im Fall der Päpste handelt es sich um einen besonders wichtigen Sitz, weil er zugleich Thron und Bischofssitz, Cathedra, ist. Der Thron bedeutet, dass der Papst ein Souverän ist, und Cathedra, dass er als Nachfolger Petri die Aufgabe hat, die rechte Lehre zu verkünden und seine Brüder im Glauben zu stärken.

Die Cathedra, der Bischofsstuhl des Papstes, findet sich nicht im Petersdom, sondern in der Kirche San Giovanni in Laterano. Der Name Lateran geht auf die römische Familie der Laterani zurück. Sie waren die Eigentümer des Grundstücks, auf dem im 4. Jahrhundert die Basilika errichtet wurde. Der Heilige Stuhl im buchstäblichen Sinn steht also in San Giovanni, der Kathedrale der Diözese Rom, dem offiziellen Bischofssitz des Papstes und der ersten der vier Papstbasiliken Roms. Die anderen Basiliken sind Sankt Peter, San Paolo fuori le Mura und Santa Maria Maggiore. San Giovanni ist überdies die älteste Basilika des Abendlandes.

Dass sich die Cathedra des Papstes in San Giovanni und eben nicht im Petersdom befindet, ist ein deutlicher Hinweis darauf, dass der Pontifex seine Aufgabe der kirchlichen Lehre aus seinem Amt als Bischof von Rom bezieht. Trotzdem ist eine echte Cathedra auch im Petersdom erhalten geblieben: integriert in ein barockes Monument, das Gian Lorenzo Bernini im 17. Jahrhundert zur Verherrlichung des Papstes und seiner

Macht geschaffen hat. Es waren die Jahre der Gegenreformation, die die katholische Kirche als Antwort auf die protestantische Herausforderung bestritt, und Bernini stellte seinen Genius in den Dienst der großen Sache. Der Legende nach gehörte die *Cathedra*, die Bernini hoch oben, gut sichtbar, in der Apsis des Petersdoms anbrachte, Petrus selbst. In Wirklichkeit jedoch handelt es sich um einen Holzstuhl aus dem 9. Jahrhundert: Der Frankenkönig Karl der Kahle schenkte ihn dem damaligen Papst Johannes VIII., als er im Jahr 875 Rom besuchte, um sich am Weihnachtstag zum Kaiser krönen zu lassen.

Seitdem wurde dieser hölzerne Thron, der nur aus viereckigen Teilen zusammengesetzt und von sehr schlichter Machart war, als Sitz bei liturgischen Feiern genutzt und wie eine Reliquie verehrt. Bernini arbeitete ihn schließlich 1666 im Auftrag Alexanders VII. in ein majestätisches Kunstwerk ein. Damit verlieh er ihm zwar noch mehr Bedeutung und Glanz, entzog ihn aber zugleich auch der Bewunderung der Gläubigen.

Um der Wahrheit willen sei hinzugefügt, dass dieser Stuhl trotz der ihm entgegengebrachten Wertschätzung nie der wichtigste Gegenstand der Verehrung für die Besucher der alten konstantinischen Basilika war. Viel lieber beteten sie vor dem Schweißtuch der Veronika, die der Legende zufolge mit diesem Tuch das Gesicht Jesu Christi auf seinem Leidensweg zur Kreuzigung säuberte, wodurch seine Gesichtszüge auf dem Tuch haften blieben. Möglicherweise wurde diese Reliquie später in die Kirche von Manoppello (Schleier von Manoppello) in der Provinz Pescara verbracht. Ein Beweis dafür lässt sich allerdings nicht finden.

Der Sitz war jedenfalls sichtbar und legte Zeugnis von der jahrhundertealten Macht des Papstes ab. In der Absicht, ihn zu überhöhen, integrierte ihn Bernini in den Thron im Zentrum seines Monuments, sodass er einerseits von einer wahren Lichtflut umgeben wurde, andererseits verhindert wurde, den päpstlichen Thron in seiner irdischen Schlichtheit zu sehen.

Man könnte diesen Umstand auch als zweitrangig abtun, aber das ist er keineswegs. Mit dem Verschwinden der Cathedra wurde es für die Gläubigen schwieriger, sich eine Vorstellung von der Macht und der Autorität des Papstes zu machen. So hat man sie wohl noch im 17. Jahrhundert einige Jahre lang regelmäßig aus dem gewaltigen Reliquiar Berninis herausgezogen, um sie öffentlich auszustellen. Allerdings erwies sich das als ein durchaus schwieriges Unterfangen, und so beschloss man 1681, den Sitz für immer an seinem Platz zu belassen. Zum letzten Mal wurde er nach dem Willen Pius' IX. zwischen dem 28. Juni und dem 9. Juli 1867 öffentlich ausgestellt. Im Jahr 1968 schließlich erteilte Paul VI. auf Anfrage einiger Forscher die Genehmigung, den Sitz neuerlich aus dem Monument herauszunehmen und wissenschaftlich zu prüfen. Das Objekt wurde in die Sakristei gebracht, abgemessen und sein Alter entweder mit der dendrochronologischen Methode (nach Jahresringen) oder mit der Radiokarbon-Methode bestimmt. Resultat: Der Stuhl wurde überwiegend aus Eichenholz gefertigt; das Datum der Herstellung lässt sich ungefähr auf das Jahr 870 eingrenzen.

Während der Stuhl des Papstes in ein großes Kunstwerk integriert wurde, schrumpfte der päpstliche Stuhl im übertragenen Sinn nach und nach zusammen, bis er schließlich dem winzigen vatikanischen Territorium entsprach. Konnte dennoch seine Heiligkeit bewahrt werden? An diesen Punkt reihen sich weitere Fragezeichen. In welchem Sinne ist er heilig? Ist es überhaupt möglich, dass sich eine von Menschen geschaffene Organisation mit einem so anspruchsvollen Attribut schmückt?

Hier kann man sofort erwidern, der Heilige Stuhl sei nicht in dem Sinne heilig, dass er perfekt und frei von Irrtümern und Sünden ist. Seine Heiligkeit bezieht sich stattdessen auf den Bereich, mit dem er sich befasst, und nicht auf sein Wesen. So wie die Kirche nach einem beliebten Ausspruch der Protestanten *semper reformanda*, also immer wieder reformiert werden muss, braucht auch der Heilige Stuhl stets Reform und Wandel, um sich besser dem Willen Gottes anzunähern. Und dies umso mehr, als sich der Heilige Stuhl als eine Recht sprechende Institution nicht anmaßen kann, sich heilig zu nennen, weil er vollständig rechtschaffen und tugendhaft sei. Aber die Wörter haben trotz allem ihre eigene Macht, und so vermittelt der Ausdruck »Heiliger Stuhl« unmittelbar eine höhere, erhabenere Realität, die man bei anderen Staaten oder internationalen Organisationen nicht erkennen kann – was den Repräsentanten des Heiligen Stuhls gewiss nicht missfällt.

Wirklichkeitsnäher als »Heiliger Stuhl« wäre etwa die Bezeichnung »Apostolischer Stuhl«, verweist sie doch weniger auf eine mögliche moralische Qualität als vielmehr auf eine historische Gegebenheit: Apostolischer Stuhl wird er genannt, weil sein Ursprung auf den ersten Apostel, auf Petrus zurückgeht. Aber im Vergleich zu »Heiliger Stuhl« ist »Apostolischer Stuhl« für die Kirche nicht so eindeutig definiert, weil es ursprünglich auch außerhalb Roms, in Antiochia und im ägyptischen Alexandria, einen Apostolischen Stuhl gegeben hat; insofern entspricht diese Formel nicht der Vorstellung von der überragenden Stellung, die der Katholizismus für den Papst in Rom beansprucht.

Welche Bezeichnung man nun auch vorzieht, vor allem sollte die Unterscheidung zwischen »Heiliger oder Apostolischer Stuhl« oder / und »Staat der Vatikanstadt« im Gedächtnis bleiben: Die erste Bezeichnung betrifft die Regierung und die Jurisdiktion des römischen Pontifex, der die juristische Person im Bereich des internationalen Rechts darstellt und dementsprechend diplomatische Beziehungen mit vielen Ländern der Erde unterhält. Die zweite Bezeichnung dagegen betrifft das Territorium, über das der Heilige Stuhl verfügt, um dort seinen Aktivitäten nachzugehen. Daher gibt es hier auch zwei Wirtschaftsverwaltungen.

Das Thema Einkünfte, die dem Heiligen Stuhl wie auch der Vatikanstadt den Unterhalt ermöglichen, erläutere ich weiter unten, aber alles der Reihe nach. Ich beginne mit dem Heiligen Stuhl und zeige, aus welchen Gremien und Abteilungen er zusammengesetzt ist und welche Aufgaben diese haben.

EIN MANN ALLEIN AUF DER KOMMANDOBRÜCKE An der Spitze von allem und allen steht der Papst – eine vielschichtige Figur: Er ist das Oberhaupt der katholischen Kirche, aber auch Staatsoberhaupt. Seine vornehmste Pflicht ist es, die Brüder im Glauben zu stärken, also den Katholiken aller Kontinente die dogmatischen, theologischen und moralischen Lehren zu erteilen, aber er ist auch eine Autorität, die sich auf einer viel größeren Plattform zu ganz unterschiedlichen Problemen auf der ganzen Welt zu Wort meldet: von den Kriegen bis zur wissenschaftlichen Forschung, vom Hunger bis zum Umweltschutz.

Wenn man im *Annuario Pontificio* blättert, dem dickleibigen (über 2350 Seiten umfassenden) Staatskalender und eine Art Who is Who der katholischen Kirche, liest man, dass der Papst (von griechisch *páppas*, »Papa«) trotz dieses schlichten, vertraulichen Namens zahlreiche, überaus anspruchsvolle offizielle Titel führt. Er ist, der Reihe nach:
– Bischof von Rom
– Stellvertreter Jesu Christi
– Nachfolger des Apostelfürsten (oder Petri)
– Summus Pontifex der universalen Kirche
– Primas von Italien

- Erzbischof und Metropolit der Kirchenprovinz Rom
- Souverän des Staates Vatikanstadt
- Diener aller Diener Gottes

Früher hieß er auch Patriarch des Abendlandes, aber Papst Benedikt XVI. hat auf diesen Titel verzichtet. Diese Liste ist nicht nur ziemlich lang, sondern auch heterogen, weil sie ausschließlich religiöse Kompetenzen mit anderen mischt, die eher Leitungsfunktionen und die politische Stellung beschreiben.

Dazu gehört aus politischer Sicht die ganz eindeutige Definition von »Souverän«. Aber es stimmt schon: Der Papst verkörpert eines der heutzutage seltenen Beispiele absoluter Souveränität. In seiner Person vereinigt er alle drei Gewalten: Exekutive, Legislative, Judikative. Die päpstliche Monarchie ist, um es zu präzisieren, eine absolute Monarchie auf Lebenszeit des Amtsträgers. Das bedeutet: Der römische Pontifex bleibt an der Macht bis zu seinem Tod oder bis zu seinem Rücktritt, der im Codex des kanonischen Rechts ausdrücklich vorgesehen ist, aber dann nur aus eigenem, freiem Entschluss.

Diese Klausel hat Papst Benedikt XVI. im Februar 2013 für sich in Anspruch genommen, weil er sich nach eigenem Bekunden in seinem hohen Alter der gewaltigen Aufgabe nicht mehr gewachsen fühlte. Die ganze Welt, nicht nur die katholische, hat die Nachricht mit Respekt und Verständnis aufgenommen.

In der Geschichte der Kirche war zuvor nur ein einziger Papst von seinem Amt zurückgetreten: Coelestin V. (1209?–1296). Er stammte aus der Region Molise in den Abruzzen, lebte als Einsiedlermönch und nannte sich Pietro da Morrone; sein eigentlicher Name war Pietro Angeleri. Im Jahr 1294 sagte er schwere Strafen für die Kirche voraus, sollten sich die Kardinäle, die nun schon seit zwei Jahren im Konklave zusammensaßen, um den Nachfolger Nikolaus' IV. zu wählen, nicht entschließen können, einen neuen Pontifex zu bestimmen.

Da die Kardinäle, damals nur elf, nicht wussten, wie sie aus dieser Zwangslage herauskommen sollten (erschwerend kam noch ein Ausbruch der Pest hinzu), wählten sie kurzerhand diesen armen Mönch, der die Nachricht in seiner Einsiedelei in den Bergen von Maiella erhielt. Der neue Papst gab sich den Namen Coelestin V. Obwohl er bereits sehr alt war, gelang es ihm noch, wichtige Entscheidungen zu treffen: In Aquila beispielsweise begründete er das Fest Perdonanza Celestiniana, das heute noch begangen wird und auffällig dem Jubeljahr ähnelt, das sechs Jahre später zum ersten Mal ausgerufen wurde. Außerdem berief Coelestin V. noch ein Konzil ein, das 13 neue Kardinäle wählen sollte, darunter keinen Römer und keinen Beauftragten mächtiger römischer Familien. Vier Monate nach seiner Wahl teilte Coelestin V. in einer Bulle (nach dem Bleisiegel auf dem Dokument; lateinisch *bulla*, Wasserblase, aufgrund der Form) mit, von seinem Amt zurückzutreten.

Historische Forschungen konnten klären, dass die Bulle in Wirklichkeit von Kardinal Benedetto Caetani verfasst wurde, der unbedingt Nachfolger des hochbetagten Coelestin werden wollte. Und tatsächlich wurde – wie zufällig – im nächsten Konklave gerade Caetani gewählt; er gab sich den Namen Bonifatius VIII., und er ist in der Geschichte unter anderem dafür bekannt, dass er im Jahr 1300 das erste Jubeljahr ausrief.

HINTER VERSCHLOSSENER TÜR – DAS KONKLAVE

Doch zurück zu den Machtbefugnissen des Papstes. Die einzige Begrenzung für den Souverän besteht darin, dass er seinen Nachfolger nicht selbst wählen darf. Dieses Recht steht ausschließlich den Kardinälen zu, genauer gesagt, den Kardinälen, die zum Zeitpunkt der Wahl nicht älter als 80 Jahre sind. Um einen neuen Papst zu wählen, ziehen sie sich zum Konklave (lateinisch *cum clave*) in die Sixtinische Kapelle zurück, vom Rest der Welt vollkommen abgeschnitten (streng verboten sind Telefone, Computer, Radio und Fernsehen): Niemand soll die Elektoren in irgendeiner Weise beeinflussen können.

Der erste Papst, der von *Kardinälen* gewählt wurde, die von der Außenwelt isoliert ihr Votum abgaben, war Gelasius II. im Jahr 1118. Damals gab es die Sixtinische Kapelle noch nicht, und auch nicht den Vatikan, wie wir ihn heute kennen, aber das Bedürfnis, die wählenden Kardinäle von äußeren Einflüssen abzuschirmen, bestand schon damals in hohem Maß. Von Anfang an war die Papstwahl ein Ereignis mit zahllosen, nicht nur religiösen, sondern auch politischen und diplomatischen Unterströmungen. Und schon immer haben Regierungen, Könige und Staatsmänner versucht, daraus ihren eigenen Vorteil zu ziehen.

Das *erste echte Konklave* jedenfalls fand im Jahr 1270 in Viterbo statt. Nachdem die Bürgerschaft von Rom ungefähr 19 Monate vergeblich gewartet hatte, sperrte sie die unentschlossenen Kardinäle allesamt bei Wasser und Brot ein und deckte außerdem das Dach über ihrem Saal ab – eine ziemlich raue, dafür aber umso wirksamere Methode. Gewählt wurde Gregor X., der als erstes, um weitere vergleichbare Erfahrungen zukünftig zu vermeiden, festsetzte, dass sich die Elektoren in einem verschlossenen Raum versammeln sollten, jeder mit nur einem Diener und bei eingeschränkten Mahlzeiten.

Als gelinden Trost hatten die Kardinäle seit dem 15. Jahrhundert wenigstens das Privileg, sich in einem überwältigend schönen Raum zu versammeln, der Sixtinischen Kapelle, die Michelangelo mit Fresken ausgemalt hatte. Dort kam auch die Gewohnheit auf, die Wahlzettel in einem Ofen zu verbrennen, der mit einem Schornstein auf dem Dach verbunden ist. Bekanntlich bedeutet schwarzer Rauch: noch keine Wahl; weißer Rauch dagegen: *Wir haben einen neuen Papst, habemus papam,* wie die lateinische Formel dafür lautet. Einst verwendete man, um die gewünschte Farbe zu erhalten, Strohbündel – befeuchtete, um schwarzen, trockene, um weißen Rauch aufsteigen zu lassen. Heute benutzt man chemische Substanzen, was jedoch auch nicht immer vorschriftsmäßig gelingt, wie etwa im Jahr 1978, als Johannes Paul II. gewählt wurde, oder auch bei der Wahl Benedikts XVI. im Jahr 2005. Der Ofen in der Sixtina war noch derselbe wie im Jahr 1939, als Papst Pius XII. gewählt wurde. Im Drei-Päpste-Jahr 1978 zog er so schlecht, dass der Rauch nicht durch den Schornstein aufstieg, sondern in die Kapelle eindrang und die bedauernswerten Kardinäle zu ersticken drohte. Glücklicherweise kann die große Glocke von Sankt Peter alle Zweifel zerstreuen: Sobald der Papst gewählt ist, beginnt sie ausgiebig und lange zu läuten.

Neben den Rauchzeichen gibt es noch weitere Veränderungen, die bezeugen, wie sich die *Wahlmethode* seit dem frühen Christentum, als der Nachfolger Petri noch von der Versammlung der Gläubigen gewählt wurde, ganz allmählich verfeinert hat. Das Privileg der Papstwahl wurde zunächst auf die Priester und das Volk von Rom eingeschränkt und schließlich auf die Kardinäle, die bald zu den wichtigsten Mitarbeitern des Papstes aufstiegen – entweder als Leiter von Dikasterien und Ämtern der römischen Kurie oder als Bischöfe an der Spitze einer Diözese.

Heute ist für die Wahl eines Papstes die *Zweidrittelmehrheit* erforderlich. Wenn sie auch beim 34. Wahlgang nicht erreicht wird, folgt eine Stichwahl zwischen zwei Kandidaten, aber der Überlegene braucht auch in diesem Fall mindestens zwei Drittel der Wählerstimmen.

Benedikt hat diese Norm mit seiner Reform von 2007 eingeführt. Die Absicht ist klar: Zum einen soll der neue Papst rasch gefunden werden, damit die Kirche nicht allzu lange ohne ihr Oberhaupt auskommen muss, zum anderen soll dadurch der Verdacht einer Spaltung vermieden werden. Der gewählte Papst soll der möglichst authentische Ausdruck des gesamten Kardinalskollegiums und folglich der universalen Kirche sein. Für den Fall des Misslingens haben die Juristen auf eine Schwierigkeit hingewiesen: Wenn man eine eventuelle Stichwahl mit der Zweidrittelmehrheit verbindet und keine anderen Lösungen vorsieht, läuft das Konklave Gefahr, in einer Sackgasse zu landen. Wenn nämlich im Fall einer Stichwahl keiner der beiden Kandidaten die erforderliche Zweidrittelmehrheit erreicht, ist kein weiteres Prozedere vorgesehen.

Längst vergangen sind die Zeiten, in denen der Papst auch durch Akklamation gewählt werden konnte. Jahrhundertelang lastete der Einfluss der Herrscher der katholischen Mächte in Europa (Österreich, Frankreich, Spanien, Portugal) auf der Papstwahl. Sie konnten durch ihr Veto das Konklave lenken. Aber im Jahr 1904, unter Pius X., wurde dieses Vorrecht abgeschafft.

DREI SCHRITTE FÜR EINEN NAMEN   Die Wahlprozedur ist langwierig und in drei Schritte eingeteilt: Vorwahl, Wahl, Nachwahl. Im *ersten Schritt* werden die Wahlzettel, rechteckig und so zugeschnitten, dass sie in der Mitte zusammengefaltet werden können, an die Elektoren verteilt. Auf jedem Zettel steht oben: *Eligo in Summum Ponificem* (Ich wähle zum Höchsten Pontifex). Unten ist Platz für den Namen des Kandidaten.

Der Name wird eingetragen, ohne dass die übrigen Kardinäle ihn sehen können und ohne dass die Handschrift erkannt werden kann. Der ranghöchste Kardinaldiakon lost die Namen von neun Kollegen aus und bittet sie, das Amt der Stimmenauszähler und Revisoren zu übernehmen, aber auch die

Zettel von Kardinälen einzusammeln, die sich vielleicht gerade nicht wohlfühlen (das ist nicht abwegig, wenn man das hohe Durchschnittsalter der Kardinäle bedenkt).

In der *Phase der eigentlichen Wahl* trägt jeder Kardinal seinen ausgefüllten und zusammengefalteten Zettel zum Altar. Nachdem er mit lauter Stimme die Eidesformel gesprochen hat (»Ich rufe Christus, der mein Richter sein wird, zum Zeugen an, dass ich wähle, von dem ich glaube, dass er nach Gottes Willen gewählt werden muss«), legt er seinen Stimmzettel auf einen Teller, und über diesen gleitet der Wahlzettel in die Urne. Nach einer Verneigung zum Altar hin kehrt der Kardinal an seinen Platz zurück.

Sodann werden die *Wahlzettel* gezählt und damit nachgeprüft, ob die Anzahl mit der Zahl der Elektoren übereinstimmt. Wenn dem nicht so ist, wird die Wahl für ungültig erklärt, die Wahlzettel werden verbrannt, und das Ganze beginnt von vorn. Stimmen die Zahlen überein, beginnt man mit der Auszählung. Der erste Stimmenauszähler faltet den Wahlzettel auf, prüft ihn und reicht ihn an den zweiten weiter; auch der zweite prüft ihn und reicht ihn an den dritten weiter. Dieser liest mit lauter Stimme den Namen auf dem Zettel vor und notiert ihn auf einem Blatt. Am Ende dieses Vorgangs zählen die Wahlhelfer die Zettel mit demselben Namen zusammen und der letzte Wahlhelfer durchsticht sie jeweils mit einer Nadel und zieht sie auf einen Faden. Wenn das Vorlesen der Namen beendet ist, werden die Enden der Fäden zusammengeknotet.

In der *dritten Phase* stellen die Wahlhelfer die Zahl der einzelnen Voten fest. Wenn sich eine *Zweidrittelmehrheit* ergibt, stellt man dem Kardinal mit den meisten Stimmen die berühmte Frage: »Nimmst du deine kanonische Wahl zum obersten Pontifex an?« Bejaht er dies, wird er außerdem gefragt, welchen Namen er für sich gewählt habe, und von diesem Augenblick an gilt er als *der neue Papst* und hat bereits alle seine Funktionen übernommen.

Am Ende der Papstwahl verfasst der Kardinalkämmerer einen Bericht über den Ausgang der Wahl – eine Art Chronik des Konklaves. Dieses Dokument wird dem neuen Papst ausgehändigt und im Archiv in einem versiegelten Umschlag aufbewahrt. Er darf nicht mehr geöffnet werden, es sei denn mit Zustimmung des neuen Papstes.

Gleich nach der Amtsübernahme wird der neue Papst in einen Nebenraum der Sixtina geleitet. »Kammer der Tränen« wird der Raum auch genannt, weil die Neuerwählten dort häufig und nur zu verständlich in Tränen ausbrechen. Dort hängen auch die vorbereiteten weißen päpstlichen Gewänder – in drei Größen: klein, mittel und groß. Man erzählt sich, dass es im Jahr 1958 dem neugewählten, körperlich imposanten Papst Johannes XXIII. nicht gelungen sei, in die große Ausführung der Soutane hineinzukommen; deshalb wurde sie im Rücken aufgetrennt und dann mit einer Sicherheitsnadel zusammengehalten.

Nach der Einkleidung kehrt der Papst in die Sixtina zurück und nimmt die Huldigung durch die Kardinäle entgegen; jeder kniet vor ihm nieder und küsst seinen Ring. Anschließend begeben sich alle in langer Reihe zur Benediktionsloggia, wo sich der neue Papst zum ersten Mal der Öffentlichkeit zeigt.

Wenn der neu gewählte Papst noch nicht Bischof war, wird er sofort, nachdem er die Wahl angenommen hat, vom Kardinaldekan oder in dessen Abwesenheit vom Subdekan zum Bischof ordiniert. Sind beide verhindert, muss der Primas der Kardinalbischöfe die Ordination vornehmen.

ES GENÜGT DIE TAUFE   Die Kardinäle sind nicht gehalten, den neuen Papst aus ihren Reihen zu wählen. *Der Erwählte könnte theoretisch jeder beliebige getaufte Katholik sein, der die Vor-*

aussetzungen mitbringt, Bischof zu werden: Er müsste mindestens 35 Jahre alt und Kleriker (Diakon oder Priester) sein, einen guten Ruf genießen und stark im Glauben sein. In der Praxis allerdings kommt der neue Papst immer aus den Reihen der Kardinäle.

Angesichts der ungeheuren Fülle von Ämtern, denen ein Papst vorsteht, kann man schon durcheinanderkommen. Noch bevor sich Nanni Moretti in seinem Film *Habemus papam* mit dem *Gefühl der Unzulänglichkeit* befasste, das einen neu gewählten Papst überfallen kann, haben sich viele diese Frage gestellt. Wie kann ein einzelner Mensch all die Ansprüche erfüllen, darunter solche, wie Stellvertreter Jesu Christi zu sein, die so überhöht sind, dass sie über die Tragkraft eines Sterblichen schlechterdings hinausgehen?

Das hat zahlreiche historische, kulturelle und religiöse Gründe. Von Anfang an, schon seit Petrus, wurde die Kirche als eine hierarchisch gegliederte und ausschließlich von Männern dominierte Organisation aufgebaut. Der Papst und sein Amt sind gewissermaßen das Destillat dieser Entwicklung. Als absoluter Einzelfall im breiten religiösen und politischen Spektrum weltweit vereinigt keine andere Organisation eine solche Fülle von Ämtern und Pflichten auf einen einzigen Mann.

Folglich muss der *Pontifex* sein Reden und Handeln sehr flexibel einsetzen: Entweder betont er die Aspekte der priesterlichen Aufgaben oder der geistlichen Führung seiner römischen Gemeinde, deren *Bischof* er ist, wie auch der Weltkirche. Oder er hebt die Aspekte der Jurisdiktion hervor, die ihm aus seinem Amt als *Staatsoberhaupt* erwachsen. Oder aber er stellt geopolitische Perspektiven heraus, wenn er sich zu globalen Problemen äußert – etwa in den Gesprächen mit den Botschaftern der Staaten, die ständige diplomatische Beziehungen zum Heiligen Stuhl unterhalten. Um ein so gewaltiges

Aufgabenpensum zu bewältigen, benötigt der Papst eine entsprechende Organisation zu seiner Unterstützung: das ist die *Römische Kurie*. Bevor wir diese komplexe, feingliedrige Maschinerie in allen Einzelheiten betrachten, versuchen wir, unsere ersten Schritte in die Stadt des Papstes zu setzen.

DARF ICH EINTRETEN?

DRINNEN UND DRAUSSEN Den Vatikan zu betreten und zu verlassen ist leicht und schwierig zugleich. Ganz leicht, zumindest theoretisch, ist dies selbstverständlich für den Hausherrn, den Papst, der weder einen Passierschein noch eine Genehmigung braucht. Trotzdem ist er nicht frei, dies zu tun, denn jeder Schritt eines Papstes wird von der internationalen Presse und den Regierungen in aller Welt beobachtet.

Vor diesem Problem stand vor allem Johannes Paul II., der von Zeit zu Zeit hinaus ins Freie wollte, um ein wenig Atem zu schöpfen und vielleicht einen Skiausflug in den Abruzzen zu unternehmen, ohne von Journalistenhorden und Neugierigen gestört zu werden.

Für Benedikt XVI. stellte sich diese Frage hingegen nicht; wie er selbst eingestand, hatte er sich nie sportlich betätigt. Den Impuls, aus dem Vatikan zu fliehen, empfand er deshalb nicht. So war er durchaus zufrieden damit, auf der Dachterrasse über der Papstwohnung ganz oben im Apostolischen Palast ein paar gymnastische Übungen zu machen.

GITTERTORE UND PORTALE Jeder mit Ausnahme des Papstes braucht, wenn er den Vatikan betreten will, einen *Ausweis* mit seinem Namen und Foto. Bürger des Vatikans und Angestellte, die nicht im Vatikan wohnen, besitzen einen solchen Ausweis. Aber sie werden nur selten gebeten, ihn vorzuzeigen, denn sie sind den Schweizergarden und Gendarmen, die an den Eingängen postiert sind, durch das häufige Sehen wohlbekannt. Zudem wäre es einigermaßen peinlich, etwa den Präfekten der Glaubenskongregation oder den Chef der Vatikanbank zu bitten, sich auszuweisen und die Identitätskarte vorzulegen.

Wenn man aber weder Kardinal noch Angestellter des Vatikans noch ein Monsignore der Kurie ist, sondern ein ganz einfacher Mitbürger, ein Normalsterblicher – wie stellt man es dann an, in den Vatikan hineinzugelangen? Das kommt darauf an, von welcher Seite man sich dem Vatikan nähert: Von der Via della Conciliazione her betritt man auf dem Petersplatz schon vatikanischen Boden. In dem Bewusstsein, im eigentlichen Zentrum, dem Petersdom, zu sein, kann man sich ungehindert über den ganzen Platz bewegen, links zu den öffentlichen *Badeanstalten*, zur *Post* und zur *Buchhandlung*; wendet man sich nach rechts, gelangt man zu dem zweiten *Postamt*.

Der *Eintritt* in die Basilika ist frei in dem Sinne, dass man keine Eintrittskarte kaufen muss, aber die Sicherheitsmaßnahmen erfordern, dass man durch eine Schleuse von Metalldetektoren geht, die unter den Kolonnaden Berninis angebracht sind. Die Öffnungszeiten sind: 7–19 Uhr von April bis September und 7–18.30 Uhr von Oktober bis März. Den *Petersdom* zu betreten, ist nur in passender Kleidung erlaubt, also nicht in kurzen Hosen, Unterhemd, Minirock oder Top. Einige Angestellte kontrollieren sehr gewissenhaft und weisen jeden höflich, aber bestimmt zurück, der nicht ausreichend bedeckt ist. Organisierte Gruppen von mehr als fünf Personen müssen mit einem Audioguide ausgestattet sein (er wird auf Anfrage zur Verfügung gestellt), damit allzu großer Lärm im Inneren dieses geweihten Raums vermieden wird.

Innerhalb der Basilika kann man sich frei bewegen, außer wenn gerade Gottesdienste stattfinden. Auch zum Schatzmuseum gelangt man von hier aus (Eintritt 6 Euro), zu den

Vatikanischen Grotten (freier Zutritt) und zur *Kuppel*. Die Preise für den Aufstieg in die Kuppel: 7 Euro, wenn man den Aufzug bis zur Aussichtsterrasse nimmt (bis zur Spitze der Kuppel sind es noch 320 Stufen); 5 Euro für Leute, die mit Sportlerbeinen und ebensolchem Herzen die 551 Stufen hinaufsteigen und genauso viele wieder hinuntersteigen wollen.

Wenn man dagegen die *Vatikanischen Gärten* besuchen oder hinuntersteigen will, um das *Grab Petri* und die Überreste der vorkonstantinischen *Nekropole* aus der Nähe anzuschauen, muss man sich bei den zuständigen Ämtern telefonisch oder per E-Mail anmelden.

TOR PETRIANO   Gibt es noch andere Eingänge zum Vatikan? Wenn man vor der Fassade des Petersdoms steht und dann nach links in Richtung des Palazzo del Sant'Ufficio die Kolonnaden durchquert, trifft man auf ein Gittertor, das von Schweizergarden bewacht wird. Das ist der sogenannte Ingresso del Petriano. Er wurde erst im Jahr 1971 eingerichtet, nachdem die neue Audienzhalle entstanden war. Das Tor ist speziell dafür gedacht, die Ströme der vielen tausend Personen zu regeln, die an den Papstaudienzen teilnehmen; es ist schmucklos und wird von zwei Schweizergardisten bewacht. Sie tragen normalerweise ihre traditionelle blau-rot-gelb gestreifte Uniform, außer in den frühen Morgenstunden und eine Stunde vor der abendlichen Schließung, wenn die Garden ihre Kasernenuniform aus blauem Tuch anziehen.

Am Petriano-Tor muss man, sofern man keinen Passierschein hat, seinen Namen nennen und erklären, wohin man möchte. Wenn man eine Verabredung mit jemandem hat, der im Vatikan lebt oder arbeitet, wird man gebeten, etwa 100 Meter weiter geradeaus zu gehen bis zum Wachtposten der Gendarmerie, dort muss man noch einmal die Gründe für sein Kommen darlegen. Der diensthabende Gendarm wird dann die Person, der dieser Besuch gilt, telefonisch benachrichtigen. Wenn diese Hürde genommen ist, muss man noch in das Registrierbüro gleich rechts hineingehen; dort wird ein gültiges Dokument ausgestellt, und damit ist man mit einem Passierschein ausgestattet. Wenn ein Besucher keine bestimmte Verabredung im Vatikan hat, lassen ihn die Schweizergarden nur dann passieren, wenn er die Absicht hat, sich im Amt für Ausgrabungen für eine Besichtigung der unterirdischen Grabungsstelle anzumelden oder im Päpstlichen Almosenamt einen päpstlichen Segen zu bestellen oder sich aushändigen zu lassen, aber auch in diesen Fällen muss er sich an den diensthabenden Gendarm wenden, sich registrieren und einen Passierschein ausstellen lassen.

Dieses Tor ist von 6 Uhr morgens bis 20 Uhr geöffnet; es wird auch von Passanten genutzt, die zum Einkaufsmarkt im Vatikanbahnhof gehen wollen. In diesem attraktiven Ladengeschäft kann man unter anderem elektrische Haushaltsgeräte, elektronische Artikel, Tabakwaren, Uhren, Stoffe und Kleidung kaufen – alles beste Markenware und zollfrei; der Vatikan ist ein *tax-free*-Gebiet. Ein Normalsterblicher hat hier allerdings keinen Zutritt; nur Personen mit einem Ausweis, den der Governatorato, die Vatikan-Regierung, den Bürgern des Vatikan und anderen ausstellt, die im Vatikan wohnen, aber auch deren Freunden, und das nach undurchschaubaren, oft auch unerforschlichen Kriterien.

Wenn man vor dem Petersdom steht und sich nach links wendet und ohne die Kolonnaden zu durchqueren wieder nach rechts geht (das Postamt mit Münzen- und Briefmarkenverkauf und die Buchhandlung liegen jetzt links), steht man vor dem Arco delle Campane (Glockentor). Auch dies ist ein Eingang zum Vatikan und wird von Schweizergarden bewacht. Aber durch dieses Tor wird niemand hereingelassen. Auch wenn man eine Einladung hat, muss man sich am Tor

Sant'Ufficio einfinden oder an einem anderen, zu dem man, je nach dem gewünschten Ziel, verwiesen wird.

Eine weitere Möglichkeit: Wenn man vor dem Petersdom steht, wendet man sich nach rechts, bleibt dicht hinter den Kolonnaden und gelangt an einen Eingang, der zu einer großen Marmortreppe führt. Dies ist das sogenannte Bronzetor; auch hier steht eine Wache der Schweizergarde und hält jeden Besucher auf. Gibt es überhaupt eine Möglichkeit hineinzukommen? Eigentlich keine, es sei denn, man muss sich auf ausdrückliche Einladung in der Präfektur des Päpstlichen Hauses einfinden. Dieses Amt ist genau hier oben untergebracht; man kann dort die (immer kostenlosen) Eintrittskarten vorbestellen oder abholen, die man braucht, um an den Papstaudienzen oder den liturgischen Zelebrationen des Papstes teilzunehmen.

ST.-ANNA-TOR Schließlich gibt es noch eine letzte Möglichkeit: Wenn man vor dem Petersdom steht, geht man rechts, durchquert die Kolonnaden und biegt in die Via di Porta Angelica ein; nach wenigen Metern sieht man links ein Gittertor, teils für Fußgänger, teils für Fahrzeuge. Das ist das St.-Anna-Tor, benannt nach der Kirche, die dort steht. Auch hier wird der Schweizergardist wieder sehr höflich, aber bestimmt nachtragen, wohin der Besucher gehen will. Danach wird man gebeten, die wenigen Schritte zum Gendarmerieposten weiterzugehen. Dort muss man seine Personalien angeben und den Grund des Besuchs darlegen. Wenn man eine Verabredung mit einer Person im Vatikan hat oder eines der Ämter oder andere Einrichtungen aufsuchen will, die in diesem Teil des Vatikans untergebracht sind, wird man aufgefordert, sich registrieren zu lassen, und schließlich bekommt man den Passierschein und kann weitergehen.

Die Porta Sant'Anna wird auch als Eingang zur vatikanischen Apotheke genutzt, zur Redaktion des *Osservatore Romano*, zum fotografischen Dienst der Zeitung, zum Fernsehzentrum des Vatikans, zum Geheimarchiv, zur Apostolischen Bibliothek, zur Vatikanbank (IOR), zur Druckerei und zum Gebäude des Vatikan-Verlags, schließlich auch zum Supermarkt, aber dort können nur Personen einkaufen, die einen Ausweis besitzen, also im Vatikan wohnen und arbeiten, und natürlich auch wieder deren Freunde. Doch davon später mehr.

Die diensthabenden Schweizergarden am St.-Anna-Tor tragen ihre Kasernenuniform aus blauem Tuch, was darauf hinweist, dass es sich um eine Art Lieferanteneingang handelt, auch wenn er ganz allgemein der Weg zu zahlreichen Ämtern ist und fast den gesamten Autoverkehr aufnimmt.

Natürlich betritt man den Staat Vatikanstadt auch, wenn man die Vatikanischen Museen besuchen will. Der Eingang zu den Museen befindet sich in der Viale Vaticano – übrigens die einzige Möglichkeit, etwa in die Sixtinische Kapelle zu gelangen, die ein Teil der Museen ist. Eine komplizierte Angelegenheit: Es ist, als müsste ein Tourist in Mailand, der auf der Piazza del Duomo steht und zur Piazza della Scala hinübergehen will, den Hauptbahnhof durchqueren. Es gibt jedoch keine andere Möglichkeit; die Sixtina ist zu empfindlich und kostbar, als dass man sie direkt und ungehindert betreten dürfte.

Das Gittertor von Sant'Anna wird um 5.45 Uhr morgens geöffnet und um Mitternacht geschlossen. Was geschieht nun, wenn jemand hineinwill, während es geschlossen ist? Die Lösung ist denkbar einfach: Auf der linken Seite befindet sich eine ganz normale Klingel mit einem Schild darüber: »Guardia Svizzera Pontificia« (Päpstliche Schweizergarde). Wenn man klingelt, meldet sich der Wachhabende. Freundlich wird er fragen, warum man außerhalb der Öffnungszeiten hineinwill.

An dieser Stelle sollte man eine sehr überzeugende Antwort parat haben – die Schweizergarden sind zwar höflich, aber auf den Arm nehmen lassen sie sich auch nicht.

DIE KOLONNADEN   Wenn wir von den Eingängen zum Vatikan sprechen, dürfen wir die Kolonnaden nicht vergessen, die den Petersplatz umschließen. Sie sind nicht im eigentlichen Sinn ein Eingang, aber sie bilden den Rahmen eines Ensembles, das Stendhal als den schönsten Platz der Welt bezeichnet hat, und in jedem Fall ein begrenzendes Element, wenn man genau festlegen will, was innerhalb und was außerhalb der Stadt des Papstes ist.

Für den Architekten Gian Lorenzo Bernini, der von Alexander VII. den Auftrag erhielt, war es nicht leicht, die Kongregation der Reverenda Fabbrica (Bauaufsicht) von Sankt Peter zu überzeugen, den Weg für die Arbeiten freizugeben. Das Projekt war überwältigend: zwei Halbkreise von je vier Reihen Säulen toskanischer Ordnung, insgesamt 284 Säulen, jede 15 Meter hoch, und 88 Pfeiler aus Travertin, darüber ein Gebälk, überragt von einer Brüstung, auf der 140 Heiligenstatuen stehen, jede etwa 3,2 Meter hoch. Die Galerie, die durch die Säulenreihen geformt wird, ist 18 Meter breit. Der Mittelgang ist breiter und von einem Gewölbe bedeckt, die beiden Seitenteile haben den Faltwulst in Kassettenform.

Berninis Entwurf umfasste außerdem einen Kolonnadenarm, der den Petersplatz vollständig einschließen sollte, mit nur zwei seitlichen Durchgängen. Die Absicht war, den Überraschungseffekt zu erhöhen, der den Besucher überwältigen sollte, wenn er aus den engen Gassen des Stadtviertels Borgo heraustrat. Als Alexander VII. im Jahr 1667 starb, waren die beiden Halbkreise schon fertiggestellt, der dritte Flügel musste noch gebaut werden, aber es wurde entschieden, die Bauarbeiten zu unterbrechen. Danach geschah nichts mehr. Natürlich war Bernini nicht glücklich darüber, aber noch schlimmer wäre wohl für ihn gewesen, wenn er Augenzeuge geworden wäre, wie die Spina di Borgo nach dem Willen Mussolinis abgerissen wurde, damit die Via della Conciliazione gebaut werden konnte. Seitdem sind der Petersplatz und die Basilika schon von der Engelsburg aus zu sehen – was für ein Überraschungseffekt.

Um die Kolonnaden mit der Basilika zu verbinden, baute Bernini zwei geradlinige, überdachte Korridore, die zur Kirchenfassade hin verbreitert und von derselben Struktur überwölbt sind wie die Kolonnaden. Der rechte Flügel (wenn man auf die Basilika schaut) heißt der konstantinische, weil Bernini hier eine Reiterstatue Konstantins des Großen (des ersten christlichen Kaisers) schuf und am Übergang zur Scala Regia aufstellte. Der linke Flügel ist nach der Statue Karls des Großen benannt (er gilt als der Begründer des Heiligen Römischen Reiches) und wird heute für Kunstausstellungen genutzt.

EIN NOTAUSGANG   Die ganze Vatikanstadt mit Ausnahme des Petersplatzes ist von Festungsmauern eingeschlossen. Aber die Päpste waren im Laufe der Jahrhunderte gezwungen, einen zusätzlichen Schutz zu finden. So entstand der *Passetto di Borgo*, der kleine Durchgang von Borgo, ein regelrechter Fluchtweg, der den Vatikan mit der Engelsburg verbindet.

Vermutlich wissen nicht einmal die Römer, die täglich daran vorbeikommen oder ihn unterqueren, dass der Passetto zwischen 848 und 852 als ein Trakt jener Mauern angelegt wurde, die zur Verteidigung der *Civitas Leonina* (benannt nach Papst Leo IV.) gegen die Überfälle der Sarazenen errichtet wurden. Zwei Jahre zuvor, 846, hatte sich wirklich ein solcher Überfall der Muslime ereignet, und der damalige Papst Sergius II. litt offenbar so sehr darunter, dass er an gebrochenem Herzen starb. Zum ersten Mal hatte ein nichtchristliches Heer die Basilika des heiligen Petrus gestürmt, und der Nachfolger im Amt, Leo IV., beschloss, etwas zu ihrem Schutz zu unternehmen. Da die Sarazenen eine ständige Gefahr darstellten, scheute der Pontifex keine Kosten. Die Baumeister des Papstes nutzten in Teilen schon vorhandenes Mauerwerk und errichteten massive Bastionen mit Türmen und Wehrgängen. Die Arbeitskräfte kamen aus den Reihen der römischen Bürger, aber auch sarazenische Gefangene wurden dazu eingesetzt.

Der sogenannte Passetto ist ein Abschnitt ebendieser Mauer, und als man ihn Ende des 13. und zu Beginn des 14. Jahrhunderts reparieren musste, kam die Idee auf, ihn nicht nur als Barriere, sondern auch als Verbindungsweg zwischen dem Vatikan und der Engelsburg einzurichten – eine sehr gute Idee, wie vor allem Clemens VII. im Jahr 1527 beim Überfall der Landsknechte Karls V., dem berüchtigten *Sacco di Roma*, feststellen konnte; er benutzte tatsächlich den Passetto, um den Vatikan zu verlassen und sich in der Engelsburg in Sicherheit zu bringen.

Der Passetto ist mit der Porta del Pellegrino (auch Porta degli Svizzeri genannt, weil sie in der Nähe der Kaserne der Schweizergarden liegt) verbunden und fast vollständig in die Kolonnaden integriert. In seinem weiteren Verlauf befinden sich mehrere Durchgangstore, einige sehr alte, andere neueren Datums. In einigen Fällen sind die alten Durchgänge geschlossen worden und die neueren mussten nach den Erfordernissen der modernen Stadt eingerichtet werden; Stadtviertel wie der Borgo Pio, der über die Jahrhunderte mehrmals sein Aussehen veränderte, mussten zugänglich sein.

Die Mauer ist ungefähr 800 Meter lang und 10 Meter hoch. In ihrem Innern verbirgt sich noch heute der enge Tunnel, der als »Korridor« genutzt wurde (deshalb auch der andere Name *Corridore di Borgo*). Außer als Fluchtweg des Papstes und seiner Kurie konnte man ihn auch nutzen, um heimlich und ungesehen bestimmte Personen zu transferieren, zum Beispiel um Gefangene in die Kerker der Engelsburg zu überführen oder von oben auf mögliche Eindringlinge zu schießen.

Im Jahr 1630 ließ Urban VIII. den oberen Teil mit einem Dach versehen und die Lücken zwischen den Mauerzinnen schließen, um einen zweiten Durchgang oberhalb des Korridors zu bekommen. Durch diese Maßnahme hatten die Römer für weitere 300 Jahre einen ganz anderen Eindruck von dem Bauwerk, als wir es heute sehen. Das kann man auf einigen alten Fotografien aus dem 19. Jahrhundert erkennen. Den Dichter Giuseppe Gioacchino Belli hat es Ende 1845 sogar zu einem Sonett inspiriert: Er beschrieb darin den Passetto als »Durchgang, der, hier und dort von einem kleinen Dach geschützt, von Sankt Peter bis hinunter zur Engelsburg führt«. Jedenfalls wurde die Überdachung im Jahr 1949 entfernt, und der Passetto erhielt wieder seine ursprüngliche, viel schlichtere Gestalt.

Wenn man an diesem Mauerabschnitt entlanggeht, kann man die relativ unregelmäßige Struktur erkennen; im Laufe der Jahrhunderte wurden Ziegelsteine und verschiedene andere Materialien eingefügt und fortlaufend Veränderungen vorgenommen. Die letzte Reparatur datiert aus dem Jahr 2000 anlässlich des Heiligen Jahres. Der Passetto wurde sicherer und stabiler gemacht und kann seitdem auch besichtigt werden – allerdings nur in kleinen Gruppen und nach Voranmeldung.

DEVOTIONALIEN UND ALTE PRIVILEGIEN »Urtisti« werden sie genannt, nicht »artisti« – das sind die Straßenhändler, die vor dem Petersplatz den Touristen, Pilgern und Passanten Souvenirs, Rosenkränze, kleine Figuren, Kruzifixe, Heiligenbildchen und andere Devotionalien verkaufen. Wenn ich in diesem Kapitel von den verschiedenen Eingängen des Vatikan spreche, dann auch von den Menschen, die in einem gewissen

Sinn vor den Eingängen des kleinen Staates postiert und häufig genug die Ersten sind, mit denen der Besucher in Kontakt kommt, sobald er die Stadt des Papstes betritt.

Diese Händler erkennt man an den kleinen Tischen, auf denen sie ihre Waren ausstellen (entweder in den Kolonnaden aufgebaut, also an der Grenze zwischen italienischem Staatsgebiet und Petersplatz, oder an einem Ledergurt über die Schulter gehängt). Sie sind ausnahmslos jüdischen Glaubens: Vom Vater auf den Sohn haben sie ihren Beruf weitergegeben und sind daher Erben einer langen Tradition.

Vor ungefähr 500 Jahren, mitten in der Gegenreformation, richtete Paul IV. (Giovanni Pietro Carafa) das Ghetto von Rom ein und ordnete gleichzeitig an, dass sich die Juden mit den niedersten Arbeiten befassen mussten: putzen, Trödel einsammeln und Kleinartikel verkaufen. Einige bekamen die Konzession, bei den römischen Basiliken Devotionalien feilzubieten, und seitdem haben sie nie wieder damit aufgehört. Daher stammt auch das Wort *Urtisti*, von *urtare*, belästigen, weil sie mit ihren Krämerwaren häufig die Passanten verärgerten.

Heute gibt es in Rom kaum mehr als 100 Urtisti, verteilt auf die wichtigsten Bereiche des historischen Stadtkerns. Ungefähr zehn stehen an der Grenze zwischen Italien und Vatikan und immer an derselben Stelle: von Sonnenaufgang bis Sonnenuntergang – ein fester Bestandteil der Szenerie.

Mit der Ordonnanz »questioni di decoro« von 2008, unterzeichnet von Kardinal Giovanni Lajolo, entschied der Vatikan, dass die Anwesenheit der Urtisti nicht mehr erwünscht sei und dass sie den Platz verlassen sollten. Die Reaktion war maßvoll, aber treffend: Die Händler beriefen sich, um ihr Recht zu bekräftigen, beim Vatikan Devotionalien zu verkaufen, auf die Bulle Pauls IV. und der Heilige Stuhl musste einräumen, dass sie recht hatten: Ein Papst hatte ihnen erlaubt, sich dort aufzuhalten. Bei dieser Gelegenheit wurden auch Protestplakate aufgehängt, auf denen stand: »Johannes Paul II. hat uns geliebt, der Vatikan hat uns davongejagt.«

Schließlich versuchten die vatikanischen Behörden (Governatorato und Gendarmerie) im Jahr 1987 und im Heiligen Jahr 2000 zu verhindern, dass immer mehr fliegende Händler auftauchten. Auch diesmal eskalierte der Protest: Beim Angelusgebet, das Johannes Paul II. sprach, erschienen sie mit dem gelben Judenstern am Ärmel. Als der Papst aus Polen dies erfuhr – in seiner Heimat Wadowice hatte er viele jüdische Freunde, und er war auch der erste Pontifex, der eine Synagoge betrat –, wurde den Urtisti sofort wieder das Recht bestätigt, ihre Waren am Vatikan feilzubieten.

DIE VATIKANSTADT

ZWISCHEN HIMMEL UND ERDE   Der Papst hat keine Telefonnummer, aber ansonsten ist das Telefonbuch der Vatikanstadt einigermaßen reichhaltig. Es besteht aus zwei Teilen und enthält auf den blauen Seiten die Namen und Telefonnummern der Einzelpersonen und auf den lachsfarbenen Seiten die Namen der Dikasterien und Ämter mit ihren Rufnummern. Die erste Liste beginnt mit Monsignore Alfredo Abbondi und endet mit Padre Piotr Zygmunt, die zweite beginnt mit der Accademia delle scienze (Akademie der Wissenschaften) und endet mit dem Buchstaben V: Visite agli scavi – Besichtigungen der Ausgrabungen (der Nekropole).

Genauso wie der Kosmos, auf den sie sich bezieht, hat auch diese Liste der Telefonnummern bizarre Aspekte, darunter auch den, dass sie keinerlei Rücksicht auf Hierarchien oder Gruppierungen nimmt, sondern strikt der alphabetischen Ordnung folgt. Unter B zum Beispiel steht die Nummer der bagni pubblici (Öffentliche Badeanstalten) direkt vor der unendlich kostbaren Basilika San Giovanni in Laterano; unter C kommt die Cappella Sistina vor gestore di carburanti, lubrificanti e combustibile (Geschäftsführung Treibstoffe, Schmiermittel und Brennstoffe), und unter T gelangt man innerhalb weniger Zeilen vom Theologen des Päpstlichen Hauses zum Transitverkehr. Der Vatikan ist zwischen Himmel und Erde angesiedelt: Überirdische Belange haben hier ebenso Platz wie prosaische Erfordernisse. Aber das Schöne daran ist, dass sich niemand innerhalb der heiligen Mauern darüber wundert.

Apropos: Wer lebt eigentlich im Vatikan? Nach neueren Zahlen beträgt die Bevölkerung des Staates Vatikanstadt rund 800 Personen. Von diesen besitzen rund 600 auch die Staatsbürgerschaft, die übrigen haben eine Genehmigung, im Staat zu wohnen – entweder vorübergehend oder ständig, je nach dem Amt, das sie dort bekleiden. Zu den Bürgern des Vatikans gehören 62 Kardinäle der Heiligen Römischen Kirche, die im Rang gleich nach dem Papst kommen, 293 diplomatische Vertreter des Heiligen Stuhls, 55 Geistliche und Ordensangehörige, eine Nonne (wobei 94 Nonnen dort Wohnrecht haben, ohne die Staatsbürgerschaft zu besitzen), 27 männliche und 25 weibliche Laien, außerdem 114 Schweizergardisten. Eine reichlich heterogene Versammlung von Menschen, aber durch zwei Aspekte sind sie alle miteinander verbunden: Zum einen stehen alle im Dienst des Papstes, und zum anderen genießen sie alle die Protektion, die durch die Haager Konvention zum Schutz von Kulturgut seit dem 14. Mai 1954 gewährleistet ist. Im Falle eines bewaffneten Konflikts sieht sie spezielle Maßnahmen vor, um die Kulturgüter zu schützen, einschließlich der Personen, die mit der Pflege und Erhaltung dieser Kulturgüter befasst sind.

Die Themen Bewahrung und Schutz werden im Vatikan sehr ernst genommen. Seit 1984 steht das gesamte Territorium als Weltkultur- und Weltnaturerbe auf der Liste der UNESCO. Damit ist der kleine Staat mit allem, was er auf seinem Territorium hütet, Erbe der gesamten Menschheit. Im Grundsatz gehört er also allen, und jeglicher Angriff auf seine Unversehrtheit bedeutet nicht nur eine Verarmung für den Heiligen Stuhl und für die Kirche, sondern für alle Bewohner des Planeten.

DIE STAATSGRENZEN   Hier genügt es, im Internet unter dem Stichwort »Vatikan« einen Stadtplan aufzurufen. Die Grenzen zwischen dem Zwergstaat und Italien sind klar zu erkennen; sie werden von den Leoninischen Mauern markiert, außerdem von den beiden Kolonnaden, die den Petersplatz umschließen, und von der Linie, die ihre beiden Flügel außerhalb der Ellipse verbindet. Aber hinter dieser scheinbaren Klarheit verbirgt sich eine lange Geschichte, die kompliziert und in Wirklichkeit nicht vollständig abgeschlossen ist.

Seit 1870, also seit der Entstehung des Königreichs Italien, bestand das Problem, wie man das Territorium eingrenzen sollte, das dem Papst garantierte, die Unabhängigkeit seiner Handlungen sichtbar zu machen. Zahlreiche Vorschläge sammelten sich an, darunter auch einige reichlich fantasievolle. Erst im Jahr 1929 wurde diese Frage durch die Lateranverträge gesetzlich geregelt. In Artikel 3 des Vertragswerks heißt es dazu:

1. Italien anerkennt das volle Eigentum sowie die ausschließliche, unumschränkte souveräne Gewalt und Jurisdiktion des Heiligen Stuhls über den Vatikan, wie er gegenwärtig besteht, mit all seinem Zubehör und seinen Dotationen. Hierdurch wird zu den besonderen Zwecken und unter den im vorliegenden Vertrag genannten Bedingungen die Vatikanstadt geschaffen. Die Grenzen der genannten Stadt sind auf dem Plan angegeben, der als Anlage I zu dem vorliegenden Vertrag einen integrierenden Bestandteil desselben bildet.

2. Im Übrigen herrscht Einverständnis darüber, dass der Petersplatz, obwohl er zur Vatikanstadt gehört, auch in Zukunft in der Regel der Öffentlichkeit zugänglich bleibt und der Polizeigewalt der italienischen Behörden untersteht. Ihre Organe haben am Fuße der Treppe zur Peterskirche haltzumachen, obwohl diese nach wie vor für den öffentlichen Gottesdienst bestimmt bleibt. Ferner sollen sie sich des Besteigens der Treppe sowie des Betretens der Basilika

enthalten, es sei denn, dass die zuständige Behörde um ihr Eingreifen ersucht.
3. Hält der Heilige Stuhl es für angebracht, den Petersplatz für besondere Feierlichkeiten vorübergehend für den öffentlichen Verkehr zu sperren, so werden die italienischen Behörden sich hinter die äußeren Linien der Berninischen Kolonnaden und ihrer Verlängerung zurückziehen, falls sie nicht von der zuständigen Behörde zum Bleiben aufgefordert werden.

Trotz allem stellten Fachleute sofort fest, dass die Karte, die dem Vertrag beigelegt wurde, alles andere als eindeutig im Hinblick auf die Staatsgrenzen war. So etwa ist auf der Karte, die in den *Acta Apostolicae Sedis* veröffentlicht wurde, der kleine Abschnitt des Territoriums in Form eines Dreiecks an der nördlichen Kolonnade hinter dem Passetto als vatikanisches Territorium bezeichnet, auf der Karte der *Gazzetta Ufficiale* aber als italienisches Staatsgebiet. Um verschiedene Fragen dieser Art zu klären, wurde es notwendig, eine gemischte Kommission zu bilden, die Punkt für Punkt die Situation prüfen sollte. Die Kommission arbeitete vier Jahre lang und kam auch zu einigen Ergebnissen, die allerdings nie veröffentlicht wurden. Hier ist nicht die Rede von Quadratkilometern, sondern von wenigen Metern, ja sogar von Zentimetern. Dennoch ist es ungewöhnlich, dass hier nie eine wirkliche Prüfung stattgefunden hat und man sich stattdessen auf das Gewohnheitsrecht beruft.

Ähnlich verhielt es sich später mit dem Gebiet westlich des Palazzo del Sant'Ufficio, nachdem unter anderem Anfang der siebziger Jahre die große Audienzhalle gebaut worden war, die nach Paul VI. benannt ist. Sie ragte über die Grenze hinaus, die einst durch die westliche Mauer markiert war. Ein weiterer kniffliger Fall ist die Kapelle der Frauenabteilung des Oratoriums des heiligen Petrus. Letzte Sicherheit gibt es nicht, aber nach den Modellzeichnungen, die dem Bau der Großen Audienzhalle vorausgingen, müsste die Staatsgrenze genau unter der Tribüne verlaufen, auf der der Papst üblicherweise seine Ansprachen hält, und die Sitzreihen der Zuhörer müssten sich entsprechend auf italienischem Staatsgebiet befinden. Wir haben hier die kuriose Situation eines Souveräns, der sich an seine Gäste wendet, die in Wirklichkeit außerhalb der Staatsgrenze sitzen. Noch kurioser ist es, wenn der Papst beispielsweise bei einem Konzert im Zuschauerraum Platz nimmt, verfolgt er dann doch gewissermaßen eine Darbietung aus dem Ausland. In der Praxis wird dieses Thema der Grenzen natürlich ignoriert, und die gesamte Aula Nervi (benannt nach dem Architekten) gilt als vatikanisches Territorium, auch wenn es sich dabei um ein stilles Übereinkommen handelt. Wollte nun im Fall einer Straftat im Zuschauerraum ein Jurist darauf beharren, könnte er damit recht behalten, dass sie in die Zuständigkeit der italienischen Behörden fällt, obwohl diese hier gar keinen Zutritt haben. Inzwischen gilt er als exterritorialer Besitz des Vatikans.

Ein weiterer Anlass zu Kontroversen ergab sich durch die beiden Flügel der Kolonnaden, bevor die heutige Via della Conciliazione entstand. Hier bestand ein doppeltes Problem: Eine Straßenbahnlinie kam auf mindestens 4 Meter an den Petersplatz heran, und ein Gebäude, der Palazzo Alicorni, berührte mit seiner nordwestlichen Ecke fast die Grenzlinie. Der Heilige Stuhl forderte wiederholt den Abriss und setzte ihn schließlich im Jahr 1930 durch. Und auch die Straßenbahnlinie wurde verlegt, freilich nicht ohne Streitereien wegen der Übernahme der jeweiligen Kosten.

Zur sichtbaren Markierung des Grenzverlaufs zwischen den beiden Kolonnadenflügeln ist ein breites helles Band aus Travertin in das Pflaster des Platzes eingelassen. Der Außenrand dieser Schwelle (in Richtung Italien) schließt aber an den Seiten nicht die äußeren Säulenreihen der Kolonnaden mit ein, die folglich zu Italien gehören müssten. Dass es sich tatsächlich um eine solche kuriose Aufteilung eines Monuments auf zwei Staaten handelt, wurde bestätigt, als der Vatikan anlässlich des Heiligen Jahres 2000 an den Kolonnaden Reinigungsarbeiten ausführen ließ, aber die beiden äußeren Säulenreihen, also die italienischen, aussparte.

DIE SYMBOLE   Wie jeder andere Staat hat auch der Vatikan eine Flagge und eine Hymne. Die Flagge hat die Farben Gelb und Weiß; auf dem weißen Feld sind die Schlüssel Petri und darüber die Papstkrone zu sehen, die Tiara. Die Schlüssel sind ein Symbol nach dem Matthäusevangelium 16,19. Christus sagt dort zu Petrus: »Dir will ich geben die Schlüssel zum Himmelreich.« Die Tiara ist die Papstkrone, die der Papst bis zum Jahr 1963 trug; damals untersagte Paul VI., sie zu verwenden. Tiara, das bedeutet dreifache Krone, weil sie die dreifache Macht des Papstes symbolisiert: Herrscher über die Könige, Lenker der ganzen Welt und Stellvertreter Christi.

Einst wurde die Tiara dem römischen Pontifex am Tag der Krönung aufs Haupt gesetzt. Aber gleichzeitig wurde vor seinen Augen ein Bündel Wollabfälle oder Werg verbrannt, auf dass dem neuen Nachfolger Petri diese dreifache Würde nicht zu Kopf steige. Dazu sprach der Zeremoniar die Formel *Sic transit gloria mundi – So vergeht der Ruhm der Welt.*

Die letzte Papstkrönung fand also am 30. Juni 1963 statt und Paul VI. trug eine Tiara, die von der Stadt Mailand gestiftet wurde, deren Erzbischof er zuvor gewesen war. Aber eben dieser Papst nahm auch in einer Messe zur Wiedereröffnung des Zweiten Vatikanischen Konzils (es war durch den Tod Johannes' XXIII. unterbrochen worden) mit einer unerwarteten Geste die Tiara ab und legte sie auf den Altar. Damit wollte er zeigen, dass es für die katholische Kirche nicht mehr zeitgemäß war, so viele Machtbefugnisse für sich in Anspruch zu nehmen. Im Jahr 1964 beschloss er sogar, die Papstkrone zum Verkauf anzubieten und den Erlös den Armen zukommen zu lassen. Das tat er dann auch. Der Käufer war Francis Spellman, ein amerikanischer Kardinal, und so ist die letzte Tiara heute im Museum der Basilika des nationalen Schreins der Unbefleckten Empfängnis in Washington ausgestellt.

Die Flagge des Vatikans, so wie wir sie heute sehen, entstand im Jahr 1929, nicht zu verwechseln mit dem Banner der Heiligen Römischen Kirche, einem Tuch mit den gekreuzten Schlüsseln auf rotem Grund.

Merkwürdigerweise wurde eine weiß-gelbe Flagge zum ersten Mal von der päpstlichen Flotte im Jahr 1824 verwendet, als der Staat noch einen Zugang zum Mittelmeer besaß. Das erinnert auch an eine zweite singuläre Situation: Der Vatikan darf, auch wenn er keinen Zugang zum Meer hat, gemäß der Erklärung von Barcelona von 1921 (über das Recht der Staaten, die keine Meeresküste haben, Hochseeschifffahrt zu betreiben) Schiffe besitzen, die unter der Flagge des Vatikans fahren. Obgleich der Vatikan über dieses Recht verfügt, hat er davon bis heute keinen Gebrauch gemacht.

Zur Hymne des Vatikans: Pius XII. hat im Jahr 1949 verfügt, dass bei allen offiziellen Anlässen *Hymne und Pontifikalmarsch* von Charles Gounod gespielt werden, jenes französischen Komponisten katholischen Glaubens, der im Übrigen weitaus bekannter ist für sein melodisches *Ave Maria*. In der Zeit davor hatte der Vatikan eine andere Hymne, die der österreichische Dirigent Vittorino Hallmayr 1857 im Auftrag Pius' IX. komponiert hatte. Nach einhelligem Urteil war diese *Gran Marcia Trionfale* zwar eine großartige Hymne, ihr Takt jedoch erinnerte etwas zu sehr an einen Walzer. Deshalb entschied sich Pius XII., als das Heilige Jahr 1950 bevorstand, für den *Pontifi-*

kalmarsch von Gounod, da diese Komposition besser zu einem Staat zu passen schien, der zur Hälfte der Erde und zur Hälfte dem Himmel angehört. Monsignor Antonio Allegra, der Organist des Petersdoms, unterlegte ihm einen Text in italienischer Sprache, der mit den Worten beginnt: »Roma immortale di Martiri e di Santi« – Unsterbliches Rom der Märtyrer und der Heiligen. In der Folgezeit hielt man auch einen lateinischen Text für erforderlich, den der Kanonikus Raffaello Lavagna beisteuerte. Seine Eingangsworte lauten: »O felix Roma, o Roma nobilis« – Oh glückliches Rom, oh edles Rom.

DAS PAPSTWAPPEN Seit mindestens 800 Jahren ist es üblich, dass alle Päpste, ebenso wie die Bischöfe und die Kardinäle, ein Wappen mit einem Motto haben. Das Wappen ist so wie die liturgischen Gewänder ein Symbol für die Würde des Amtes, aber häufig viel mehr als ein einfaches Ornament. In seinem Wappen vereinigt der Papst einige Elemente, die ihm besonders am Herzen liegen, deshalb lassen sich daraus nicht nur persönliche Interessen erschließen, sondern auch die wichtigsten Abschnitte seines Lebens und seines Programms.

Johannes Paul II. mochte feinsinnige Schnörkel nicht. Bei den Heraldikern löste er allgemeines Naserümpfen aus, als er für sein Wappen einen einfachen blauen Schild mit einem goldenen Kreuz darin wählte, und rechts unten auf dem Schild sollte, ebenfalls in Gold, ein großes M für Maria stehen – ein unmissverständliches Zeichen der tiefen Verehrung des polnischen Papstes für die Jungfrau Maria, auf die sich auch das Motto auf dem Wappen bezog: *Totus tuus*: (Ich bin) ganz der Deine, mein ganzes Leben ist Dir geweiht.

Konventioneller war dagegen das Wappen Benedikts XVI. gestaltet. Es hatte die gebräuchlichere »Kelchform«: das Hauptfeld in Rot, mit zwei Hauben in Gold, das heißt zwei Lünetten (Bogenfelder) an den oberen Ecken des Wappens – in der Regel ein Symbol für monastische Spiritualität, im Falle Ratzingers die benediktinische.

Unter den Symbolen fanden sich einige, die er schon für sein Wappen als Bischof von München und Freising ausgesucht hatte. Das erste war eine goldene Muschel mit dreifacher Symbolik: Sie erinnert seit Jahrhunderten an das Pilgern – etwa an die Gläubigen auf dem Jakobsweg nach Santiago de Compostela.

Überdies erscheint die Muschel auf dem Wappen des Klosters Schotten nahe Regensburg, dem sich dieser Papst sehr verbunden fühlte, und schließlich erinnert sie an eine Legende: Augustinus beobachtete am Strand einen kleinen Jungen, der versuchte, das Meer mit einer Muschel leer zu schöpfen, und in diesem Unterfangen erkannte er seinen eigenen aussichtslosen Versuch wieder, das Mysterium Gottes mit seinem begrenzten menschlichen Verstand zu erfassen.

Auch die beiden Kappen zeigen Motive, die an die Herkunft dieses Papstes erinnern: Auf der linken befindet sich der Kopf eines dunkelhäutigen Äthiopiers, des »Freisinger Mohrs«, der darüber hinaus auch ein Symbol für die Universalität der Kirche ist. Auf der rechten Kappe sieht man einen Bär, der mit der Legende vom heiligen Korbinian, dem ersten Bischof von Freising, verknüpft ist. Auf einer Pilgerreise nach Rom überfiel ihn ein Bär und tötete sein Pferd, aber es gelang dem Heiligen nicht nur, den Bär zu besänftigen, er befahl ihm auch, sein Gepäck zu tragen und ihn bis vor die Tore der Ewigen Stadt zu begleiten. So ist der Bär hier wirklich mit einem Bündel auf dem Rücken dargestellt, auch als ein Zeichen für die Last, die einem Bischof in seinem Amt auferlegt ist.

Ein neues Symbol im Wappen Benedikts XVI. war das Pallium, liturgisches Insignium des obersten Pontifex. In älteren Darstellungen taucht es häufiger auf und verweist auf die Sorge und die Verantwortung des Hirten für seine Herde. In den frühen Jahrhunderten war es ein echtes Lammfell, das über die Schultern gelegt wurde. Später ersetzte man es durch ein Band, das aus der Wolle von Lämmern gewebt war, die eigens zu diesem Zweck aufgezogen wurden – wie oben bereits beschrieben. Auf dem Pallium sind einige Kreuze eingestickt; sie symbolisieren das Opfer und die Treue zum Missionsauftrag.

Benedikt XVI. behielt dasselbe Motto bei, das er schon als Bischof und als Kardinal gewählt hatte: *Cooperatores veritatis* – Mitarbeiter der Wahrheit, aus dem 3. Johannesbrief –, eine Mahnung an die Pflicht eines jeden Christen.

JURISDIKTION   In der Vatikanstadt wurde die Rechtsordnung im Juni 1929 von dem Juristen Francesco Pacelli, dem Bruder Pius' XII., mit einer einzigen Maßgabe erstellt: »Im Staat gelten die Gesetze und Bestimmungen des Königreichs Italien, sofern sie nicht dem göttlichen Recht und dem kanonischen Recht widersprechen.« Damit hat er den kleinen Staat der italienischen Rechtsordnung angegliedert. Wenn man sehen will, wie die italienische Justiz vor der Reform Alfredo Roccos auf der Grundlage der Gesetzbücher, die dem Juristen Giuseppe Zanardelli zugeschrieben werden, funktionierte, muss man in den Vatikan gehen, wo bis heute sogar die Roben der Richter dieselben sind, die in Italien seit dem Risorgimento gebräuchlich waren.

Die Instanzen der Rechtsprechung sind: der Einzelrichter, das Gericht, das Berufungsgericht und das Kassationsgericht. Außerdem besitzt der Vatikan ein Gesetzbuch für Zivilprozesse. Im Jahr 2010 wurden insgesamt 1126 Zivil- und 171 Strafsachen verhandelt. In ganz wenige Prozesse, nicht einmal 1 Prozent der Strafsachen, waren vatikanische Staatsbürger verwickelt. Die hohe Zahl der Delikte hängt natürlich mit dem Besucherstrom zusammen: Jährlich ziehen über 18 Millionen Touristen und Pilger vor allem durch den Petersdom und durch die Vatikanischen Museen, und 99 Prozent aller Rechtsfälle sind auf sie zurückzuführen. Außerdem unterhält der Vatikan, obwohl er eine Enklave der Stadt Rom ist, direkte Kontakte in die ganze Welt, und deshalb beziehen sich die juristischen Verhandlungen im Staat auch häufig auf Verträge, die im Ausland vereinbart wurden oder dort erfüllt werden sollen.

Im Bereich der internationalen Zusammenarbeit gegen den Terrorismus ist der Vatikan, abgesehen von den engen Kontakten zur italienischen Polizei, im Jahr 2008 auch der Interpol beigetreten.

Ein Gefängnis gibt es im Vatikan nicht, sondern nur zwei Arrestzellen gleich neben dem Gericht. Sie werden vor allem dann belegt, wenn ein Schweizergardist über seine mangelhafte Disziplin »nachdenken« soll. Eine reguläre Haftanstalt zu unterhalten wäre zu kostspielig. Deshalb wendet sich der Vatikan im Fall von Gerichtsurteilen mit Gefängnisstrafe meist an den italienischen Staat.

In diesem Zusammenhang taucht auch unwillkürlich die Frage auf, ob es im Vatikan die Todesstrafe gibt; die Antwort lautet: Nein. Allerdings gab es sie bis zum Jahr 1969 für Attentäter auf das Leben des Papstes. Paul VI. schuf sie zunächst ab, und Johannes Paul II. strich sie 2001 dann endgültig aus dem reformierten Grundgesetz des Staates der Vatikanstadt. In der Zeit davor, also seit den Lateranverträgen von 1929, war die Todesstrafe zwar für besagtes Verbrechen – das Attentat auf das Leben des Papstes – vorgesehen, wurde aber de facto nie vollstreckt.

Vor 1929 allerdings, im alten Kirchenstaat, war die Todesstrafe nicht nur für verschiedene Delikte vorgesehen, sie wurde auch vollstreckt, zum letzten Mal im Juli 1870, zwei Monate, bevor die italienischen Truppen durch die Porta Pia in den Vatikan eindrangen. Der bekannteste Henker des Vatikans, Mastro Titta (mit bürgerlichem Namen Giovanni Battista Bugatti) hatte in seiner immerhin 68-jährigen Laufbahn 516 Urteile vollstreckt, und als er sich im Jahr 1864 zur Ruhe setzte, wurde er von Pius IX. mit einer ansehnlichen Pension belohnt.

REGIERUNG UND VERWALTUNG   Zentrum und oberste Instanz der Verwaltung des Staates der Vatikanstadt ist der Governatorato. Er wird von einem Kardinal als Vorsitzendem, einem Erzbischof als Generalsekretär und einem Vizegeneralsekretär geleitet. Letzterer überwacht alle Aspekte des praktischen Lebens im Vatikan und wird dabei von neun Direktionen und sieben Ämtern unterstützt.

Die Direktionen befassen sich mit:
- dem Rechnungswesen (Buchführung)
- den allgemeinen Dienstleistungen (Güterverkehr, Motorisierung, Blumenschmuck)
- Sicherheit und Zivilschutz, Gesundheitswesen, Museen, technischen Diensten (Bau, Instandhaltung und Installation von Wasserleitungen, elektrischer Beleuchtung und Heizung)
- Telekommunikation (Postämter und Telefone)
- Dienstleistungen des täglichen Bedarfs (Einkauf und Verkauf von Nahrungsmitteln, Treibstoff und anderen Produkten) und schließlich
- der Leitung und Instandhaltung der päpstlichen Residenz Castel Gandolfo

Die Ämter haben folgende Zuständigkeitsbereiche:
- juristische Kompetenz (Redaktion von normativen Weisungen und Überprüfung von rechtlichen Fragen)

- Personalfragen (Vorgänge, die sich auf das Personal des Governatorats beziehen, Umsetzung der Beschlüsse des Kardinalspräsidenten, berufliche Ausbildung der Angestellten, Stellung des Personals auswärtiger Firmen, die im Vatikan tätig sind)
- Personenstand, Einwohnerverzeichnis und Notariat (Register der Geburten, Eheschließungen, Sterbefälle, Staatsbürgerschaft und Aufenthaltsgenehmigungen, Abfassung und Aufbewahrung der Dokumente)
- Briefmarken und Münzen (Münzprägung, Ausgabe der Briefmarken und Vermarkten der Produkte für Sammler)
- Informationssysteme (das Amt bearbeitet die Informationen der Staatsverwaltung, wie etwa das Sammeln und Ausarbeiten der Daten und Nachrichten, die die Aktivität des Staates betreffen)
- Staatsarchiv (Protokoll und Archiv der Korrespondenz)
- Pilger und Touristen (das Amt ist zuständig für Hinweise und andere Hilfsdienste)
- der Dienst für die Sicherheit und Gesundheit der Arbeitskräfte:
  - wacht darüber, dass die gesetzlichen Vorschriften zum Schutz der Personen, die auf dem Staatsgebiet oder in exterritorialen Bereichen arbeiten, eingehalten werden
  - er befasst sich mit der Einstellung von Führungskräften, Technikern, Geschäftsführern und Arbeitern, mit der Prävention und der Einschätzung der Risiken, der Gesundheitsvorsorge und der Erstellung von Unfallstatistiken
  - außerdem ist er für die Sternwarte zuständig, das renommierte astronomische Observatorium bei der päpstlichen Residenz Castel Gandolfo, auch wenn es nicht zum eigentlichen Wirkungsbereich des Governatorats gehört und seine Forschungsarbeit in Tucson, Arizona, betreibt

SPENDEN UND INVESTITIONEN

WOHER KOMMT DAS GELD? Gegen Ende des Jahres 2010 arbeiteten insgesamt 2806 Personen in den verschiedenen Einrichtungen des Heiligen Stuhls, darunter etwa 800 Geistliche, 400 Ordensangehörige (in der Mehrzahl Männer) und rund 1600 Laien (zwei Drittel davon Männer). In den Strukturen des Staates der Vatikanstadt waren 1876 Personen beschäftigt, unter ihnen etwa 1800 Laien.

Wie werden die verschiedenen Organe finanziert? Und wenn, wie oben beschrieben, der Steuerschlüssel »Acht Promille« die Bischofskonferenz (CEI), nicht aber den Vatikan betrifft, woher kommen dann die für den Unterhalt von Heiligem Stuhl und Staat erforderlichen Mittel?

Die drei wichtigsten Finanzierungsquellen sind der Peterspfennig, die Eintrittsgelder für die Vatikanischen Museen und schließlich die Gewinne der Vatikanbank (IOR, Istituto per le Opere di Religione).

EINE SPENDE FÜR DEN PAPST Der Peterspfennig umfasst der offiziellen Definition nach die »wirtschaftlichen Zuwendungen, welche die Gläubigen zum Zeichen ihrer Verbundenheit mit den vielfältigen Aufgaben des Nachfolgers Petri leisten, um dessen Sorge um die Erfordernisse der universalen Kirche und um den Liebesdienst an den Bedürftigen zu unterstützen«. Mit anderen Worten: Sämtliche Spenden der Gläubigen aus aller Welt gehen an den Papst, damit dieser den nach seinem Ermessen geeignetsten Gebrauch davon macht – sei es zugunsten der katholischen Kirche, sei es zugunsten von Menschen in Not.

Im antiken Griechenland war »Obolós« (Pfennig) die Bezeichnung für eine kleine Münze, und analog dazu hat sich der Begriff in seiner Bedeutung als Spende in Geldform erhalten. Es mag seltsam erscheinen, dass der Unterhalt des Papstes und des Heiligen Stuhls weitgehend von Spenden bestritten werden soll, aber dem ist tatsächlich so – und das nicht erst seit heute. Der Brauch, die Apostel und alle anderen, die mit ihnen das Evangelium verkündeten, materiell zu unterstützen, stammt aus der Antike und dem frühen Christentum. Wir wissen nicht genau, wie und womit Jesus Christus seinen Lebensunterhalt verdiente, aber die Berichte der Evangelisten lassen vermuten, dass er, nachdem er seine Familie verlassen hatte, immer gastfreundlich aufgenommen wurde und von den Hilfsangeboten seiner Jünger und Freunde lebte. So ließ gerade auch Petrus seinen Beruf als Fischer hinter sich und war seitdem auf fremde Hilfe angewiesen.

Im 8. Jahrhundert waren die angelsächsischen Gläubigen, die erst rund 100 Jahre zuvor bekehrt worden waren, die Ersten, die dem Papst zuverlässig jedes Jahr eine bestimmte Geldsumme schickten – als Ausdruck besonderer Verehrung des Bischofs von Rom. So entstand der *Denarius Sancti Petri*, der Peterspfennig, also Almosen für den heiligen Petrus. Dieser Brauch verbreitete sich in ganz Europa, bis schließlich Pius IX. im Jahr 1871 eine sozusagen feste Einrichtung daraus machte. Die Jahreszahl ist bedeutsam: Nach dem Untergang des Kirchenstaates und dem Ende der weltlichen Macht erwartete der Papst, der sich selbst als »Gefangener« bezeichnete, dass beträchtliche Spenden im Vatikan eintreffen würden. So schrieb er in seiner Enzyklika »Saepe venerabilis«: »Viel reichlicher als gewöhnlich möge bei Uns der Obolus eintreffen, mit dem Arme und Reiche sich gedrängt fühlen, der Armut aufzuhelfen, die Uns getroffen hat.« Damit begründete er jene Spende, die heute vor allem auf den 29. Juni, das Hochfest der Heiligen Petrus und Paulus, oder auf den nachfolgenden Sonntag festgelegt ist. Benedikt XVI. sagte dazu im ersten Jahr seines Pontifikats:

»Der Peterspfennig ist der typischste Ausdruck der Teilhabe aller Gläubigen an den frommen Initiativen des Bischofs von Rom für die universale katholische Kirche. Diese Geste hat nicht nur praktischen, sondern auch hoch symbolischen Wert, weil er ein Zeichen der Gemeinschaft mit dem Papst und der Aufmerksamkeit für die Bedürfnisse der Glaubensbrüder ist; gerade deswegen hat euer Dienst einen ganz außergewöhnlichen geistlichen Wert.«

Schon Johannes Paul II. unterstrich »die wachsenden Anforderungen an das Apostolat, die Notlage der Kirchengemeinden speziell im Missionsgebiet, die Hilfsgesuche von Bevölkerungsgruppen, Einzelpersonen und Familien, die alle in einer schwierigen Lage sind«. Und führte weiter aus:

»So viele Menschen erwarten vom Apostolischen Stuhl eine Unterstützung, die sie häufig an anderer Stelle nicht finden können. In dieser Hinsicht bedeutet der Obolus eine echte, eigene Teilhabe an der Evangelisation, insbesondere wenn wir bedenken, wie sinnvoll und wichtig es ist, die Bemühungen der universalen Kirche zu teilen.«

Und der Vatikan erklärte dazu:

»Die Spenden der Gläubigen an den Heiligen Vater sind für die kirchlichen Werke, für humanitäre Maßnahmen und soziale Förderung wie auch für die Unterstützung der Aktivitäten des Heiligen Stuhls bestimmt. Der Papst als Oberhirte der gesamten Kirche befasst sich auch mit den materiellen Bedürfnissen armer Diözesen, religiöser Einrichtungen und der Gläubigen in besonders schwieriger Lage (Arme, Kinder, Alte, Randgruppen, Opfer von Kriegen und Naturkatastrophen, spezielle Hilfen für Bischöfe und Diözesen in Not, katholische Erziehung, Hilfe für Flüchtlinge und Migranten).«

Wenn man privat dem Papst spenden will, genügt es, einen Brief zu schreiben, auf ein Konto seiner Bank einzuzahlen oder über das Internet mit einer Kreditkarte eine Summe zu überweisen. Im Jahr 2010 belief sich der Peterspfennig auf rund 67 700 000 Euro – weniger als in den Jahren zuvor. Vermutlich haben die Skandale um die Fälle von Kindesmissbrauch durch die Geistlichen eine Rolle bei dem Spendenrückgang gespielt. Aber auch die Auswirkungen der Wirtschaftskrise, die die Vereinigten Staaten und Deutschland gleichermaßen getroffen hat, mögen eine Rolle spielen, gehören diese beiden Länder doch von jeher zu den spendenfreudigsten überhaupt. Jedenfalls sprang die Vatikanbank ein und stellte dem Papst 55 Millionen Euro zur Verfügung, 5 Millionen mehr als im Jahr 2009.

Die Gesamtbilanz des Heiligen Stuhls für das Jahr 2010 verzeichnet Einnahmen in Höhe von 245 195 561 Euro und Ausgaben in Höhe von 235 347 437 Euro. Der Überschuss belief sich für das besagte Rechnungsjahr also auf 9 848 124 Euro.

»Die Bilanz für 2010«, so liest man im offiziellen Kommuniqué des Heiligen Stuhls, »könnte also die positive Tendenz, vielleicht auch mit allen Elementen der Unsicherheit und Instabilität, wie sie die weltweite wirtschaftliche und finanzielle Lage noch bietet, bestätigen, dass sie, wie aus dem Rechnungsjahr 2009 ersichtlich, die negativen Auswirkungen der schweren Finanzkrise von 2008 schon absorbiert hat. Die Ausgaben sind überwiegend auf die planmäßigen und außerplanmäßigen Aufwendungen der Dikasterien und Einrichtungen des Heiligen Stuhls zurückzuführen; mit ihrer speziellen Arbeit nehmen sie an der pastoralen Sorge des Summus Pontifex für die universale Kirche teil.«

Die Gesamtbilanz des Governatorats des Staates Vatikanstadt für 2010 verzeichnete dagegen Einnahmen von 255 890 112

Euro und Ausgaben von 234 847 011 Euro. Der Gewinn betrug also 21 043 000 Euro. Dazu liest man in derselben Mitteilung:

»Zu diesem Resultat hat einerseits der große Erfolg der Vatikanischen Museen beigetragen, vor allem dank der gestiegenen Besucherzahl, ganz im Widerspruch zur weltweiten Krise in der Touristikbranche, andererseits die Erholung der Finanzmärkte.«

EIN EINZIGARTIGES ERBE   Die *Vatikanischen Museen* gehören zu den eindrucksvollsten Kunstsammlungen der Welt und ziehen jährlich rund 4 Millionen Besucher an. Mit der Eintrittskarte hat man Zugang zu allen Abteilungen (einschließlich der Sixtinischen Kapelle). Für Erwachsene kostet sie 15 Euro, für Kinder 8 Euro. Der Vatikan ist ein einzigartiger Ort, weil er buchstäblich aus Meisterwerken der Kunst und Architektur besteht, deren Wert vielfach nicht zu beziffern ist. Sie zu pflegen erfordert ausgebildetes Personal und beträchtliche finanzielle Mittel. Deshalb wird hier auch Eintritt verlangt, allerdings nicht für den Petersdom (mit Ausnahme der Kuppel, wie oben beschrieben).

Aus wirtschaftlicher Sicht sind die Vatikanischen Museen eine besonders wichtige Einnahmequelle. Deshalb haben die Verantwortlichen, als sie in den Jahren 2008 und 2009 einen Rückgang der Besucherzahlen um 200 000 feststellten (vermutlich als Folge der allgemein krisenhaften Stimmung), auch umgehend reagiert, indem sie die Ausstellungsflächen erweiterten und zusätzliche Besuchszeiten am Abend einführten.

Für die Arbeiten zum Erhalt und zum Umbau des künstlerischen und kulturellen Erbes zieht der Vatikan auch *Sponsoren* heran, die in solchen Fällen unentbehrlich sind und sehr gern ihren Namen an einer so renommierten Institution lesen. Allein um ein Juwel wie die Sixtinische Kapelle zu bewahren, fallen ungeheure Kosten an (wenn man das Problem der Klimatisierung und Luftreinigung bedenkt – bei 15 000 Besuchern täglich), und ohne Geldgeber wäre es unmöglich, alle Kosten zu tragen. Speziell für diesen Zweck wurde in Amerika vor einigen Jahren die Initiative »Patrons of the Arts in the Vatican Museums« gegründet, Prominente, die jährlich mit einer Spende von mindestens 500 Dollar (steuerlich abzugsfähig) die Projekte zum Erhalt von Kunstwerken, Restaurierungswerkstätten und den Ankauf von neuen Kostbarkeiten unterstützen.

Im Bereich des Restaurierens haben die Werkstätten, die sich mit Gobelins, Mosaiken und Gemälden befassen, absolutes Weltniveau. Sie sind mit den modernsten Apparaturen und einem hochspezialisierten Personal ausgestattet.

DER HEILIGE TRESOR   Die dritte Einnahmequelle ist die Vatikanbank. Ihre wichtigste Aufgabe besteht darin, das Vermögen des Heiligen Stuhls zu investieren und gewinnbringend anzulegen. Allgemein wird sie als »Bank des Papstes« bezeichnet, aber sie ist im Gegenteil und genauer ausgedrückt ein privates Institut, dessen Aufgabe es laut Statut ist, »bewegliche und unbewegliche Güter zu bewahren und zu verwalten, die ebendiesem Institut von Privatpersonen oder juristischen Personen übermittelt oder anvertraut wurden und für Werke der Religion und der Nächstenliebe bestimmt sind«.

Das Institut akzeptiert Geldsummen, die von außerhalb oder innerhalb der heiligen Mauern kommen, wenn die Verwendungszwecke, zumindest teilweise, den im Statut verankerten Zielen entsprechen. Mit einem Vermögen von rund 5 Milliarden Euro führt die Bank 44 000 Konten, die für Geistliche, Angestellte des Vatikans und eine kleine Gruppe von Privatpersonen reserviert sind. Das Geld wird überwiegend im Ausland investiert bei einem jährlichen mittleren Zinssatz zwischen 4 und 12 Prozent: Das sind Nettorenditen, weil im Staat der Vatikanstadt keine Steuern anfallen.

Die Bank stand auch schon im Mittelpunkt strafrechtlicher Ermittlungen, weil sie 1982 in den Zusammenbruch der Mailänder Banco Ambrosiano (davon ist weiter unten noch die Rede), den Skandal Enimont, und erst vor kurzer Zeit in den »Fall Anemone« verwickelt war.

Im Mai 2010 hat außerdem die römische Staatsanwaltschaft Ermittlungen wegen der Kontakte der Vatikanbank zu anderen Banken mit suspekten Transaktionen und der Verletzung der Vorschriften zur Verhinderung von Geldwäsche eingeleitet.

Um derartigen Fällen vorzubeugen, trat am 1. April 2011 ein neues Gesetz in Kraft, das Strafen von bis zu zwölf Jahren Gefängnis für Geldwäsche und terroristische Delikte vorsieht. Das Gesetz wurde im Dezember 2010 erlassen; unter anderem ist auch ein neues Kontrollsystem geplant, das mit Hilfe der Finanzaufsichtsbehörde alle Beträge überprüft, die in bar oder per Scheck vom Vatikan ausgezahlt werden beziehungsweise dort eingehen und die Summe von 10 000 Euro überschreiten.

Seit Anfang 2011 hat die Bank, deren Aktivitäten von einem Aufsichtsrat unter Vorsitz des Kardinalstaatssekretärs kontrolliert werden, den europäischen Vorschriften im Hinblick auf Transparenz und Prävention von Geldwäsche zugestimmt, um sich dem Vertrag mit der Europäischen Union anzupassen, den der Heilige Stuhl im Jahr 2010 unterschrieben hat.

Am 15. Februar 2013 nahm Ernst von Freyberg-Eisenberg seine Tätigkeit als Präsident des IOR auf, dessen Strukturen und Geschäftsvorgänge er transparent machen will. Geldwäsche sowie Steuerhinterziehung sollen unterbunden und eine Null-Toleranz-Politik gegenüber derartigen Delikten verfolgt werden.

VERWALTER UND WÄCHTER   Wer ist verantwortlich für die Finanzen? Beim Heiligen Stuhl übernimmt die APSA, die Verwaltung für das Vermögen des Apostolischen Stuhls, die wirtschaftlichen Aufgaben. Diese Behörde hat Paul VI. im Jahr 1967 eingesetzt; durch die Apostolische Konstitution »Pastor Bonus« von 1988 wurde sie zur festen Einrichtung. Die APSA kümmert sich um alles, was aus wirtschaftlicher Sicht für die Arbeit der vatikanischen Dikasterien notwendig ist, auch um die technischen Aspekte, etwa den Betrieb und die Entwicklung der Telekommunikation für die Auftritte des Heiligen Stuhls im Internet. Sie befasst sich mit der Buchführung und stellt den vorläufigen und den endgültigen Etat auf.

Für die Vatikanstadt ist dagegen das Governatorat, die Staatsverwaltung, zuständig. Sie befasst sich mit der Regierung des Vatikans und den entsprechenden staatlichen Angelegenheiten wie der Leitung des Staatsgebiets. Darüber hinaus schafft sie die Strukturen, mit denen sie die Arbeit des Apostolischen Stuhls unterstützt.

Die Behörde, die beide Verwaltungen in diesem Staat überwacht und eine korrekte Rechnungsführung überprüft, ist die Präfektur für die wirtschaftlichen Angelegenheiten des Apostolischen Stuhls. Unter dem Vorsitz des Kardinalstaatssekretärs bearbeitet ferner ein Rat von Kardinälen organisatorische und wirtschaftliche Fragen, und in diesem Kreis werden auch die Bilanzen beider Verwaltungen im Beisein der verantwortlichen Kardinäle der APSA, des Governatorats und der Präfektur für die wirtschaftlichen Angelegenheiten des Heiligen Stuhls erörtert.

Wirtschaftlich besonders belastend für den Heiligen Stuhl ist der Betrieb der verschiedenen Medien: darunter *Radio Vaticana*, die Druckerei, der vatikanische Verlag, die Fernsehstation des Vatikans und der *Osservatore Romano*. Es war ein gewisser Trost, als publik wurde, dass aus dem Fernen Osten das Angebot einer weitgehenden Kostenübernahme kommen sollte: In Südkorea und Japan leben nur wenige Christen, aber diese Wenigen stiften dem Papst und dem Vatikan beachtliche Summen.

Zur Frage der Gehälter muss man übrigens ergänzen, dass der Kardinal, der von seinen Kollegen zum Papst gewählt wird, zwar das höchste nur denkbare Amt erlangt hat, wirtschaftlich aber bringt es ihm keinerlei Vorteile. Tatsächlich bezieht der Papst kein Gehalt. Das ist weder vorgesehen noch erforderlich, denn sobald er den Heiligen Stuhl übernommen hat, arbeitet man dort für ihn und sorgt für seinen persönlichen Bedarf. Johannes Paul II. hatte nicht einmal ein Bankkonto. Über Papst Benedikt XVI. ist nichts bekannt, aber es könnte durchaus sein, dass er über Ersparnisse aus früheren Jahren verfügte.

AM HOF DES SOUVERÄNS

KARDINALSPURPUR   Kommen wir schließlich zur Kurie: Das lateinische Wort *curia* bedeutet »Hof«, »Königshof« – ein durchaus passender Begriff, denn wir behandeln hier ein Gremium im Dienst eines Souveräns mit absoluten Machtbefugnissen. Von diesem »Hof« hat die römische Kurie Vorteile und Schwächen übernommen. Eine kleine, abgeschlossene Welt bildet den Apparat solider Herrschaft: kompetent, wirkungsvoll, aber leider auch formalistisch, ein wenig gefangen in den eigenen Ritualen und immer in der Gefahr, den Kontakt zur Realität der Welt außerhalb des Vatikans zu verlieren. Dies alles sind Merkmale, die im Adjektiv »kurial« mitschwingen.

Bevor wir uns anschauen, wie sich die Kurie zusammensetzt, ist es sinnvoll, sich mit den wichtigsten Mitarbeitern des Papstes zu befassen – den Kardinälen. Wer sind sie? Warum nennen wir sie so? Wie wird man Kardinal? Wie unterscheidet sich ein Kardinal von einem Bischof?

Das Wort »Kardinal« stammt vom lateinischen *cardo*, Türangel, Bolzen. Ohne die Türangel hat eine Tür keinen Halt, und ohne den Kardinal können der Papst und die Kirche ihren ganz besonderen Auftrag nicht erfüllen. Als »Türangeln« tragen die Kardinäle hohe operative und beispielgebende Verantwortung.

Der Papst wählt selbst die Kardinäle auf der Grundlage seines unanfechtbaren Urteils aus. Die Stellung eines Kardinals ist also ein Amt (in der Sprache der Kirche nennt man es vorzugsweise »Würde«), das man nur mit der Erlaubnis des

Pontifex erlangt. Im Codex des kanonischen Rechts heißt es dazu:

»Der Papst wählt die Männer, die zu Kardinälen erhoben werden sollen, frei aus; sie müssen wenigstens die Priesterweihe empfangen haben, sich in Glaube, Sitte, Frömmigkeit sowie durch Klugheit in Verwaltungsangelegenheiten auszeichnen.«

Der wichtigste Punkt: Der Papst trifft seine Wahl frei, und keiner darf ihm eine Beförderung aufdrängen. Die Qualitäten des Kandidaten sollen »in modo eminente« – so im italienischen Text –, also auf eminente, außergewöhnliche Weise (daher die Anrede »Eminenz« für einen Kardinal) erkennbar sein. Es genügt wohlgemerkt nicht, sich in der Glaubensstärke hervorzutun, auch einwandfreier Lebenswandel, Frömmigkeit (nach dem lateinischen Wort *pietas* auch Nächstenliebe und Respekt) und Klugheit werden gefordert; was so viel heißt wie fähig zu sein, in jeder nur denkbaren Lage das wirklich Gute zu erkennen und darüber hinaus auch über die Mittel zu verfügen, es zu erlangen.

Wenn ein Prälat Kardinal wird, heißt es, er wird vom Papst zum Kardinal »kreiert«. Der Gebrauch des Wortes »Ernennung« oder »Berufung« vermittelt den Eindruck keiner einfachen Entscheidung des Papstes, sondern einer Weihe, weil es sich beim Kardinal eben nicht nur um ein Amt handelt – im Unterschied zum Bischof. Im Grunde könnte man also Kardinal werden, ohne zuvor Bischof gewesen zu sein. Allerdings muss seit 1960 jeder neue Kardinal, sofern er nicht schon Bischof ist, die Bischofsweihe empfangen.

Auch der Bischof (von griechisch *epískopos*, Aufseher, Hüter) wird vom Papst ausgewählt, nach dem Vorschlag einer beigeordneten Kongregation. Wenn man aber zur Bischofsweihe (Konsekration) schreitet, ist es nach der Kirchenlehre der Heilige Geist, der tätig wird und die Weihe vollzieht (ob sie nun vom Papst oder einem anderen Bischof vorgenommen wird). Die Weihe geschieht im Namen und im Auftrag des Heiligen Geistes.

Das Bischofsamt ist die dritte und wichtigste Stufe in der geistlichen Hierarchie; die beiden ersten sind der Diakon (von griechisch *diákonos*, Diener, Helfer) und der Presbyter (von griechisch *presbýteros*, Ältester), dieser ist etwas einflussreicher; unser Wort »Priester« stammt daher. Der Bischof galt als direkter Nachfolger der Apostel, und er war für eine Diözese (von griechisch *dioíkesis*, Verwaltungsbezirk, Sprengel) zuständig, also einen Landstrich, in dem die Kirche ihre Missionsarbeit ausübte.

Nun zurück zu den Kardinälen: Gerade weil sie »Türangeln« sind, müssen sie bereit sein, auch den heftigsten Stößen standzuhalten. Deshalb rezitiert der Papst auch, wenn er einen Kardinal ernennt, eine lateinische Formel, in der es heißt, sein neuer Mitarbeiter müsse bereit sein, den Glauben und den Pontifex zu verteidigen *usque ad sanguinis effusionem,* bis zum Blutvergießen, also bis zum Märtyrertod. Deshalb ist der Ornat auch rot wie Blut.

Während der Zeremonie überreicht der Papst dem neuen Kardinal ein Birett, das ebenfalls rot ist (*accipite biretum rubrum,* empfange das rote Birett), und am Tag darauf, während der Messe, einen Ring (*accipite anulum de manu Petri,* empfange den Ring aus der Hand Petri), um die besondere Bindung an den päpstlichen Sitz hervorzuheben. Von diesem Augenblick an gehört der neue Kardinal, wegen seines unverwechselbaren Habits auch »Purpurträger« genannt, endgültig zum Kardinalskollegium, das als eine Art »Senat der Römischen Kirche« bezeichnet werden könnte.

Der Papst kann außerdem aus Gründen, die nur er kennt, Kardinäle *in pectore* berufen und ihre Namen geheim halten, solange er es selbst für notwendig hält. Die Definition *in pectore* ist von der päpstlichen Formel *Alios autem in pectore reservamus* abgeleitet. Diese Kardinäle genießen nicht die Rechte und Privilegien der übrigen Purpurträger. Stirbt der Papst, ohne ihre Namen verkündet zu haben, können die Kardinäle *in pectore* keines ihrer Rechte wahrnehmen. Werden ihre Namen jedoch bekannt gegeben, bekommen sie alle Rechte rückwirkend von dem Augenblick an verliehen, als der Papst sie *in pectore* ernannt hat. Im März 1873 berief Pius IX. fünf Kardinäle *in pectore* und sagte, im Falle seines Todes würden seine Mitarbeiter die Namen in einem geschlossenen Umschlag finden. Aber die Kirchenrechtler äußerten so ernste Zweifel an der Rechtskraft dieses Vorgehens, dass der Papst beschloss, die Namen dieser fünf Kardinäle vorzeitig zu veröffentlichen.

Die Kardinäle der römischen Kurie, die nicht so viel Vermögen haben, um sich den gehobenen Lebensstil zu leisten, der ihrer neu gewonnenen Würde angemessen wäre, erhalten vom Papst eine jährliche Zuwendung, »Kardinalsteller« genannt. Früher, etwa um die Mitte des 19. Jahrhunderts, begannen die Purpurträger davon zu profitieren, wenn der Papst ihnen das Rederecht in den verschiedenen Versammlungen der römischen Kurie einräumte, aber unter dem Pontifikat Gregors XVI. (1831–1846) wurde entschieden, dass die Kardinäle gleich nach der Nominierung den »Teller« in Anspruch nehmen können.

EINE UNTERSCHÄTZTE VERSAMMLUNG Die Zeremonie zur Ernennung neuer Kardinäle ebenso wie die Versammlung der Kardinäle selbst wird Konsistorium (nach dem lateinischen Wort *consistorium*) genannt und bedeutet so viel wie Sitzung, Versammlung, Rat. Die Kirche hat den Begriff vom antiken Römischen Reich übernommen.

Das Konsistorium tagt immer im Vatikan und wird vom Papst einberufen; es gibt ordentliche und außerordentliche

Konsistorien; im ersten Fall versammelt er nur die Kardinäle, die in Rom residieren, im zweiten ruft er die Kardinäle aus dem übrigen Italien und der ganzen Welt zu sich. Nicht alle Kardinäle haben ihre Aufgaben in der römischen Kurie. Einige leiten genauso wie Bischöfe wichtige Diözesen, in Italien zum Beispiel die Diözesen großer Städte wie Mailand, Turin, Genua und Neapel. Sie residieren in Metropolen wie Paris, Madrid, New York, Mexico City und vielen anderen. Diese Städte werden als Kardinalssitz bezeichnet; das soll deutlich machen, dass eine bestimmte Diözese aufgrund ihrer großen Bedeutung von einem Bischof geleitet werden muss, der zugleich die Kardinalswürde besitzt.

Der Papst kann das Konsistorium immer dann einberufen, wenn er es für erforderlich hält, sei es, um neue Kardinäle zu berufen, sei es, um Probleme der Kirche zu erörtern und Empfehlungen und Ratschläge entgegenzunehmen. Tatsächlich entschließen sich die Päpste – wie viele Beobachter der Vorgänge im Vatikan feststellen – viel zu selten für diese Möglichkeit, weil ihr Amt eine solche Machtkonzentration mit sich bringe, dass sie zu Lasten der Kollegialität gehe.

Die wichtigste Aufgabe der Kardinäle ist die Papstwahl, aber wie gesagt, nicht alle Kardinäle können am Konklave teilnehmen. Nach dem kanonischen Recht dürfen nur Kandidaten gewählt werden, die jünger als 80 Jahre sind. Diese Regel hat Paul VI. im Jahr 1970 eingeführt. Trotzdem gehören Kardinäle, die älter als 80 Jahre sind, nach wie vor dem Kardinalskollegium an. Steht ein Konklave an, dürfen sie an den vorbereitenden Versammlungen (den General- und Sonderkongregationen) teilnehmen. Dort tauschen sich die Purpurträger mehrere Tage untereinander über mögliche Kandidaten für den Papstthron aus.

Das Kardinalskollegium umfasst rund 200 Mitglieder, darunter 120 Elektoren (so hatte es Paul VI. im Jahr 1973 festgesetzt). Es ist in drei Klassen (*ordines*) eingeteilt: die bischöfliche, die priesterliche und die diakonale Klasse. Diese Einteilung stammt noch aus der Zeit, als die Kardinäle tatsächlich nur unter den Bischöfen der suburbikarischen Sitze (im Umkreis Roms), aus den Presbytern der größten Kirchen Roms und aus den Diakonen ausgewählt wurden, die in den päpstlichen Ämtern und in der Armenfürsorge helfende Dienste versahen. Heute ist das alles anders, aber die Hierarchie hat überdauert. Die höchste Würde kommt den Kardinalbischöfen zu, was sich noch heute daran zeigt, dass der Papst jedem Kardinal dieser Klasse die Titulatur eines der suburbikarischen Sitze verleiht, also einer der sieben Diözesen im Umkreis von Rom. Das sind: Ostia, Albano, Frascati, Palestrina, Porto-Santa Rufina, Sabina-Poggia Mirteto und Velletri-Segni. Die Kardinalbischöfe übten ihre Funktion als Bischöfe in den Sitzen, deren Titulatur sie besaßen, ursprünglich tatsächlich aus, seit 1962 jedoch, dem Pontifikat Johannes' XXIII., hat die Titulatur eine nur noch symbolische, wenngleich ehrenvolle Bedeutung, während die Leitung der Diözese selbst einem amtierenden Bischof überlassen ist.

Unter den Mitgliedern des Kardinalskollegiums nehmen der Kardinaldekan und der Kardinalkämmerer eine besonders wichtige Rolle ein. Früher war der Dekan einfach der Dienstälteste im Kollegium, aber seit 1965 ist vorgesehen, dass er von den Kardinalbischöfen aus ihren Reihen gewählt wird und der Papst dies bestätigen muss. Der Kardinaldekan hat in Bezug auf die übrigen Kardinäle zwar keine Machtbefugnis, übernimmt aber die Aufgaben eines Vorsitzenden des Kollegiums als *primus inter pares*, als Erster unter Gleichen.

KÄMMERER UND WÄCHTER   Auf den Kardinalkämmerer (Camerlengo; aus dem mittelalterlichen Latein *camarlingus*, dieses wieder aus dem fränkischen *camerling*, Kammerdiener,

Bediensteter im Schlafraum des Souveräns) kommen nach dem Tod des Papstes besonders wichtige Aufgaben zu: In der Wartezeit bis zur Wahl des Nachfolgers übernimmt er am Heiligen Stuhl die Leitung. In dieser Phase, der Sedisvakanz, hat er entscheidende Pflichten. In der Anfangszeit war vorgeschrieben, dass er den Papst berührte, um sich zu vergewissern, dass dieser wirklich tot war. Er musste den Papst dreimal beim Taufnamen rufen und mit einem silbernen Hämmerchen auf die Stirn des Verstorbenen klopfen. Erst nachdem er dies alles ausgeführt hatte, konnte er verkünden: *Vere Papa mortuus est,* der Papst ist wahrhaftig tot.

Heute geschieht dies alles nicht mehr; der Tod des Papstes wird von Ärzten festgestellt, aber der Kardinalkämmerer hat nach wie vor die Aufgabe, die laufenden Amtsgeschäfte weiterzuführen. Noch immer muss er dem Verstorbenen den Fischerring *(anulus piscatoris)* vom Finger ziehen. Diese Zeremonie hat eine historische Bewandtnis: Bis zum Jahr 1842 wurde der Ring auch als Siegel benutzt, das die Echtheit der päpstlichen Dokumente bestätigte. Nach dem Tod des Papstes hat man diesen Ring vernichtet, um zu verhindern, dass irgendjemand in betrügerischer Absicht päpstliche Dokumente erstellen und mit diesem Siegel versehen konnte. Der Kardinalkämmerer erteilt auch die Erlaubnis, den verstorbenen Papst zu fotografieren, aber erst wenn man diesem die päpstlichen Paramente wieder angelegt hat.

DER RING DES MENSCHENFISCHERS   Wie alle goldenen Ringe wird auch der Ring des Papstes von einem Goldschmied gefertigt. Für den Ring des Papstes Benedikt XVI. hatte der Vatikan den Designer Stefano Ricci sowie Claudio Franchi beauftragt, den Vizepräsidenten der römischen Gesellschaft der Goldschmiede und Erben einer langen Familientradition in der Bearbeitung edler Metalle. Franchis Atelier befindet sich in einer Straße direkt am Tiber. Am 8. April 2005, am Tag der Begräbnisfeierlichkeiten für Johannes Paul II., erhielt er von einem Monsignore der päpstlichen Kurie den Auftrag, den Fischerring für den neuen Papst zu entwerfen. Dieser Monsignore hatte eine Ausstellung besucht, deren Kurator Claudio Franchi gewesen war, und als dann wieder ein neuer Fischerring hergestellt werden musste, fiel ihm ein, dass er sich an Franchi wenden könnte. Und so geschah es auch. Ricci und Franchi machten sich an die Arbeit, und im Verlauf eines Abends und einer Nacht hatten sie ein Modell in Silber und eines in Wachs vorbereitet. Das eine war eher traditionell gestaltet, das andere etwas moderner. Vom Vatikan erfuhren sie, das modernere Modell sei ausgewählt worden, und das Datum der Übergabe des fertigen Rings wurde genannt: der 20. April. Ricci erzählte später in einem Interview:

»Wir maßen die Ringgröße, und als wir feststellten, dass die 24 die richtige Größe war, sagte der Papst sehr zufrieden: ›Die doppelte Zahl der Apostel!‹, und dann musste ich nur noch den Namen des Papstes eingravieren.«

Der Ring enthielt 35 g Gold und stellte den heiligen Petrus dar, wie er die Fischernetze einzieht. Er hatte eine elliptische Form, genauso wie der Petersplatz, und er wurde abschließend mit der Sandstrahltechnik behandelt, die alle Details besser in Erscheinung bringt und der Gravur einen zusätzlichen malerischen Effekt verleiht.

Aufgabe des *Kardinalprotodiakons* (des Ersten unter den Kardinaldiakonen) ist es, dem wartenden Volk den Namen des neuen Papstes mit der berühmten Formel zu verkünden: *Annuntio vobis gaudium magnum, habemus Papam*, ich verkünde euch große Freude, wir haben einen Papst. Dann nennt er den Namen des Kardinals, der gewählt wurde, und anschließend den Namen, den der Kardinal als seinen Papstnamen bestimmt hat.

Der Kardinalkämmerer ist außer dem Großpönitentiar, dem Vorsitzenden des Obersten Gerichtshofs der katholischen Kirche, der einzige Verantwortliche, der während der Sedisvakanz im Amt bleibt. Beim Tod des Papstes beenden alle Leiter der Dikasterien, die Präfekten, die Präsidenten und sogar das Staatssekretariat die Arbeit in ihren Ämtern.

Falls die Stelle des *Kardinalkämmerers* beim Tod des Papstes vakant ist, müssen die Kardinäle sofort Vorkehrungen treffen, um einen Kämmerer zu ernennen, der mit absoluter Mehrheit von ihnen gewählt wird. Liegt Stimmengleichheit für zwei Kardinäle vor, gilt derjenige Kandidat als gewählt, der in der höheren Kardinalsklasse ist; wenn beide derselben Klasse angehören, ist der Kandidat gewählt, der als Erster zum Kardinal ernannt wurde.

Während der Sedisvakanz muss das Kardinalskollegium auch die weltlichen Angelegenheiten des Staates der Vatikanstadt übernehmen. Allerdings kann das Kollegium kein Dekret erlassen, es sei denn in besonders dringenden Fällen. Legislative, Exekutive und Judikative liegen in der Übergangszeit der Sedisvakanz in der Hand des Kardinalskollegiums. Auch in diesem Fall dürfen die Kardinäle nur dann Gesetze erlassen, wenn Gefahr im Verzug ist, und ihre Entscheidungen werden erst nach dem Ende der Sedisvakanz wirksam. Der neue Papst wird darüber entscheiden, ob er sie bestätigt oder zurücknimmt.

Wenn der Papst stirbt, werden die *Novendiali* (von lateinisch *novem dies*, neun Tage) verkündet, eine Trauerzeit von neun Tagen mit Fürbittgottesdiensten für den Verstorbenen. Der Brauch geht auf das Jahr 1274, also das Pontifikat Gregors X., zurück und er wird noch heute gepflegt. Diese »neun Tage« dürfen nicht unterbrochen werden, außer wenn ein hohes

Kirchenfest wie Weihnachten, Ostern, Pfingsten oder Allerheiligen in dieser Zeit liegt oder wenn besonders schwerwiegende Ereignisse verhindern, dass die Trauerzeit eingehalten werden kann.

DIE ENTOURAGE DES CHEFS   In neuerer Zeit, insbesondere seit dem Zweiten Vatikanischen Konzil, haben die Päpste der Kurie eine ordentliche Abmagerungskur verordnet. Nach und nach hat sie ihre äußere Prunkentfaltung, ihre Privilegien und zahlreiche Mitarbeiter eingebüßt. Paul VI. (1963-1978) setzte diese Erfordernisse besonders energisch um.

Im Konzilsdekret »Christus dominus«, das ebendieser Papst im Oktober 1965 herausgab, bekräftigte er: »Bei der Ausübung der höchsten, vollen und unmittelbaren Gewalt über die Gesamtkirche bedient sich der Papst der Behörden der römischen Kurie. Diese versehen folglich ihr Amt in seinem Namen und mit seiner Vollmacht zum Wohle der Kirchen und als Dienst, den sie den geweihten Hirten leisten.« Diese Passage ist sehr bedeutsam. Mit den geweihten Hirten sind genau genommen die Bischöfe gemeint, und wenn der Papst von den Kirchen im Plural spricht, weil er an die Diözesen denkt und die religiösen Gemeinschaften, die in aller Welt verstreut sind, unterstreicht er in diesem Text unüberhörbar, dass die Autorität des Papstes »die höchste, volle und unmittelbare« ist, also nicht irgendwelchen Begrenzungen und Vermittlungen unterliegt und dass die Kurie nicht selbst verantwortlich zeichnet für das, was sie tut, sondern im Namen des Papstes und innerhalb seiner höchsten Autorität agiert.

Die juristischen Grundlagen, auf denen das System basiert, gehen auf das Jahr 1929 zurück, als die Lateranverträge dem Vatikanstaat faktisch die heutige Gestalt gaben. Das Unterfangen war schwierig, ging es doch darum, eine neue Ordnung gemäß den Prinzipien eines modernen Staates aufzustellen, ohne die kanonische Ordnung, Ergebnis jahrhundertelanger Tradition, gänzlich über Bord zu werfen.

Wie schon erwähnt, vertraute Pius XI. die Aufgabe dem Rechtsanwalt Francesco Pacelli an, der sämtliche Verhandlungen mit dem italienischen Staat führte, um die Römische Frage zu lösen. Der Bruder des künftigen Papstes Pius XII. verband seine juristische Kompetenz mit erwiesener Treue zum Heiligen Stuhl – unabdingbare Tugenden, um auf einem so tückischen Gelände voranzukommen. Aber offensichtlich konnte Pacelli dies trotz allen Bemühens nicht allein bewältigen. Auf sein Ersuchen stellte ihm daher der Papst im Februar 1929 einen der brillantesten Juristen Italiens dieser Jahre zur Seite: Federico Cammeo. Gerade Cammeo, der jüdischen Glaubens war, vermochte es, dem Vatikanstaat und seiner Rechtsordnung eine neue, systematische Struktur zu geben. Nach einhelligem Urteil der Experten bewies er dabei eine ganz außerordentliche Sensibilität für den religiösen Kontext, Sinn für die konkreten Einzelheiten und den Mut, das kirchenrechtliche Erbe mit den Anforderungen des modernen Staatsrechts zu verknüpfen. Nur wenige wissen, dass Cammeo infolge der Rassengesetze des faschistischen Regimes von 1938 einsam und verarmt starb, während seine Ehefrau und die Tochter 1944 in Auschwitz ermordet wurden.

GEHEIMNISVOLLE EDELMÄNNER Sicher haben Sie diese Herren schon im Fernsehen gesehen. Wenn der Papst Staatsoberhäupter oder Regierungschefs empfängt, stehen auch sie im Damasushof, zusammen mit einer Abteilung der Schweizergarde. Sie treten zu acht auf, tragen einen Frack, weiße Hemdbrust, weiße Fliege und um den Hals eine goldene Amtskette mit den Insignien des Vatikans. Sie stehen dort in einer Reihe hintereinander, und sobald der prominente Gast aus dem Auto steigt, stellt sie der Präfekt des Päpstlichen Hauses einzeln vor. Aber wer sind diese Herren? Und was tun sie hier?

Sie sind die sogenannten Gentiluomini di Sua Santità (Edelmänner Seiner Heiligkeit), wie der offizielle Name dieser ranghohen ehrenamtlichen Laienmitarbeiter und Würdenträger der päpstlichen Familie lautet. Um zu begreifen, warum sie sich hier aufhalten, muss man weit zurückgehen in eine Epoche, als der päpstliche Hof noch eine durchaus heterogene Versammlung äußerst wohlhabender Vertreter der römischen Aristokratie war: Ehrenkämmerer mit Mantel und Degen, Geheimkämmerer, adlige Gardisten ... Die heutigen Würdenträger sind ihre späten Nachkommen und die einzigen Überlebenden des Kahlschlags, den Paul VI. im Jahr 1968 angeordnet hat.

Die Aufgabe dieser Würdenträger besteht eigentlich nur darin, an den päpstlichen Zeremonien teilzunehmen. Sie müssen nichts anderes tun, als dort zu stehen. Tatsächlich übernehmen sie aber doch eine Aufgabe: Sie begleiten den Gast auf dem Weg zum Arbeitszimmer oder zur Bibliothek des Papstes. Das tun sie im Gleichschritt, je zwei hintereinander, durch lange Korridore und viele Räume – unter den meist überraschten und etwas verwirrten Blicken des jeweiligen Staatsoberhaupts oder Regierungschefs. Wenn dieser Auftrag ausgeführt ist, verschwinden sie wieder spurlos.

Ebenso wie es einst ein außerordentliches Privileg war, dem päpstlichen Hof anzugehören, gilt es heute noch als eine Ehre, Edelmann Seiner Heiligkeit zu sein. Aber wie wird man ein Gentiluomo? Schulen oder Kurse gibt es nicht; die Entscheidung liegt einzig und allein beim Heiligen Stuhl, der aus dem Kreis der Personen, die ganz besondere Verdienste um den Papst und den Vatikan erworben haben, seine Wahl trifft, auf Empfehlung eines Geistlichen. Deshalb ist es nicht mehr erforderlich, aus einer Adelsfamilie zu stammen; wichtig ist nur, etwas zum Wohl des römischen Pontifex getan zu haben.

Wenn man einmal Edelmann geworden ist, bleibt man es auf Lebenszeit – es sei denn, man verhält sich auf eine Weise, die dem Vatikan missfällt, was den Verlust dieses Ehrendienstes bedeuten kann. Vor einiger Zeit musste dies Angelo Balducci erfahren, der schon während des Heiligen Jahres 2000 Leiter der öffentlichen Arbeiten in Latium war und dann, im Jahr 2010, im Zusammenhang mit den Ermittlungen wegen Auftragsvergaben für den G8-Gipfel auf der Insel La Maddalena verhaftet wurde.

DER SAAL MIT DEN VIELEN SCHALTERN Die römische Kurie besteht aus mehreren großen Abteilungen. Oberste Leitungsfunktion, unmittelbar dem Papst nachgeordnet und zu dessen Diensten, hat das Staatssekretariat. Seine heutigen Strukturen sind, nach zahlreichen Umstrukturierungen und Reformen, das Ergebnis der Neugestaltung, die Johannes Paul II. im Jahr 1988 mit seiner Apostolischen Konstitution »Pastor Bonus« verfügte. Es wird von einem Kardinal mit dem Titel eines Staatssekretärs geleitet, der auch der höchste Exponent der politischen und diplomatischen Aktivitäten des Heiligen Stuhls ist. Das Sekretariat ist in zwei Sektionen unterteilt: in die Sektion für die Allgemeinen Angelegenheiten und in die Sektion für die Beziehungen mit den Staaten. Wollte man einen etwas schiefen Vergleich mit einer konstitutionellen Monarchie bemühen, dann wäre der Staatssekretär in etwa mit dem Ministerpräsidenten gleichzusetzen; der Leiter der Sektion für die Allgemeinen Angelegenheiten entspräche dem Innenminister; und der Verantwortliche für die Beziehungen mit den Staaten dem Außenminister.

Die *erste Sektion* hat die Aufgabe, sämtliche Aktivitäten des Papstes zu leiten und zu organisieren, alle Angelegenheiten zu prüfen, die man nicht der ordentlichen Zuständigkeit der Dikasterien der römischen Kurie und den übrigen Ämtern des Apostolischen Stuhls überlassen kann. Ferner soll die erste Sektion die Beziehungen zwischen den einzelnen Dikasterien koordinieren, die Kontakte zu den Botschaftern pflegen, die beim Heiligen Stuhl akkreditiert sind, und dafür sorgen, dass die Repräsentanten des Vatikans in den internationalen Organisationen wie der UNO vertreten sind. Außerdem verwahrt die erste Sektion das *Bleisiegel*, mit dem die wichtigsten Dokumente des Papstes bestätigt wurden, und den *Fischerring*. Sie überwacht auch die Informationsorgane des Heiligen Stuhls (sein Sprachrohr, den *Osservatore Romano*, den Rundfunk des Vatikans, *Radio Vaticana*, und seine Fernsehstation) und gibt die *Acta Apostolicae Sedis*, das Amtsblatt des Heiligen Stuhls, heraus.

Die *zweite Sektion* ist für die Außenbeziehungen zuständig. Sie »befasst sich mit den Angelegenheiten, die mit den weltlichen Regierungen zu verhandeln sind«. Die zweite Sektion muss die diplomatischen Beziehungen mit den Staaten und den anderen Körperschaften des Völkerrechts unterstützen und das »Wohl der Kirche und der bürgerlichen Gesellschaft« fördern. Darüber hinaus bearbeitet sie die Empfehlungen der jeweiligen bischöflichen Ordinariate, vertritt den Heiligen Stuhl in den internationalen Organisationen und hilft den päpstlichen Repräsentanten, ihren Aufgaben so gut wie möglich gerecht zu werden.

Die *Leitung* der ersten Sektion obliegt dem Substitut für die allgemeinen Angelegenheiten (meist ein Erzbischof), und die zweite Sektion wird von einem eigenen Sekretär geleitet, zusammen mit einem Subsekretär und mit Unterstützung einiger Kardinäle und Bischöfe.

Das *Protokollamt* befasst sich zum einen mit den Kontakten zum diplomatischen Korps und übernimmt zum andern alle

Prozeduren des *Placet* (der Akkreditierung) für die neuen Botschafter: Diese reichen vom Empfang bei der Ankunft in Rom über die ersten protokollarischen Besuche beim *Substituten* für allgemeine Angelegenheiten bis hin zu allen rituellen Förmlichkeiten für hohe diplomatische Funktionäre, die beim Heiligen Stuhl akkreditiert sind.

Mit der *Routinearbeit* im Staatssekretariat befasst sich ein kleines Heer von Angestellten. In der ersten Sektion sind vier Büroleiter, elf Monsignori, die zum diplomatischen Personal gehören, 25 Sachbearbeiter (Minutanten), 42 Sekretäre, 25 technische Angestellte, 22 Schreibkräfte und ein Konsultor (Berater) tätig. Laien finden sich einer unter den Minutanten, 16 unter den Sekretären, 23 unter den technischen Angestellten und 11 unter den Schreibkräften. Bei den angestellten Frauen sind zehn Laien und 14 gehören einem geistlichen Orden an. In der zweiten Sektion arbeiten ein Erzbischof, ein Büroleiter, 18 Monsignori in diplomatischem Dienst, fünf Minutanten, zehn Angestellte des Sekretariats, drei technische Angestellte, zehn Schreibkräfte und fünf Konsultoren. 14 Personen (darunter fünf Frauen) sind Laien, drei sind Ordensschwestern. Zu all diesen Personen kommen noch jeweils einige Boten, Amtsdiener und Hilfskräfte.

DIE NEUN SCHWESTERN

DIE KONGREGATIONEN UND IHRE GESCHICHTE Es gibt neun Kongregationen (Äquivalente der Ministerien in weltlichen Staaten), die sich mit ebenso vielen Themenbereichen befassen. Wem das zu viel erscheint, sollte bedenken, dass es einst weitaus mehr Kongregationen gab. Das ist verständlich. Als der Papst noch Landesherr ausgedehnter Gebiete war, wurden Regierungs- und Verwaltungsbehörden gebraucht, die heute verschwunden sind. So gab es zum Beispiel eine Kongregation für die Grenzen, eine für die Gewässer, für die Straßen und die Brücken, eine weitere »zur Erleichterung«, deren Aufgabe es war, »die Kunst des Landbaus zu fördern und wieder aufblühen zu lassen«. Dann gab es noch die berüchtigte Kongregation für den Index, die Pius V. im Jahr 1571 einsetzte. Sie sollte bedenkliche Schriftwerke aufspüren und prüfen – dank der neuen Technik des Buchdrucks verbreiteten sie sich sehr schnell –, um die rechte Glaubenslehre und die christliche Moral zu schützen. Jeder, der im Besitz verbotener Bücher angetroffen wurde (gemäß dem *Index librorum prohibitorum*, den Paul IV. im Jahr 1559 herausgegeben hatte), musste mit schwersten Kirchenstrafen rechnen.

Heute ist der Staat des Papstes winzig klein und die Zahl der Kongregationen geschrumpft, gleichwohl haben diese nach wie vor die unterschiedlichsten Aufgaben. Eine Liste der Zuständigkeiten wie bei den Ministerien in einem weltlichen Staat darf man trotzdem nicht erwarten. Natürlich gibt es im Vatikan kein Ministerium für Transport und Verkehr, kein

Wirtschafts-, Verteidigungs- oder Umweltministerium und auch kein Ministerium für Chancengleichheit – was vermutlich vielen Frauen, ob nun Ordensschwestern oder Laien, zusagen würde, da sich viele von ihnen in der Kirche diskriminiert fühlen. Die vatikanischen Kongregationen befassen sich mit Fragen, die das Leben und die Verwaltung der katholischen Kirche in aller Welt betreffen.

Jede Kongregation wird von einem Kardinalpräfekten geleitet; ihm zur Seite stehen ein Sekretär und ein Subsekretär, die allesamt vom Papst nominiert werden. Einer Kongregation gehört eine feste Zahl von Kardinälen an, normalerweise etwa 20, aber in einigen Fällen auch über 30. Zudem werden von Zeit zu Zeit einige Erzbischöfe und Bischöfe hinzugerufen, wenn Verwaltungsfragen zu erörtern sind. Die tägliche Arbeit erledigen Amtsleiter, Schreibkräfte und andere Büroangestellte. Bei Problemen jeder Art können sich die Dikasterien auch an die Konsultoren wenden, die von Fall zu Fall und je nach ihren Fachkenntnissen bei der Bewältigung der Aufgaben helfen.

Um die Gesamtzahl der in einer Kongregation beschäftigten Personen zu schätzen, nehmen wir als Beispiel die Kongregation für die Glaubenslehre *(Congregatio pro Doctrina Fidei)*, einst die Heilige Inquisition, später das Heilige Officium. Sie ist die wichtigste von allen. Außer dem Präfekten, dem Sekretär und dem Subsekretär hat die Kongregation unter den Erzbischöfen und Bischöfen etwa 20 Mitglieder; darüber hinaus bedient sie sich der Mitarbeit von rund 50 Personen, die Hilfs- und Sekretariatsdienste versehen. Sie ist in drei Sektionen unterteilt: Sektion für die Glaubensdoktrin, Disziplinarsektion, Ehesektion. Und wird von einem Beraterkollegium aus etwa 30 Experten verschiedener kirchlicher Fachgebiete und Dozenten der päpstlichen Universität unterstützt. Viele sind das nicht, wenn man bedenkt, dass die Kongregation zumindest potenziell mehr als eine Milliarde Katholiken im Auge behalten soll.

Dieses Schema gilt mehr oder weniger für alle Kongregationen. Zum Personal gehören auch Laien, aber sie sind in der Minderzahl. Jeder Kardinal kann mehreren Kongregationen angehören.

Wie gesagt, die erste Kongregation, auch die wichtigste und älteste, ist die Glaubenskongregation. Ihr folgen die Kongregationen für die Evangelisierung der Völker; für die Selig- und Heiligsprechungsprozesse; für die Orientalischen Kirchen; für den Gottesdienst und die Sakramentenordnung; für die Institute geweihten Lebens und für die Gesellschaften apostolischen Lebens; für den Klerus; für das Katholische Bildungswesen; für die Bischöfe.

Bei den drei letztgenannten Kongregationen – Klerus, Bildungswesen, Bischöfe – ist ja hinreichend klar, um welche Themen es geht: Die erste ist für die Priester zuständig, auch für die eventuelle Freistellung von Pflichten, die ein Geistlicher mit der Ordination übernimmt; die zweite kümmert sich um die Seminare und Universitäten, die vom Heiligen Stuhl geleitet werden; die dritte wählt die Bischöfe für die Diözesen in aller Welt aus und schlägt sie dem Papst vor. Die wichtigsten Arbeitsfelder der übrigen sechs Kongregationen werde ich im Folgenden beschreiben.

ES WAR EINMAL DAS HEILIGE OFFICIUM Die Kongregation für die Glaubenslehre, ansässig im unweit des Petersdoms gelegenen Palazzo del Sant'Ufficio, spielt eine zentrale Rolle. Papst Paul III. richtete sie 1542 unter dem Namen »Heilige Kongregation der römischen und allgemeinen Inquisition« ein. Sie sollte über den rechten Glauben wachen und die Kirche gegen Häresien verteidigen. Entstanden ist sie also, noch bevor Sixtus V. im Jahr 1588 das System der Kongregationen festlegte (damals waren es 14 Kongregationen). Nach verschiedenen Reformen und aufgrund der beständig zunehmenden Aufgabenbereiche wurde sie im Jahr 1908 unter Pius X. in »Heilige Kongregation des Heiligen Officiums« umbenannt, und 1917, unter Benedikt XV., zog sie die Aufgaben der Kongregation für den Index der verbotenen Bücher, von der oben schon die Rede war, an sich.

Die neuere historische Forschung konnte die düstere Legende von der Inquisition weitgehend ausräumen, hat sich doch gezeigt, dass die Möglichkeiten des Schutzes bei Verhören in vielen Fällen ihrer Zeit voraus und die Urteile weniger hart waren, als man allgemein annimmt. Außerdem muss man zwischen der römischen Inquisition, die auch nur auf einen Teil der italienischen Halbinsel zugreifen konnte, und der spanischen Inquisition mit ihren spezifischen Merkmalen unterscheiden. Letztere wurde von den spanischen Königen darüber hinaus auch gegen Juden und Muslime eingesetzt.

Bei dem berühmten Fall Galileo Galileis, der im Jahr 1633 gezwungen wurde, seinen Thesen abzuschwören, sind sich die Gelehrten inzwischen darin einig, dass der Naturwissenschaftler weniger aufgrund seiner heliozentrischen Theorie vor Gericht gestellt wurde, sondern weil seine Weltsicht den Gedanken aufkommen ließ, die Naturwissenschaft könne das einzige Instrument sein, die Wirklichkeit zu erfassen, womit die Heilige Schrift ins Hintertreffen geraten wäre.

Heutzutage, so stellte Johannes Paul II. in der Apostolischen Konstitution »Pastor Bonus« fest, ist es »die besondere Aufgabe der Kongregation für die Glaubenslehre, die Lehre über Glaube und Sitten auf dem ganzen katholischen Erdkreis zu fördern und zu schützen; ferner kommt ihr alles zu, was diese Materie in irgendeiner Weise berührt.« Glücklicherweise sind die Zeiten der Folter und der Scheiterhaufen längst vergangen, und Galilei wurde, wenn auch mit 300 Jahren Verspätung, von der Kirche vollständig rehabilitiert. Das hatte Johannes Paul II. so verfügt. Noch heute sind die Konsequenzen jedoch hart, wenn prominente Gelehrte wie Hans Küng in Europa oder die Befreiungstheologen in Südamerika Ideen vorbringen, die nach Meinung der Kirche nicht der rechten Glaubenslehre entsprechen. Sie werden auf unterschiedliche Weise bestraft. Etwa durch die Rücknahme der Lehrbefugnis an katholischen Hochschulen. Oder in Extremfällen, wenn es sich um Personen mit kirchlichen Weihen handelt, mit der Rückversetzung in den Laienstand.

Mit Blick auf ihre Befugnisse agiert die Kongregation daher in bestimmten Fällen auch als Gericht. Beispielsweise bei Straftaten gegen den Glauben oder schwerwiegenderen Straftaten *(Delicta contra fidem necnon graviora delicta)*, die bei der Feier der Sakramente begangen werden oder gegen die Sitten verstoßen. Welcher Art sind diese Straftaten? Vorausschickend sei angemerkt, dass es sich hier um ein ebenso fachspezifisches wie heikles Thema handelt, betrifft es doch unter anderem Fälle von Pädophilie und Kindesmissbrauch, die Geistliche zu verantworten haben. Die vom einstigen Präfekten der Glaubenskongregation, Joseph Ratzinger, in seinem Hirtenbrief *Ad exsequendam ecclesiasticam legem* (Zur Ausführung des Kirchenrechts) aus dem Jahr 2001 aufgelisteten Straftaten, die im Zusammenhang mit der Eucharistiefeier stehen, sind demnach:

– die Entwendung oder Zurückbehaltung in sakrilegischer Absicht oder das Wegwerfen der eucharistischen Gestalten [Brot und Wein]
– die versuchte liturgische Feier [das heißt die liturgische Feier von einer Person ohne Priesterweihe] oder die Simulation des eucharistischen Opfers
– die verbotene Konzelebration des eucharistischen Opfers zusammen mit Amtsträgern kirchlicher Gemeinschaften,

die keine apostolische Sukzession haben und die sakramentale Würde der Priesterweihe nicht anerkennen [zum Beispiel das Feiern einer Messe von katholischen Priestern gemeinsam mit evangelischen Pastoren]
- die Konsekration einer der beiden Gestalten ohne die andere in sakrilegischer Absicht bei der Eucharistiefeier [das Brot ohne den Wein oder umgekehrt] oder auch beider Gestalten außerhalb der Eucharistiefeier [Konsekration von Brot und Wein mit dem Zweck, einen anderen Gebrauch davon zu machen als in der Messe vorgesehen]

Hier folgen nun noch einige der zahllosen schwereren Straftaten gegen die Heiligkeit des Bußsakraments:
- »die Absolution des Mittäters bei einer Sünde gegen das sechste Gebot des Dekalogs [Du sollst nicht die Ehe brechen]«
- »das Verführen eines anderen zu einer Sünde gegen das sechste Gebot des Dekalogs bei der Spendung oder bei Gelegenheit oder unter dem Vorwand des Bußsakraments, wenn dies zur Sünde mit dem Beichtvater führt«
- »die direkte Verletzung des Beichtgeheimnisses« [die Verletzung der Pflicht, absolutes Stillschweigen über das zu wahren, was bei der Beichte gesagt wurde]
- »[eine] Straftat gegen die Sitten, nämlich: die von einem Kleriker begangene Straftat gegen das sechste Gebot des Dekalogs an einem Minderjährigen unter 18 Jahren«.

Wenn die Bischöfe aus aller Welt alle fünf Jahre, im Turnus und nach Ländern aufgeteilt, nach Rom reisen, um mit dem Papst zusammenzutreffen – der sogenannte Besuch *ad limina apostolorum*, das heißt zu den Türschwellen (der Grabeskirchen) der Apostel –, ist immer auch ein Gespräch mit Repräsentanten der Glaubenskongregation vorgesehen, deren Leiter, der Kardinalpräfekt, gleichzeitig Vorsitzender der Bibelkommission und der Theologischen Kommission ist. Wie überall gilt auch hier: Vorbeugen ist besser als Heilen!

DER »ROTE PAPST« Zu den Kongregationen der römischen Kurie, die besondere Beachtung verdienen, gehört auch die Kongregation für die Evangelisierung der Völker oder *De Propaganda Fide*. Sie wird so bezeichnet, weil Gregor X. sie im Jahr 1622 unter diesem lateinischen Namen einsetzte. Mit ihrem Auftrag, den Glauben auf der ganzen Welt zu verbreiten, leitet und koordiniert sie von ihrem Sitz im berühmten Palazzo di Propaganda Fide an der Piazza di Spagna aus alle missionarischen Arbeiten. Daher rühren ihre – strategisch gesehen – absolute Führungsrolle und das hohe Ansehen ihres Präfekten, genannt der »rote Papst«: rot, weil er Kardinal ist, und Papst, weil seine Machtbefugnisse in einigen Punkten mit denen des Pontifex zu vergleichen sind.

Neben zahlreichen anderen Aktivitäten leitet die Kongregation das renommierte Collegio Urbano (so benannt nach seinem Gründer Urban VIII.), das von Seminaristen aus den Missionsländern besucht wird, die in Rom ihre Ausbildung vervollständigen. Inzwischen ist dies allerdings auch an den Collegien San Pietro Apostolo und San Paolo Apostolo möglich. Ebenso bedeutend ist die Päpstliche Universität Urbaniana, die in ihren großartigen Gebäuden auf dem Gianicolo Theologie, Philosophie, kanonisches Recht und Missionswissenschaft lehrt; angeschlossen ist ein Institut für Missionskatechese. Insgesamt hat die Universität rund 2000 Studenten und knapp 200 Dozenten.

Darüber hinaus bedient sich die Kongregation auch der Päpstlichen Missionswerke. Das sind:
- das Werk der Glaubensverbreitung (für die missionarische Zusammenarbeit in allen christlichen Gemeinden)

– das Werk des Heiligen Apostels Petrus (1889 gegründet zur Ausbildung des lokalen Klerus in den Missionskirchen, vor allem mit finanzieller Unterstützung)
– das Kindermissionswerk (1843 gegründet für die Erziehung der Kinder im missionarischen Geist. Es kümmert sich um die Bedürfnisse von Kindern in den Missionsländern mit Gebeten und mit materieller Unterstützung)
– die Missionsunion (1916 gegründet zur Wiedererweckung des missionarischen Eifers bei den Hirten: Priestern, Mönchen, Ordensschwestern und Mitgliedern weltlicher Einrichtungen)

Wenn man sich die bedeutende Rolle der weltweiten Mission vor Augen führt, wird deutlich, dass die Kongregation für die Evangelisierung der Völker unvermeidlich mit viel Geld hantiert. Dieser Aspekt trägt ebenfalls – das kann man ganz klar sagen – zu ihrem hohen Ansehen bei. Leider ist sie, wie immer, wenn es um Geld und Besitz geht, dem Risiko ausgesetzt, unrechten Gebrauch von beidem zu machen. Beobachten konnte man das bei den Ermittlungen im Jahr 2010 im Zusammenhang mit dem Verdacht auf Gefälligkeitshandel mit Immobilien zwischen der Kongregation und prominenten Politikern.

DIE HEILIGEN UND WIE SIE DAZU GEMACHT WERDEN
Auch die Kongregation für die Selig- und Heiligsprechungsprozesse (*De Causis Sanctorum*) erregt viel Aufmerksamkeit, weil sie sich in einer sehr speziellen Wirklichkeit bewegt: eine vatikanische Behörde, die den Auftrag hat zu bestätigen, wie und wann eine (notwendigerweise verstorbene) Person seligoder vielleicht auch heiliggesprochen werden kann.

Wie aber ist es möglich, Heiligkeit mit menschlichen Maßstäben zu beurteilen oder sogar zu bestätigen? Diese

Frage treibt die Kongregation täglich um. Sie geht dabei in vielfacher Hinsicht wie ein Tribunal vor – inklusive Verteidiger und Staatsanwalt. Der Verteidiger, um diesen Begriff zu verwenden, ist der Postulator (wörtlich: der etwas beharrlich fordert). Er vertritt die Interessen des Kandidaten für die Selig- oder Heiligsprechung. Die Staatsanwaltschaft wird gewissermaßen durch den Kirchenanwalt (früher nannte man ihn im Volksmund »des Teufels Advokat« – *advocatus diaboli*) vertreten. In der Regel sind beide Geistliche: Ersterer wird durch denjenigen bestellt, der die Seligsprechung vorgeschlagen hat, Letzterer arbeitet im Dienst der Kongregation. Tatsächlich werden sie nicht als echte Prozessgegner betrachtet, verfolgen sie doch beide dasselbe Ziel: Die christlichen Tugenden des Kandidaten sollen in einem möglichst hellen Licht erscheinen, sodass alle denkbaren Zweifel ausgeräumt werden können.

Vier »Stufen« zur *Heiligkeit* sind zu überwinden. Der Kandidat muss zunächst als Diener Gottes, dann als verehrungswürdig, danach als selig und schließlich als heilig anerkannt werden. Er wird als Diener Gottes definiert, sobald das Verfahren zur *Heiligsprechung* eröffnet ist, und es wird erwartet, dass sich durch sein Einschreiten ein Wunder ereignet hat. Wenn nach dieser ersten Phase das Verfahren seinen Fortgang nimmt, kann der Papst dem Kandidaten den Titel »verehrungswürdig« verleihen. Dies geschieht, wenn sich herausstellt, dass der Kandidat die drei göttlichen Tugenden Glaube, Hoffnung, Liebe in seinem Leben unter Beweis gestellt hat. Außerdem muss er die vier Kardinaltugenden Klugheit, Gerechtigkeit, Tapferkeit, Mäßigkeit in heroischem Grad (so heißt es wirklich) gelebt haben. Oder aber der Kandidat hat in der Verteidigung des Glaubens den Märtyrertod erlitten. Der heroische Grad der Tugenden wird im Wesentlichen durch die Dauer und die Intensität bestimmt, mit denen diese Tugenden gelebt wurden. Man muss also belegen, dass der Kandidat sie auf sehr hohem Niveau praktiziert hat. Durchaus kann er Glaubenskrisen oder innere Verdüsterung durchlitten haben – Mutter Teresa erlebte diesen Zustand häufig und über lange Zeit. Auch wenn es vielleicht Krisen gab, ist es ihm gelungen, standhaft in der Suche nach dem Glauben in enger und ungebrochener Beziehung zu Gott zu bleiben.

Bis also ein verehrungswürdiger Diener Gottes seliggesprochen wird, müssen – ungeachtet der Ausnahmebewilligung Benedikts XVI. bei der Seligsprechung seines Vorgängers Johannes Paul II. – mindestens fünf Jahre nach seinem Tod vergehen und ein Wunder (beispielsweise eine wissenschaftlich nicht erklärbare Krankenheilung) bestätigt werden, das dem Kandidaten zuzuschreiben ist. Im Fall des polnischen Papstes war es eine französische Nonne, die an einer schweren Form der Parkinsonschen Krankheit litt. Sie wurde, nachdem sie ihre Gebete an ihn gerichtet hatte, vollständig geheilt.

Wenn ein *zweites Wunder* anerkannt wird, kann ein Verfahren zur Kanonisation (Aufnahme in das Verzeichnis der Heiligen) eröffnet werden. Das ist die offizielle Liste der Heiligen, die von der katholischen Kirche anerkannt sind und von den Gläubigen verehrt werden können.

Die Kongregation für die Selig- und Heiligsprechungsprozesse hat wie andere Kongregationen ihren Sitz in einem Palazzo nur wenige Schritte vom Petersplatz entfernt, und sie beschäftigt 34 Mitarbeiter in zwei Kollegien von Konsultoren. Das eine besteht aus Historikern, das andere aus Theologen. An Arbeit mangelt es hier nicht, zumal fortlaufend Anträge aus aller Welt eintreffen. Die Kandidaten sind überwiegend Geistliche, Mönche und Nonnen, aber auch katholische Laien, wie der Fall einer Mutter, Gianna Beretta Molla (1922–1962), zeigt. Sie wurde im Jahr 2004 heiliggesprochen, weil sie trotz eines Tumors im Uterus ihre Schwangerschaft nicht abbrechen wollte, obwohl sie wusste, dass diese Entscheidung ihren Tod bedeuten konnte, was dann auch geschah. Der Arzt Giuseppe Moscati (1880–1927) wurde 1987 heiliggesprochen; er starb mit nur 47 Jahren, nachdem er sein ganzes Leben den Armen und den Sterbenden gewidmet hatte – ganz im Zeichen einer engen Verflechtung von Wissenschaft und Glauben.

DIE OSTKIRCHEN Um zu verstehen, welche Aufgaben die Kongregation für die orientalischen Kirchen hat, müssen wir uns zunächst ein wenig in der Kirchengeschichte umsehen. Seit dem großen Schisma (von griechisch »Spaltung«) im Jahr 1054 ist die Christenheit in zwei große Familien geteilt: im Osten die orthodoxen (von griechisch »rechtgläubig«) Christen mit ihrer eigenen Liturgie, die auch »orientalisch« oder »byzantinisch« genannt wird; im Westen die Katholiken mit dem lateinischen Ritus. Der weltliche Anlass für die Kirchenspaltung war eher banal: Im Jahr 1054 exkommunizierten sich Papst Leo IX. und der Patriarch von Konstantinopel, Michael I. Kerullarios, gegenseitig und besiegelten damit die Spaltung. Tatsächlich aber gab es vielfältige Gründe, theologische, aber auch wirtschaftliche, politische und kulturelle, die zur Spaltung beitrugen und die sich kaum auf ein Einzelereignis zurückführen lassen. Fest steht, dass die beiden christlichen Welten ihre eigenen Wege gingen. Aus kirchlicher Sicht besteht der Hauptunterschied zwischen ihnen darin, dass die orthodoxen Christen die Autorität des Papstes nicht anerkennen.

Aber es gibt orientalisch-christliche Gemeinden wie etwa die armenische, die koptische und die syrische, die sich zu einem bestimmten Zeitpunkt in der Geschichte noch einmal teilten; einige Gruppen blieben bei der Orthodoxie, andere wandten sich der katholischen Kirche zu. So entstanden katholische Kirchen mit orientalischem Ritus: katholisch, weil sie den Papst als Oberhaupt der Kirche anerkennen, orientalisch, weil sie nicht den lateinischen, sondern den orientalischen Ritus beibehalten haben.

Die Kongregation für die orientalischen Kirchen befasst sich nur mit diesen Gemeinden, die gewissermaßen ihren ganz eigenen Reichtum aufweisen und als Brücken zwischen Orient und Okzident betrachtet werden können. Sich für diese Kirchen einzusetzen, bedeutet, ihre Rechte in ihren religiösen, kulturellen und politischen Umfeldern zu vertreten. Dort sind sie häufig Minderheiten. Umso wichtiger ist es, ihr liturgisches und spirituelles Erbe zu schützen, damit es nicht verloren geht.

Darüber hinaus hat die Kongregation im Umgang mit diesen Kirchen dieselben Aufgaben wie im Fall der Kirche nach lateinischem Ritus; sie ist aufgeteilt in Kongregationen für die Bischöfe, für den Klerus, für die katholische Erziehung, für die Institute des Geweihten Lebens und für die Gesellschaften apostolischen Lebens.

Die Kongregation koordiniert die Arbeit von drei Expertenkommissionen: der Sonderkommission für die orientalische Liturgie, der Sonderkommission für die Studien des christlichen Orients und der Kommission für die Ausbildung des Klerus und der Ordensleute.

Schließlich hat sie noch die wichtige Aufgabe, die orientalischen Kirchen auch wirtschaftlich zu unterstützen. Damit befasst sich die Vereinigung der Hilfswerke der Ostkirchen (ROACO); sie leitet und koordiniert zahlreiche Filialen in verschiedenen Ländern der Welt. Dort sind sie im Einsatz für den Kirchenbau, die Erziehung der Kinder, für soziale Hilfsdienste und die Gesundheitsversorgung.

GOTTESDIENST UND SAKRAMENTE Die Kongregation für den Gottesdienst und die Sakramentenordnung ist aus zwei ursprünglich selbstständig arbeitenden Behörden hervorgegangen. Sie befasst sich mit allen Themen und Aspekten, die den Ablauf und das Regelwerk der Liturgie (von griechisch »öffentlicher Dienst«) und der Sakramente (von lateinisch »Schwur«) betreffen. Den Begriff »Liturgie« zu definieren ist schwierig, aber hierzulande dürfte es genügen, zu sagen, dass sie die Gesamtheit der Handlungen (Gesang, Lesung, Gebet) der Menschen ist, die gekommen sind, um einen Gottesdienst zu feiern. Die Liturgie besteht demnach aus Gesten: sich verbeugen, niederknien, die Hände falten oder sie nach oben strecken, Weihrauch anzünden. Oder auch im Zusammenhang mit bestimmten Materialien: Kerzen, Taufe mit Wasser, Salben mit Öl; ein bestimmtes Kleidungsstück anziehen, ein Parament anlegen. Dies alles ist nicht nur auf den Menschen bezogen, sondern symbolisiert den bleibenden Bezug zu Gott und zur heiligen Dreifaltigkeit, sodass die Gläubigen durch Vermittlung dieser Gesten und Objekte ihren eigenen Glauben lebendig halten können.

Weitaus schwieriger dürfte zu definieren sein, was genau ein Sakrament ist. Aber da dies keine theologische Abhandlung ist, mag es hier genügen, das Sakrament als ein Zeichen der Anwesenheit und des Einwirkens Gottes im Leben des Menschen zu bezeichnen – freilich kein beliebiges Zeichen, sondern ein Zeichen, das dem Gläubigen das Handeln Gottes in vielfacher Hinsicht real und wirkungsvoll erscheinen lässt.

Für die Katholiken gibt es sieben Sakramente: Taufe, Firmung, Eucharistie (Kommunion), Beichte, Krankensalbung (Gebet, um einen Kranken der Gnade Gottes anzuvertrauen), Priesterweihe (auch für die Weihe von Bischöfen und Diakonen), Ehe.

Da dieses Thema ebenso komplex wie bedeutungsvoll für die Kirche ist, stellt sich die Frage, was konkret eine Kongregation tut, deren Auftrag es ist, sich um die Liturgie und den Gottesdienst zu kümmern. Ich versuche es am Beispiel der

Seligsprechung des Papstes Johannes Paul II. am 1. Mai 2011 zu erklären. Im Zusammenhang mit diesem Ereignis hat die Kongregation für den Gottesdienst und die Sakramentenordnung festgelegt, dass im Jahr darauf eine Dankmesse »an bedeutsamen Orten und Tagen« gefeiert und während dieser Messe das *Gloria* gesungen werden sollte, gefolgt von einem Gebet zu Ehren des Seliggesprochenen. Schließlich hat sie noch alle notwendigen Anweisungen für die Auswahl der Bibeltexte gegeben, die gelesen werden sollten, und sie hat als Gedenktag für den neuen Seligen den 22. Oktober bestimmt (an diesem Tag im Jahr 1978 hatte das Pontifikat des polnischen Papstes offiziell begonnen). Zusätzlich legte sie fest, wie vorzugehen sei, wenn dem Seliggesprochenen eine Kirche gewidmet wird.

Die Kongregation ist wie gesagt in die Sektionen Liturgie und Sakramentenordnung gegliedert; sie muss sich also um den Schutz und die Förderung der korrekten Liturgie kümmern und, in Zusammenarbeit mit den Bischöfen, Fälle von Abweichungen und Unregelmäßigkeiten melden. Besonders heikel sind dabei die Aufgaben, die das Sakrament der Priesterweihe betreffen, weil die Kongregation hier alle Einzelfälle von Freistellung und Entlassung aus dem Priesterstand verhandeln muss.

ORDEN UND SÄKULARINSTITUTE   Die Kongregation für die Ordensleute und Säkularinstitute oder Religiosenkongregation befasst sich mit Fragen der geistlichen und säkularen Orden und der Gesellschaften des apostolischen Lebens. Worin unterscheiden sich diese drei genannten Lebensformen?

In der katholischen Kirche sind die Orden Gemeinschaften von Männern oder Frauen, die offiziell anerkannt sind und deren Mitglieder ein öffentliches Gelübde ablegen. Das Gelübde ist ein Versprechen, das vor Gott abgegeben wird, und kann privat oder öffentlich erfolgen. Wenn es privat gegeben wird, betrifft es nur die Beziehung zwischen dem Gläubigen und Gott. Wenn es öffentlich geschieht, unterliegt es dem kanonischen Recht, das die Formen und Zeiten bestimmt, in denen ein Gläubiger sich Gott zu weihen verpflichtet. Die Angehörigen der Institute des geweihten Lebens geben ein öffentliches Gelöbnis ab, Keuschheit, Armut und Gehorsam zu üben. Sie werden auch Religiose genannt, und das, was sie auszeichnet, ist die Entscheidung, mit anderen Religiosen in einer Gemeinschaft zu leben.

Die ältesten religiösen Gemeinschaften nannten sich »Orden«, zum Beispiel die Augustiner, Jesuiten und Karmeliter. Die jüngeren, seit dem 17. Jahrhundert gegründeten, werden als »Kongregation« bezeichnet wie etwa die Salesianer oder die Missionarinnen der Nächstenliebe. Bei den älteren Gemeinschaften wurde das Gelübde der Armut, des Gehorsams und der Keuschheit feierlicher abgegeben, aber vom juristischen Standpunkt aus besteht kein Unterschied zwischen beiden.

Anders als die Religiosen geben die Mitglieder der säkularen Institute (sie leben »in der Welt«, ohne ihre bisherigen Lebensumstände zu verändern) zwar ein öffentliches Gelübde ab, aber sie sind nicht gehalten, unbedingt in einer Gemeinschaft zu leben. Im Gegensatz dazu geben die Mitglieder der Gesellschaften apostolischen Lebens kein öffentliches Gelübde ab, verfügen aber über eigene evangelische Räte der Armut, des Gehorsams und der Keuschheit und leben in einer Gemeinschaft.

Einige Beispiele: Die Benediktiner, benannt nach ihrem Gründer Benedikt von Nursia, sind ein religiöser Orden ebenso wie die Karmeliter (nach dem Berg Karmel in Palästina, wo der Orden gegründet wurde). Die Schwestern vom heiligen Paulus, auch Paulus-Töchter genannt, sind eine religiöse Kongregation, die von Giacomo Alberione gegründet wurde, so auch die Redemptoristen, benannt nach der Verehrung Jesu des Welterlösers *(redemptor mundi)*. Das Päpstliche Institut für ausländische Missionen (PIME) ist eine Gesellschaft apostolischen Lebens, ebenso die Oratorianer (Oratorium des Hl. Philipp Neri).

Die Orden, Kongregationen und Gesellschaften apostolischen Lebens ergeben zusammengenommen ein so riesiges, komplexes, vielgestaltiges Themenfeld, dass sie ein eigenes Buch erfordern, um ihnen einigermaßen gerecht zu werden. Die Kongregation im Vatikan spielt in diesem Kosmos eine wichtige Rolle, weil sie sich mit den Problemen der einzelnen Gruppen befassen muss, die zum Beispiel die Form der Leitung, die Disziplin, den Besitz von Gütern und die Rechte und Privilegien betreffen. Außerdem muss sie die Aktivitäten der Gruppen überwachen, ohne aus dem Blick zu verlieren, dass sich jederzeit in irgendeinem Teil der Welt neue Formen religiösen Lebens innerhalb der Kirche bilden können. Es obliegt fortan der Kongregation, auch diese neuen Formen zu prüfen und zu kontrollieren.

NOCH MEHR ÄMTER DER RÖMISCHEN KURIE

PÄPSTLICHE RÄTE, ÄMTER UND KOMMISSIONEN   Viele Gremien und Behörden habe ich schon erwähnt, aber die Liste ist noch keineswegs vollzählig. In der Hierarchie der Römischen Kurie folgen die Päpstlichen Räte, zwölf an der Zahl:
– der Päpstliche Rat für die Laien (Fragen, die die weltlichen Gläubigen, Gesellschaften und Bewegungen betreffen)
– der Päpstliche Rat zur Förderung der Einheit der Christen (ökumenischer Dialog mit den christlichen, nicht-katholischen Kirchen)
– der Päpstliche Rat für die Familie (Apostolat für die Familien gemäß den Unterweisungen des Papstes)
– der Päpstliche Rat für Gerechtigkeit und Frieden (Förderung dieser Werte in der Welt)
– der Päpstliche Rat »Cor Unum« (humanitäre Maßnahmen und Werke der Nächstenliebe)
– der Päpstliche Rat der Seelsorge für die Migranten und Menschen unterwegs (für alle, die sich aus unterschiedlichen Gründen von einem Land in ein anderes bewegen)
– der Päpstliche Rat für die Pastoral im Krankendienst (Betreuung lokaler Programme der Gesundheitsversorgung)
– der Päpstliche Rat für die Interpretation von Gesetzestexten (authentische Auslegung der Gesetze der Kirche, mit der Aufgabe, anderen Behörden der Kirche Hilfestellung zu leis-

ten, um die Konformität der Instruktionen mit den geltenden Normen zu gewährleisten)
- der Päpstliche Rat für den interreligiösen Dialog (mit den nicht-christlichen Religionen, insbesondere dem Judentum und dem Islam)
- der Päpstliche Rat für die Kultur (mit Befugnissen über die kulturellen Aktivitäten und den Kunstbesitz des Vatikans)
- der Päpstliche Rat für die sozialen Kommunikationsmittel (Fragen zu Film, Rundfunk, Fernsehen, zu Zeitschriften und Tageszeitungen)
- der Päpstliche Rat zur Förderung der Neuevangelisierung: Er wurde nach dem Willen Benedikts XVI. im Jahr 2010 eingerichtet mit dem Ziel, die Länder mit alter christlicher Tradition wieder zu evangelisieren, weil dort der Prozess der Säkularisierung die Menschen zunehmend vom religiösen Glauben entfernt hat.

Die Kurialämter sind:
- die Apostolische Kammer (sie befasst sich unter der Leitung des Kardinalkämmerers mit den wirtschaftlichen Angelegenheiten des Heiligen Stuhls in Zeiten der Sedisvakanz bis zur Wahl des neuen Papstes)
- die Verwaltung der Güter des Apostolischen Stuhls (APSA; diese Behörde verwaltet das Vermögen des Heiligen Stuhls, um die erforderlichen Mittel für die Arbeit der Kurie bereitzustellen)
- die Präfektur für die wirtschaftlichen Angelegenheiten des Heiligen Stuhls (mit der Aufgabe, die Ämter zu überwachen und zu kontrollieren, die dem Heiligen Stuhl unterstehen)

Zu diesen Behörden gehören auch:
- die Präfektur des Päpstlichen Hauses (zuständig für die Wohnung des Papstes und die Audienzen)

- das Amt für die Liturgischen Feiern des Papstes (befasst sich mit den Zelebrationen des Pontifex aus liturgischer Sicht)
- das Arbeitsamt des Apostolischen Stuhls (eine Art »Gewerkschaft« für Personen, die für den Heiligen Stuhl arbeiten)
- die Apostolische Almosenverwaltung (fertigt auch auf Anfrage der Gläubigen Urkunden mit einem Segensgruß des Papstes für Hochzeiten, Geburtstage und andere Gelegenheiten an)

Nun folgen noch die päpstlichen Kommissionen. Sie haben die Aufgabe, bei der Arbeit der Kongregationen behilflich zu sein:
- die Päpstliche Kommission *Ecclesia Dei* (von Johannes Paul II. im Jahr 1988 eingesetzt und von Benedikt XVI. der Glaubenskongregation angeschlossen; sie soll die Beziehungen zu der traditionalistischen Piusbruderschaft, die Monsignore Marcel Lefebvre 1970 gründete, wieder intensivieren)
- die Päpstliche Kommission für die Kulturgüter der Kirche (zuständig für Architektur, Malerei, Bildhauerei, Bibliotheken, Archive, Museen, Kirchenmusik)
- die Päpstliche Kommission für christliche Archäologie (zuständig für die Nekropolen und Katakomben der frühen Christen in ganz Italien)
- die Päpstliche Bibelkommission (zuständig für die wissenschaftliche Untersuchung und Auslegung der Bibel)
- die Internationale Theologische Kommission (sie soll den vatikanischen Behörden, insbesondere der Glaubenskongregation, Hilfestellung bei sehr kontroversen theologischen Fragen leisten)
- die Interdikasteriale Kommission für den Katechismus der Katholischen Kirche (mit dem Auftrag, Initiativen zur besseren Kenntnis und zu möglichen Revisionen des Katechismus zu fördern)

– die Päpstliche Kommission für Lateinamerika (sie soll sich um die Seelsorge und die Ausbildung der Priester auf diesem Kontinent kümmern)

Schließlich seien noch die beiden Päpstlichen Komitees angeführt: Das Komitee für die Eucharistischen Weltkongresse hat den Auftrag, die regelmäßig stattfindenden großen Kundgebungen unter dem Thema der leibhaftigen Gegenwart Christi in der Eucharistie zu organisieren. Das Komitee für Geschichtswissenschaft wiederum befasst sich vor allem mit der Kirchengeschichte und veranstaltet Tagungen zu speziellen, diese betreffende Themen.

APOSTOLISCHE SIGNATUR   Von der Justiz in der Vatikanstadt war oben schon die Rede. Nicht zu leugnen ist allerdings, dass die Kirche auch ein Gerichtswesen hat, das bis ins 4. Jahrhundert zurückreicht. Es ist in Diözesan-Tribunale aufgegliedert: Appellation (Gericht der römischen Diözesen) und Römische Rota. Die Rolle des Kassationsgerichts übernimmt die Apostolische Signatur (von lateinisch *signatura*, Unterschrift, Bestätigung). Diese richterliche Institution untersteht unmittelbar dem Papst und wacht über die beiden anderen Tribunale. Sie residiert im römischen Palazzo della Cancelleria und besteht aus einem Gremium von Kardinälen und Bischöfen, die der Papst selbst ernannt hat. Den Vorsitz hat ein Präfekt inne, der aus diesem Gremium gewählt wurde. Die »zweite Sektion« der Apostolischen Signatur gleicht einem »Staatsrat« und fungiert als Verwaltungsgerichtshof.

DAS GERICHT DER RÖMISCHEN ROTA   Wie schon im alten kanonischen Recht kann sich jeder getaufte Katholik direkt an den Papst wenden – die Römische Rota ist der päpstliche Gerichtshof. Die Besonderheit des kanonischen Rechts besteht darin, dass »der Streitfall« nur dann »verhandelt wird«, wenn er zuvor von zwei verschiedenen Tribunalen »doppelt übereinstimmend« entschieden wurde. Im Allgemeinen wenden sich die streitenden Parteien nach dem Diözesangericht gleich an die Rota und überspringen das Appellationsgericht. Die Rota kann im Übrigen auch als erstes Gericht auftreten, sofern ein getaufter Katholik dies beantragt.

Das Gericht der Römischen Rota (früher *Sacra Romana Rota*; der Name stammt möglicherweise von dem turnusmäßigen Wechsel der Richter) verhandelt, wie es im Codex des kanonischen Rechts heißt, »in zweiter Instanz über Sachen, die von ordentlichen Gerichten in erster Instanz entschieden worden sind und durch rechtmäßige Berufung an den Apostolischen Stuhl herangetragen werden« und »in dritter oder höherer Instanz über Sachen, die von der Römischen Rota selbst und von anderen Gerichten schon entschieden worden sind, außer sie sind in Rechtskraft erwachsen«. Die überwiegende Mehrzahl der Fälle, die vor der Rota verhandelt werden, betrifft die Auflösung einer Ehe. Wenn das Gericht der ersten Instanz einer Auflösung stattgegeben, das Appellationsgericht aber für die Weiterführung der Ehe entschieden hat, wendet man sich an die Rota, um ein »doppelt konformes« Urteil in dem einen oder anderen Sinne zu erhalten. Nach Ansicht der katholischen Kirche ist eine Ehe, die vor Gott geschlossen wurde, unauflöslich. Allerdings ist es möglich, sie aufzulösen, wenn im Nachhinein Gründe aufgeführt werden, die den Wert dieser Ehe grundsätzlich ungültig machen. Mit diesen Überlegungen befasst sich die Rota, die folglich, wenn derlei Gründe anfallen, das eheliche Band lösen kann, indem sie die Eheleute von den wechselseitigen Rechten und Pflichten entbindet. In Italien folgt aus der Auflösung der kirchlich geschlossenen Ehe jedoch nicht automatisch die Scheidung der Zivilehe.

DIE PÖNITENTIARIE – PÄPSTLICHER GNADENHOF Ein weiteres, auf seine Weise besonders charakteristisches Tribunal ist die Apostolische Pönitentiarie. Sie befasst sich hauptsächlich mit Ablässen und Absolutionen von Sünden, die so schwerwiegend sind, dass sie in die Zuständigkeit des Heiligen Stuhls fallen.

Um zu verstehen, was dieses Gericht auszeichnet, muss man zunächst wissen, dass sich die Päpste im Laufe der Jahrhunderte nicht nur die Macht angeeignet haben, menschliches Verhalten zu beurteilen und zu verurteilen, sondern auch, Ablässe zu gewähren, von Pflichten zu befreien und unter Umständen jemanden zu begnadigen, der zuvor verurteilt worden ist. Mit der Zeit, als sich die Anfragen immer mehr häuften, wurde es erforderlich, eine Institution zu schaffen, die dem Papst bei der Bewältigung dieser Aufgaben behilflich ist. So entstand im 12. Jahrhundert die Pönitentiarie – mit einer besonderen Kompetenz für alles, was den inneren Schauplatz betrifft, also Fragen des individuellen Gewissens.

Soweit bekannt, befasste sich das Tribunal zu Beginn des 13. Jahrhunderts vor allem mit Unregelmäßigkeiten bei der Aufnahme in den Klerikerstand sowie mit Ehehindernissen. Der Pönitentiar, ein Kardinal, wurde aufgefordert zu urteilen, wenn Zweifel an der Zulässigkeit einer Priesterweihe oder an der Möglichkeit einer Eheschließung bestanden. Mittlerweile hat sich das Betätigungsfeld ausgeweitet und das Amt erteilt, wie es in der Fachsprache heißt, »Gnadenerweise, Absolutionen, Dispense, Strafenerleichterungen, Sanktionen und Erlasse«.

Typische Fälle, in denen heute die Pönitentiarie um ein Urteil gebeten wird, betreffen Zweifel am Wert der Taufe, der Firmung und der Priesterweihe. Sie entscheidet über Gewissensfragen und zerstreut Zweifel, die Themen wie Moral oder Recht betreffen. Sie muss zum Beispiel erklären, ob eine bestimmte Person für die Ehe geeignet ist oder nicht; ob die Einnahme eines Medikaments legitim ist, das zwar eine Heilung bewirkt, aber einen Schwangerschaftsabbruch zur Folge hat und folglich gegen das Fünfte Gebot (Du sollst nicht töten) verstößt; oder ob eine Person, die an einem Verbrechen beteiligt war, dies aus freiem Willen oder unter Zwang tat.

Ein anderer typischer Fall, der in die Zuständigkeit des Gerichts fällt, betrifft die Absolution, die ein Priester jemandem erteilt hat, der Mitwisser bei einem Verstoß gegen das Sechste Gebot war (Du sollst nicht die Ehe brechen). Tatsächlich muss die Pönitentiarie in solchen Fällen prüfen, ob der Beichtende oder Bußfertige wirklich so gehandelt hat, wie der Beichtende es schildert, oder ob noch andere Personen beteiligt waren. Häufig sind auch jene Fälle, in denen das Amt gebeten wird, festzustellen, ob eine Entweihung des Sakraments der Eucharistie stattgefunden hat oder ob das absolute Beichtgeheimnis missachtet wurde.

Auch andere Behörden des Heiligen Stuhls können sich mit all diesen Problemen theoretisch und allgemein befassen, aber wenn ein konkreter Fall vorliegt, der eine einzelne Person betrifft, interveniert die Pönitentiarie. Wenn es sich zum Beispiel darum handelt, inwieweit RU-486 ein Abtreibungsmedikament ist, greift die Glaubenskongregation ein; wenn aber in einem speziellen Fall entschieden werden muss, ob eine bestimmte Frau, die die Pille eingenommen hat, eine Sünde gegen das Fünfte Gebot begangen hat, dann ist die Pönitentiarie für den Fall zuständig. An diese Behörde können sich auch die Priester in allen genannten Angelegenheiten wenden. In der Ausübung ihres Priesteramts werden sie oft mit konkreten Einzelfällen konfrontiert, die schwer zu lösen sind, und sie benötigen dann ein sicheres und abschließendes Urteil.

Der Heilige Stuhl empfiehlt allen Priestern dringend, diese Behörde in Anspruch zu nehmen, anstatt sich auf oberflächliche und aus Sicht der Glaubenslehre etwas zweifelhafte Bewertungen zu verlassen. Die Pönitentiarie anzurufen ist in jedem Fall freiwillig. Dem einzelnen Priester ist die Entscheidung überlassen, und niemand wird dazu gezwungen.

Auch einzelne Gläubige können sich theoretisch an die Pönitentiarie wenden, allerdings steht das Gericht derartigen Fällen eher ablehnend gegenüber, da es davon ausgeht, dass Personen, die unmittelbar in Probleme verwickelt sind, nicht über die erforderliche Objektivität verfügen und daher geneigt sind – auch unbewusst –, die Fakten zu ihren Gunsten zu verdrehen.

Für die Beantwortung von Anfragen braucht die Behörde unterschiedliche Bearbeitungszeiten: Bei eher einfachen Fragen genügen häufig 24 Stunden, bei komplizierteren Fragen muss man hingegen oft auch mal mehrere Monate oder Jahre warten. Die Antworten werden »Reskripte« (Verfügungen) genannt, und die Empfänger werden angehalten, sie so rasch wie möglich zu vernichten und keine Spuren in Parochial- oder Diözesanarchiven zu hinterlassen. Da es sich um Gewissensfragen handelt, muss unbedingtes Schweigen darüber gewahrt werden. Deshalb werden die Anträge auch nicht elektronisch – per Fax oder via Mail – übermittelt, sondern mit der Post im geschlossenen Umschlag oder telefonisch, also mündlich mitgeteilt.

DIE APOSTOLISCHEN NUNTIEN Der Heilige Stuhl entsendet seine Repräsentanten, die Apostolischen Nuntien, in fast alle Länder der Erde und zu allen wichtigen internationalen Organisationen. Die vorrangige Aufgabe eines Botschafters des Vatikans besteht darin, nicht nur und ausschließlich Vertreter einer völkerrechtlichen Realität zu sein, wie es der Heilige Stuhl und ein Staat wie die Vatikanstadt ist, sondern die christliche Botschaft gegenwärtig zu halten.

Im Allgemeinen hat der Nuntius den Titel eines Erzbischofs und als ständiger diplomatischer Repräsentant auf der Grundlage des Wiener Übereinkommens über diplomatische Beziehungen von 1961 den Rang eines Botschafters.

Aber seine Rolle ist vielseitiger als bei einem weltlichen Botschafter, denn er vertritt ja den Heiligen Stuhl nicht nur im Gastland, sondern auch bei der katholischen Kirche dieses Landes. Er handelt also nicht nur gemäß dem Völkerrecht, sondern auch nach dem kanonischen Recht. In dieser Doppelrolle leitet der Nuntius auch die Vorbereitungen zur Wahl der Bischöfe für die Diözesen im betreffenden Land. Er erstellt Dossiers über die Kandidaten und schlägt der Kongregation für die Bischöfe drei Namen vor, unter denen der Papst den Prälaten auswählt, der ihm am geeignetsten erscheint. Der Nuntius ist also ein ganz entscheidender Mittler zwischen Zentrum und Peripherie der katholischen Kirche; er hält die Kirche auf dem Laufenden über das geopolitische Tagesgeschehen in einer konkreten Region der Welt.

Wenn der Heilige Stuhl keine offiziellen diplomatischen Beziehungen mit einem Staat unterhält, genießt auch der Repräsentant der katholischen Kirche, der Apostolische Legat, der nicht bei der Regierung dieses Staates akkreditiert ist wie ein Nuntius, in manchen Fällen gewisse diplomatische Privilegien. Auch der Apostolische Legat befasst sich mit der Auswahl der drei Namen und schlägt sie der obersten Kirchenleitung zur Bischofswahl vor.

In der Geschichte der katholischen Kirche gab es mehrere Nuntien, die später Papst wurden: Vincenzo Pecci, Apostolischer Nuntius in Brüssel, wurde unter dem Namen Leo XIII. Papst; Achille Ratti, Apostolischer Nuntius in Warschau, als Pius XI.; und Eugenio Pacelli, Apostolischer Nuntius in München zur Zeit der Weimarer Republik, als Pius XII. Angelo Giuseppe Roncalli blickte auf eine lange diplomatische Karriere als Apostolischer Legat in Bulgarien und in der Türkei und als Nuntius in Paris zurück, als er unter dem Namen Johannes XXIII. zum Papst gewählt wurde.

Johannes XXIII. legte dann auch im Jahr 1962 fest, dass die Nuntien mit der Bischofswürde ausgezeichnet sein müssen. Wenn also ein Nuntius zum Zeitpunkt der Ernennung noch nicht Bischof ist, muss er die Bischofsweihe erhalten – sie soll seine Funktion als direkte Verbindung zwischen dem Papst und den Bischöfen im Gastland verdeutlichen. Im Codex des kanonischen Rechts heißt es ausdrücklich, die wichtigste Aufgabe, die einem Nuntius zukommt, bestehe darin, »die Bande der Einheit, welche zwischen dem Apostolischen Stuhl und den Teilkirchen bestehen, ständig zu stärken und wirksamer zu gestalten«.

Als Botschafter befassen sich die Nuntien natürlich auch mit den Beziehungen zwischen den Staaten, aber sie tun dies in anderer Form als die übrigen Botschafter. Ein Nuntius kümmert sich nicht, zumindest nicht ausdrücklich, um politische Angelegenheiten, er fördert nicht den Tourismus, auch nicht den Handel, und er hat keinen Militärattaché. In den Lateranverträgen (Art. 24) wird betont, dass der Heilige Stuhl »den weltlichen Streitigkeiten zwischen den anderen Staaten und den ihretwegen einberufenen internationalen Kongressen fernbleiben will und wird«. Er darf sich nicht, zumindest nicht formell, in die internationale Politik einmischen. Gleich anschließend wird allerdings eingeschränkt: »sofern die streitenden Parteien nicht gemeinsam an seine Friedensmission appellieren«. Es besteht also die Möglichkeit, die Rolle des Vermittlers zu übernehmen, wie dies in jüngster Zeit mehrfach geschah, zum Beispiel auf den Philippinen, wo die Kirche zwischen der Regierung und den Rebellen vermittelte, und beim Konflikt zwischen Chile und Argentinien um den Besitz des Beagle-Kanals.

Das diplomatische Netz, das der Heilige Stuhl gesponnen hat, weitet sich beständig aus, weshalb der Vatikan immer stärker an der Ausbalancierung internationaler Konflikte beteiligt ist. Im Laufe der letzten 50 Jahre hat sich die Zahl der Apostolischen Nuntien in der Welt verdoppelt (zuletzt wurde 2011 ein Nuntius in Malaysia akkreditiert), und die beiderseitigen diplomatischen Beziehungen wurden verdreifacht. Exakt 179 Staaten unterhalten diplomatische Beziehungen zum Heiligen Stuhl. Länder, die noch keine offiziellen Beziehungen angeknüpft haben, sind unter anderen die Volksrepublik China, Saudi-Arabien und Vietnam.

Unter dem Pontifikat Benedikts XVI., der im Jahr 2005 zum Papst gewählt wurde, sind volle diplomatische Beziehungen zu Montenegro, den Vereinigten Arabischen Emiraten, Botswana, Russland und zuletzt Malaysia hinzugekommen. In Taiwan amtiert für den Heiligen Stuhl ein Geschäftsträger, aber kein Nuntius, damit das Ziel, eine ständige diplomatische Beziehung zu Peking einzurichten, wofür sich der Vatikan unermüdlich einsetzt, nicht verhindert wird.

Die 16 Staaten weltweit, mit denen der Heilige Stuhl noch keine ständigen diplomatischen Beziehungen unterhält, liegen überwiegend in Asien oder sind vom Islam geprägt; dazu gehören neben den schon genannten Afghanistan, Nordkorea, Oman, Laos, Mauretanien und Somalia.

Außer mit China sind auch Verhandlungen mit Vietnam im Gange, aber in Saudi-Arabien sind die Türen für die römische Kirche noch fest verschlossen; die Ausübung des katholischen Glaubens ist dort sogar offiziell verboten. Auf den Malediven, dem Paradies für Touristen aus aller Welt, haben nur katholische Priester Einreiseverbot.

Unter den Apostolischen Nuntien, die in aller Welt ihre Arbeit tun, ist der Anteil der Italiener in den letzten 50 Jahren stark zurückgegangen; deshalb wird das diplomatische Personal des Vatikans zunehmend internationaler. Immer mehr Nuntien stammen aus dem asiatischen Raum; und die steigende Zahl der Einschreibungen asiatischer Prälaten an der Päpstlichen Diplomatenakademie bestätigt diese Tendenz.

BEAMTE UND SACHBEARBEITER Innerhalb der Römischen Kurie ist das Personal straff organisiert, wie in der »Allgemeinen Ordnung der Römischen Kurie« *(Regolamento)* vom Februar 1999 vorgesehen. Die Kardinäle als Leiter eines Dikasteriums (einer kurialen Behörde) sind verantwortlich für die gesamte Arbeit. Ihre Aufgabe ist es, die Kongregationen zu leiten und zu vertreten – natürlich in ständigem Kontakt mit dem Papst. Bei der Bewältigung ihrer Pflichten stehen ihnen die Sekretäre zur Seite. Sie koordinieren die Arbeit des Personals und planen die Aktivitäten je nach Dringlichkeit der Angelegenheiten.

Die Subsekretäre arbeiten mit den Bürovorständen zusammen, koordinieren das Personal, sorgen dafür, dass das Amt gut arbeitet, und unterstützen in dringenden Fällen auch den Bürovorstand. Diese Büroleiter beaufsichtigen die Arbeit der Ämter und der Sektionen, die ihnen zugeordnet sind; sie unterziehen die erstellten Dokumente einer ersten Prüfung. Die Sachbearbeiter und Hilfskräfte prüfen die Ausführung und bereiten die Entwürfe der Briefe und Dokumente vor. Die Sekretariatsangestellten haben die Aufgabe, bei allen Arbeiten zu helfen, die in den Ämtern anfallen. Die technischen Angestellten und die Schreibkräfte führen die Aufträge der Vorgesetzten aus, so wie es in der Tätigkeitsbeschreibung festgelegt ist.

Es gibt zehn Stufen und Lohngruppen von Mitarbeitern in den Ämtern. Auf der untersten Stufe findet man zum Beispiel die Büroboten und die Reinigungskräfte; auf der zweiten die Amtsdiener, Spediteure, Techniker, Arbeiter und Hausmeister; auf der dritten die Verkäufer, Chauffeure und Facharbeiter; auf der vierten die Schreibkräfte und Angestellten der Vorzimmer; auf der fünften die gehobenen und die Fremdsprachensekretäre; auf der sechsten die technischen und die Verwaltungsangestellten; auf der siebten andere höhere Angestellte; auf der achten Programmanalysten; auf der neunten Sachbearbeiter, Berater und Notare; auf der zehnten Büroleiter und unter anderem den Vizedirektor des Presse- und Informationsamts.

Im *Regolamento* von 1999 wird auch betont, dass alle Angestellten der römischen Kurie »an der universalen Mission des Römischen Pontifex teilnehmen« und »eine Gemeinschaft der Arbeit bilden, die sich durch den Geist auszeichnet, der sie belebt«. Das Personal »muss seine Arbeit mit Sorgfalt, Genauigkeit, Verantwortungsgefühl und im Geist vollständiger Zusammenarbeit« erledigen und »ein vorbildliches religiöses und sittliches Verhalten an den Tag legen, auch im privaten und familiären Leben, im Einklang mit der Glaubenslehre der Kirche«. Die Geistlichen und die Ordensleute müssen ihren Habit, und das weltliche Personal »schickliche Kleidung« tragen.

Das gesamte Personal muss nicht nur ein Treuegelöbnis in lateinischer Sprache abgeben, es wird auch angewiesen, »absolutes Stillschweigen über seine Arbeit zu wahren«. Kein Angestellter darf an Außenstehende »Informationen über Dokumente oder Niederschriften weitergeben, die ihm bei seiner Arbeit zur Kenntnis gelangen«. Dieser Aspekt der Geheimhaltung wird mit besonderem Nachdruck betont. »Ohne vorherige Erlaubnis der zuständigen Behörde darf niemand Erklärungen und Interviews geben, die die Personen, die Arbeit und die Ziele der Dikasterien der römischen Kurie betreffen.« Mitteilungen und Verlautbarungen dürfen nur vom Presseamt des Heiligen Stuhls herausgegeben werden. Alle Angestellten müssen sich auf dem Laufenden halten, nicht nur im fachlichen

Sinne, sondern auch in der Glaubenslehre. Zum Schluss wird jeder, der in der Kurie arbeitet, noch aufgefordert, sich tatkräftig für das apostolische Werk einzusetzen.

Kardinäle, die einem Dikasterium vorstehen und das Alter von 65 Jahren erreicht haben, können ebenso wie die vorsitzenden Erzbischöfe und die Sekretäre ihren Rücktritt beim Papst einreichen. Während einer Sedisvakanz treten alle Amtsleiter und die Mitglieder der Kongregationen von ihren Posten zurück. Nur der Kardinalkämmerer, der Kardinalgroßpönitentiar und der Dekan der Römischen Rota bleiben im Amt.

Im Vatikan gilt die 36-Stunden-Woche, und die tägliche Dienstzeit wird vom Staatssekretariat festgesetzt. Außer den Sonntagen und den üblichen Feiertagen gibt es noch jährliche Feiertage und Gedenktage wie zur Papstwahl, zum Namenstag des Papstes (bei Benedikt XVI. war es der Namenstag des heiligen Josef, der 19. März), den Jahrestag der Gründung des Staates der Vatikanstadt, den Namenstag des heiligen Josef des Arbeiters (1. Mai), die drei letzten Tage der Karwoche, Montag und Dienstag nach Ostern, zwei Tage zu Mariae Himmelfahrt (14./15. August), Allerseelen, der Tag vor und zwei Tage nach Weihnachten, Silvester. Der Jahresurlaub beträgt 26 Arbeitstage.

Die Angestellten des Vatikans sind seit 1954 beim Fonds für den Gesundheitsdienst (FAS) krankenversichert. Für den Ruhestand tritt der Pensionsfonds ein. Der FAS hat seinen Sitz in einer Villa zwischen dem Postamt und der Apotheke, in der auch sämtliche Behandlungsräume der Ärzte und Fachärzte (auch für Frauen- und Kinderheilkunde) untergebracht sind, die für die Erhaltung der Gesundheit der im Vatikan lebenden und arbeitenden Personen gebraucht werden. Nach Voranmeldung bekommen sie dort jede notwendige Hilfe fast gratis. Darüber hinaus hat der FAS Vereinbarungen mit einigen Labors und Krankenhäusern in Rom getroffen.

Im Vatikan gibt es zwar keine wirkliche Gewerkschaft für die Personen, die dort arbeiten, wohl aber eine »Arbeitnehmervereinigung der Laien im Vatikan«. In den neunziger Jahren war die Situation aufgrund einiger Forderungen zeitweise durchaus angespannt: Die Löhne waren zu niedrig, die Ruhegehälter unangemessen, es fehlte an Rückhalt durch Gewerkschaften, der Umgang der Institutionen mit den Problemen der Angestellten wurde als unsensibel wahrgenommen. Diese Vorwürfe mündeten im Jahr 1993 in einen ersten, aufsehenerregenden Streik, der aber äußerst maßvoll verlief, weil das Äquivalent von drei Arbeitsstunden für die Werke der Nächstenliebe gegen den Hunger in der Welt gespendet wurde. In jedem Fall aber gelang es der »Arbeitnehmervereinigung«, als Gesprächspartner des Apostolischen Arbeitsamts anerkannt und zum Verhandlungstisch zugelassen zu werden.

Mehr Neid erregen die Angestellten des Vatikans sicher wegen des Privilegs, für Benzin 30 Prozent weniger als auf italienischem Staatsgebiet zu bezahlen. Auf vatikanischem Boden gibt es zwei Tankstellen, die eine im Cortile Santa Marta und die andere direkt beim Parkplatz von Santa Rosa. Weitere vier Tankstellen sind auf die vatikanischen Exklaven San Callisto (Stadtteil Trastevere), bei der Aurelianischen Mauer, bei der Basilika San Giovanni in Laterano und Castel Gandolfo verteilt.

Zu den Dienstleistungen des Vatikans gehört nicht zuletzt auch die Mensa. Sie ist nicht weit vom Supermarkt entfernt und stellt etwa 100 Essen täglich bereit. Das Menü ist sorgfältig zubereitet und bietet eine große Auswahl an kalten und warmen Gerichten. Für Ablauf und Qualität sorgt eine eigens beauftragte Firma. Ähnlich wie in den Restaurants von Autogrill stellt man die ausgewählten Speisen auf ein Tablett und trägt sie zu seinem Platz. Nach dem Essen ist man angehalten, das Geschirr auf ein seitlich angeordnetes Gestell zurückzustellen. Die Mensa wird überwiegend von weltlichen Angestellten genutzt; die Kleriker kehren im Allgemeinen lieber in ihre Wohnungen zurück, dennoch sieht man hier auch Priester und Ordensleute. Auf einer Seite der Mensa kann man an einer Bar seinen Kaffee trinken.

Am 1. Januar 2010 trat das neue Statut des Arbeitsamts des Heiligen Stuhls (ULSA) in Kraft, das die »ökonomischen und sozialen Rechte der Angestellten des Heiligen Stuhls« wahrnimmt, wie oben bereits erwähnt wurde.

ARBEITSPLÄTZE IM VATIKAN Wie wird man Mitarbeiter am Heiligen Stuhl und in der Vatikanstadt? Wenn man dem Klerus angehört, wird man von der Kirche berufen, also von ihren verschiedenen Behörden. Bewerbungen gibt es in der Kirche nicht – nur den guten Ruf und fromme Empfehlungen; man wird also von jemandem, der sich bereits in den heiligen Räumen aufhält, in den Kreis aufgenommen. Natürlich gibt es Sonderfälle, bei denen die Kirche ihre begabtesten und hoffnungsvollsten Söhne bereits in jungen Jahren auf eine bestimmte Karriere vorbereitet. Das trifft für die Diplomaten zu, die im Allgemeinen an der renommierten Päpstlichen Diplomatenakademie in Rom an der Piazza Minerva ausgebildet werden. Zu ihren Schülern gehörten auch spätere Päpste wie Leo XIII. und Paul VI., und noch heute lässt sie nicht mehr als ein Dutzend Einschreibungen zu. Die Bewerber kommen aus aller Welt und werden vorab in ihren Diözesen von den dortigen Bischöfen ausgewählt.

Auch ein Laie wird vergeblich nach öffentlichen Ausschreibungen suchen, um im Vatikan Arbeit zu finden – denn es gibt keine. Doch es kommt vor, dass wer sich vorbildlich verhält, aus heiterem Himmel berufen wird.

Das hat auch der ausgesprochene Weltmann Joaquín Navarro-Valls erfahren, der über 20 Jahre lang Direktor des Presse- und Informationsbüros des Heiligen Stuhls war. Im

Jahr 1984, als er sich in Italien als Korrespondent einer spanischen Zeitung und Vorsitzender der Vereinigung der Auslandspresse aufhielt, bekam er einen unerwarteten Telefonanruf: Es war der Papst höchstpersönlich, der anfragte, ob er Direktor des vatikanischen Pressebüros werden wolle.

Mit der Methode der Berufung verspricht sich der Heilige Stuhl eine sorgfältige und, zumindest in der Theorie, sichere Auswahl des Personals. Aber die Vatikanstadt ist merklich auch eine Enklave Italiens, und bestimmte Praktiken, die dort verbreitet sind, sind auch hier anzutreffen.

Im Gedächtnis bleibt eine Episode, die schon einige Jahre zurückliegt, als der damalige Generalsekretär des Governorats, Monsignore Bruno Bertagna, einen Brief an alle Angestellten des Vatikans sandte, in dem er sie aufforderte, künftig nicht mehr um Gespräche mit ihren Vorgesetzten zu bitten, »um sich für die Einstellung der Kinder oder des Ehepartners einzusetzen«. Der Präsident der Päpstlichen Kommission für den Staat der Vatikanstadt (damals Kardinal Castillo Lara), der verpflichtet war, all diese Anfragen zu beantworten, musste täglich acht Stunden lang Briefe sortieren und mit den Bittstellern sprechen.

Bei dieser Gelegenheit stellte der bedauernswerte Monsignore auch neue Spielregeln auf: »Um eine Anstellung im Vatikan zu bekommen, muss man sich an die Regeln halten, die in der Allgemeinen Kurienordnung festgelegt wurden, und normalerweise erfolgt dies in Form einer Auswahl unter mehreren Kandidaten. Die Söhne der Angestellten haben nur dann Vorrang vor anderen, wenn die Voraussetzungen gleich sind. Der Vatikan ist kein soziales Netzwerk. Es geht darum, mit den Anstellungen sicherzustellen, dass die verschiedenen Dienste funktionieren und nicht darum, den jeweiligen Personen eine angenehme Unterbringung zu bieten. Außerdem ist es den Vorgesetzten unmöglich, allen Gesuchen stattzugeben.«

Der Brief wurde in den Nachrichten für die weltlichen Angestellten abgedruckt, mitsamt einer Karikatur, die eine geschlossene Tür zeigte, an der ein kleines Schild mit der Aufschrift *Do not disturb* angebracht war. Soweit bekannt ist, treffen die Anfragen allerdings nach wie vor in riesigen Mengen ein. Die Römer sind daran gewöhnt, Papst und Vatikan als Einkommensquelle zu betrachten: »Mir geht es so gut wie einem Papst« – diese im Italienischen geläufige Redewendung sagt wohl alles.

KLEINER KOSMOS

IM DORF   Der englische Journalist John Cornwell behauptet, Monsignore Paul Marcinkus habe den Vatikan als »ein Dorf von Waschweibern« bezeichnet. Es ist eine kleine, ja, winzig kleine Welt mit gewissen Vorteilen und Nachteilen. Zu den Nachteilen gehört die Neigung der Bewohner, alles über alle wissen zu wollen. Wie dem auch sei, ein Dorf braucht zum Leben einige feste Strukturen, und der Vatikan bildet da keine Ausnahme.

DIE APOTHEKE   Sie wurde im Jahr 1874 auf Initiative von Staatssekretär Giacomo Antonelli eröffnet und Bruder Eusebio Ludvig Fronmen, dem vormaligen Leiter der Apotheke im Hospital San Giovanni di Dio auf der Tiberinsel, anvertraut. Die neue Apotheke im Vatikan war für die medizinische Versorgung Pius' IX. gedacht, der sich nach dem Überfall der italienischen Truppen bei der Porta Pia selbst zum Gefangenen im Vatikan erklärte.

Wenn man den Vatikan durch die Porta Sant'Anna betritt und zum Büro für Passierscheine geht, um sich registrieren zu lassen, sieht man, dass die meisten Besucher die Apotheke ansteuern oder gerade von ihr zurückkommen.

Um in die Apotheke hineinzukommen, braucht man einen Personalausweis, das ärztliche Rezept für das Medikament, das man kaufen will, und eine gute Portion Geduld, weil sich häufig lange Schlangen bilden. Inzwischen werden Nummern ausgegeben und aufgerufen.

Die Apotheke gilt als die meistbesuchte der Welt. Sie wird noch heute vom Krankenhausorden der Barmherzigen Brüder geführt, den der heilige Johannes von Gott gründete. Hier arbeiten in regelmäßigem Wechsel über 40 Personen, fast alle Laien.

Die Apotheke ist auch deshalb so beliebt, weil man hier Erzeugnisse findet, die in Italien nicht im Handel sind, oder weil sie auf italienischem Staatsgebiet aufgrund der sehr komplexen Zulassungsmechanismen erst einige Zeit später in den Handel kommen. Außerdem sind die Preise, da im Vatikan keine Steuern erhoben werden, durchschnittlich 12 Prozent niedriger als in Italien. Für rezeptfreie Medikamente bezahlt man 20 Prozent weniger und 25 Prozent für Nahrungsergänzungsmittel wie Vitamine und diätetische Produkte. Besonders begehrt ist das amerikanische Aspirin; in Italien kosten 20 Tabletten knapp 5 Euro; im Vatikan kann man für 5 Euro 130 Aspirin kaufen.

Natürlich darf man in der Apotheke des Vatikans nicht nach Viagra fragen, auch nicht nach Verhütungsmitteln und Abtreibungsmedikamenten. Diese Produkte sind aus offensichtlichen religiösen Gründen dort nicht zu finden. Dagegen ist ein schmerzstillendes Medikament gegen Hämorrhoiden sehr gefragt, weil es das in Italien nicht zu kaufen gibt. Außerdem verkauft die Apotheke zu unschlagbar niedrigen Preisen Kosmetika der renommiertesten Marken. Die Nachfrage ist so groß, dass die Verantwortlichen darauf gedrängt haben, die Verkaufsfläche zu erweitern, um einen angrenzenden Raum nur für Schönheitsmittel einzurichten. Wie in Rom und auf dem Land werden die Medikamente auch nach Hause geliefert; es genügt eine Bestellung per E-Mail oder Fax.

EINKAUFSTOUR   Im Vatikan gibt es auch einen Supermarkt, der den Einkaufszentren, die wir aus unseren Städten kennen, durchaus gleicht. Nur, dass er etwas kleiner ist. Man geht mit dem Einkaufswagen hinein, nimmt die Waren von den Regalen und bezahlt an der Kasse. Wie so oft vor Supermärkten gibt es auch im Vatikan Parkprobleme. Während man Tüten und Kartons, Mineralwasserflaschen und Windelpakete ins Auto laden muss, steht schon ein anderer mit seinem Auto bereit und wartet mit merklicher Ungeduld darauf, dass man endlich wegfährt.

Im Supermarkt, der in einem Gebäude nicht weit entfernt von der Druckerei untergebracht ist, können die Bürger des Vatikans, die Personen mit Aufenthaltsberechtigung und die üblichen Freunde der Freunde einkaufen. Am Eingang muss man einen Ausweis vorzeigen, mit dem man auch die übrigen Kaufhäuser besuchen kann. Das Warenangebot ist von bester Qualität und die Preise sind, da wie gesagt keine Steuern anfallen, absolut konkurrenzfähig gegenüber der Preisgestaltung wenige Meter weiter in Italien.

Im Supermarkt findet man ein komplettes Angebot: Fleisch, Fisch, Obst, Gemüse, Wurst, Milch, Butter, Eier, Brot, Gebäck, Tiefkühlware, Eis, Getränke, Fruchtsäfte, Haushaltswaren, kleine Elektrogeräte. Zu bestimmten Zeiten gibt es auch noch Sonderangebote, so zum Beispiel vor Weihnachten Panettone und Nougatkuchen, vor Ostern Schokoladeneier und den typischen italienischen Osterkuchen, die Colomba. Die Abteilung für alkoholische Getränke ist bestens bestückt: Weine, Schaumweine, Bier und ein sattes Angebot an Likören und Whisky.

Einen Monsignore wird man sehr selten dort einkaufen sehen; diese Aufgabe ist den weltlichen Mitarbeitern überlassen. Dagegen kaufen zahlreiche Nonnen von den verschiedenen Orden dort ein; sie wählen alle Waren sorgfältig aus und füllen ihre Einkaufswagen. Sie kommen von den Ämtern und den Wohnhäusern innerhalb der Mauern, aber auch von den Palazzi in Rom, die ebenfalls zum Vatikan gehören.

Der Supermarkt ist übrigens nicht die einzige Einkaufsmöglichkeit im Vatikan. Ein großes Geschäft in den Räumen des Bahnhofs bietet Bekleidung, Geschenkartikel, Uhren, elektronische Geräte und Tabakwaren an; auch hier findet man Spitzenqualität. Man muss sich am Eingang ebenfalls ausweisen, aber die Atmosphäre ist etwas ruhiger.

DIE POSTÄMTER Nach der Gründung des Staates der Vatikanstadt infolge der Lateranverträge war es eine der ersten Sorgen der Verantwortlichen im Vatikan, einen selbstständigen Postdienst einzurichten, der am 1. August 1929 seine Arbeit aufnahm. So konnte der Heilige Stuhl nach rund 60-jähriger Unterbrechung, also seit der Kirchenstaat im Jahr 1870 aufgelöst worden war, endlich wieder mit einem eigenen Postdienst, dem Erben der einstigen *cursores* und *viatores*, Verbindung zum Rest der Welt aufnehmen.

Das erste Postamt war im Nikolausturm untergebracht (dem heutigen Sitz der Vatikanbank), wo sie bis 1933 blieb; dann zog sie in einen kleinen Palazzo um, der eigens an der Via del Belvedere gebaut wurde, nicht weit vom Eingangstor Sant'Anna. Das Gebäude wurde im Jahr 1962 aufgestockt und erfüllt noch immer seinen Zweck; im Erdgeschoss ist es für den Publikumsverkehr geöffnet.

Die Postämter des Vatikans bieten alle üblichen Dienste an, mit einer Ausnahme: Sie übernehmen keine Bankgeschäfte. Es gibt drei Zweigstellen, zwei an beiden Seiten des Petersplatzes und eine in den Vatikanischen Museen; dort stehen auch die Briefkästen zum Absenden der Post. Es gelten dieselben Tarife wie in Italien. Briefe und andere Sendungen, die an den Papst gerichtet sind, werden von den vatikanischen Postämtern befördert und müssen nicht frankiert werden.

Im Zusammenhang mit der Post muss man auch die Briefmarken des Vatikans erwähnen. Bei Sammlern sind sie genauso begehrt wie die Münzen. Das Amt für Philatelie und Numismatik hat verschiedene Verkaufsstellen: an der Piazza Pio XII, an der Piazza Santa Marta und bei den Vatikanischen Museen, außerdem in der Internationalen Bibliothek Paolo VI in Rom, Via di Propaganda, nahe der Piazza di Spagna.

Seit 1929 werden die Briefmarken in regelmäßigen Abständen herausgegeben. Zu den neuesten Ausgaben zählt eine Briefmarke zum 60. Priesterjubiläum Benedikts XVI., eine zum Weltjugendtag 2011 in Madrid und eine zum 150. Jahrestag der Gründung des *Osservatore Romano*.

BAHNHOF UND HELIPORT   Wenn vom Bahnhof die Rede ist, sollte nicht unerwähnt bleiben, dass das »Dorf« ja auch eine Eisenbahn besitzt. Die Strecke ist zwar nur 800 Meter lang, aber ihre Geschichte ist interessant. Im Artikel 6 der Lateranverträge war vorgesehen, dass Italien einen Bahnhof innerhalb des Vatikans bauen und die Strecke mit dem Netz außerhalb des Vatikans über die benachbarte Bahnhofsstation San Pietro verbinden sollte. Als Gelände dafür wurden die Abhänge hinter dem Governoratspalast festgelegt, bei Baubeginn wurden allerdings mühsame Erdarbeiten zur Angleichung des Terrains an das Niveau der italienischen Eisenbahn (38 Meter über dem Meeresspiegel) notwendig. Außer dem Bahnhof ließ der italienische Staat auch noch ein Viadukt bauen. Im April 1932, genau drei Monate nach Beginn der Arbeiten, fuhr die erste Lokomotive zur Erprobung der Trasse in den Bahnhof des Vatikans ein.

Die Ingenieure waren schneller als die Politiker und Bürokraten: Am 12. September 1934 wurden die Unterschriften zum Eisenbahnvertrag zwischen dem Heiligen Stuhl und Italien ausgetauscht, und erst am 2. Oktober konnte das italienische Ministerium für öffentliche Arbeiten die Eisenbahn den Vertretern des Vatikans übergeben.

Als der Bahnhof gebaut wurde, stellte man sich vor, dass er vor allem für den Personenverkehr genutzt würde. Für prominente Besucher sollte er der erste Eindruck des Vatikans sein. Deshalb hatte man nicht an Marmor und Dekor gespart. Allerdings kam dann doch alles anders. Seit den Zeiten Pius' XI. bis heute wird der Bahnhof fast nur für den Güterverkehr genutzt, und das auch immer seltener, weil der Transport mit Lastwagen schneller und bequemer ist. Gerade Pius XI., der nach Abschluss der Lateranverträge die Eisenbahnanbindung wünschte, ist nie mit dem Zug gefahren.

Ein wichtiges Datum war der 11. April 1959: Ein Sonderzug, den die italienische Eisenbahngesellschaft dem Heiligen Stuhl zur Verfügung gestellt hatte, verließ den vatikanischen Bahnhof, um den Leichnam Pius' X. nach Venedig zu überführen.

Erst am 4. Oktober 1962 bestieg ein Papst den Zug im Vatikan: Johannes XXIII. brach zu einer Pilgerreise nach Loreto und Assisi auf, um für das bevorstehende Zweite Vatikanische Konzil den Schutz der Jungfrau Maria zu erbitten. An diesem Morgen verließ der Zug den Vatikan um 6.30 Uhr, und die Reise wurde ein einziges Fest. Überall wurde der Papst von einer jubelnden Menschenmenge empfangen. Der erste Halt auf italienischem Staatsgebiet war der Bahnhof Tiburtina; dort stieg auch Ministerpräsident Amintore Fanfani in den Wagen des Papstes ein.

In jüngster Zeit, am 24. Januar 2002, konnte der kleine Bahnhof seiner Chronik der Ehren wieder ein Ereignis hinzufügen: Johannes Paul II. bestieg den Zug, um nach Assisi zum Weltgebetstreffen für den Frieden zu reisen, das er begründet hatte. Im Jahr 1985 war er schon einmal nach einer Pastoralreise mit dem Zug im Vatikan eingetroffen. Starke Schneefälle über Mittelitalien hatten die Straßen unpassierbar gemacht.

Im Dezember 1999 wurde am Bahnhof ein Besucher von beachtlichen Dimensionen in Empfang genommen: Eine Fichte, 24 Meter hoch, aus der Tschechischen Republik stammend, sollte den Petersplatz zum Weihnachtsfest erstrahlen lassen.

Die Vatikan-Eisenbahn funktioniert nur ungenügend (die Weichen werden bis heute von Hand umgestellt), weil die Vatikanstadt keinen eigenen Zug besitzt und in ihrem Personal Eisenbahnarbeiter fehlen. Immerhin aber traf im Juni 2005 ein Sonderzug vom Bahnhof Termini mit 500 Eisenbahnern im Vatikan ein – zur Audienz bei Benedikt XVI.

Zum Schluss noch ein paar Worte zum Heliport des Vatikans. Er wurde im Jahr 1976 unter dem Pontifikat Pauls VI. eingerichtet, des ersten reisenden Papstes der Moderne. In den Vatikanischen Gärten zwischen dem Johannesturm und den Mauern wurde er zur besseren Sicht etwas erhöht angelegt und hat die Größe eines Basketball-Feldes. Er wird normalerweise für die Reisen des Papstes in Italien, für die Flüge vom Vatikan zu den römischen Flughäfen und für den kurzen Transfer von und nach Castel Gandolfo, der päpstlichen Sommerresidenz, genutzt. Trotz allem besitzt der Papst keinen Helikopter; die italienische Luftwaffe stellt ihm regelmäßig eine Maschine zur Verfügung.

SCHULEN UND KINDER   Im Vatikan gibt es keine Schulen, nur ein Seminar, eigentlich sogar nur ein Proseminar. Es ist nach Pius X. benannt und definiert als »Institut zur beruflichen Orientierung«. Nach dem Beschluss Pius' XII. von 1956 wird es von etwa 30 Jungen zwischen 12 und 17 Jahren besucht. Sie kommen aus ihren Diözesen, besuchen Privatschulen in Rom und werden auf eine mögliche geistliche Berufswahl vorbereitet. Wenn dann der Entschluss tatsächlich bei den jungen Leuten reift, werden sie nach der Mittelschule zur Ausbildung in ihre normalen Diözesanschulen geschickt.

Neben diesem Studium werden die Schüler als Ministranten zum liturgischen Dienst im Petersdom herangezogen. In der Praxis haben die Messdiener zahlreiche Aufgaben in den Gottesdiensten, die täglich in den frühen Morgenstunden beginnen und in der Basilika wie auch in den vatikanischen Grotten stattfinden.

Ein leichtes Leben ist das nicht. Die Tagesabläufe sind streng geregelt, die Pflichten anspruchsvoll und sehr umfangreich: Wecken um 6.30 Uhr; Punkt 7 Uhr müssen die Ministranten bereitstehen, Talar und Chorhemd in tadelloser Ordnung, um bei der Messe von Priestern zu assistieren, die aus der ganzen Welt nach Rom kommen. Den Tüchtigsten kann es gelingen, wichtigen Kardinälen oder sogar dem Papst zu assistieren.

Don Giovanni Folci, ein Priester aus Como, gab den Anstoß für dieses Proseminar, als er einige junge Leute aus dem Veltlin nach Rom mitbrachte. Das war im Januar 1956, und seitdem haben rund 700 Jugendliche das »Institut« durchlaufen.

Wenn die Alumnen des Proseminars in den Sommerferien zu ihren Familien nach Hause fahren, werden sie durch Schüler aus der fünften Grundschulklasse und aus der ersten Mittelschulklasse ersetzt; sie bekommen die Gelegenheit, einen völlig anderen Urlaub zu erleben: Anstatt ans Meer zu fahren oder ins Gebirge, verbringen sie 20 Tage im Vatikan, um bei den Messen zu assistieren. In der Regel berichten die Bischöfe und die Pfarrer, dass die Schüler sehr gern eine solche Erfahrung machen wollen, und offenbar mangelt es nicht an Interessenten.

Wie alle Jungen wollen auch die Messdiener im Vatikan Spaß haben, und so kann man mitunter improvisierte Fußballspiele neben den Palazzi oder in den Vatikanischen Gärten beobachten, unter den aufmerksamen Blicken, aber auch zum Vergnügen der Gendarmen.

Kinder sieht man auch ab und zu auf dem Fahrrad ihre Runden drehen, Söhne und Töchter einiger Schweizergardisten, die mit ihrer Familie im Vatikan leben. Wenn die Gardisten dort zum Dienst rekrutiert werden, müssen sie unverheiratet sein, aber sobald sie den Rang eines Korporals erreicht haben, können sie heiraten, und häufig haben sie viel lieber ihre Familie um sich im Vatikan als daheim in der Schweiz. Deshalb sieht man dort Kinder, auch sehr kleine Kinder, die allerdings zum Kindergarten und in die Schule nach Rom ausweichen müssen.

AUTOVERKEHR – DIE MODERNE BELAGERUNG Die Vatikanstadt ist zwar heute nicht mehr Ziel realer oder potenzieller Invasoren, sie befindet sich aber trotzdem im permanenten Belagerungszustand. So klein der Vatikan auch ist, zieht er doch jährlich über 2 200 000 Personen zu den verschiedenen Gottesdiensten an; dazu kommen viereinhalb Millionen Besucher der Vatikanischen Museen und über 4 Millionen, die in die Kuppel des Petersdoms hinauffahren. Auch wenn die Organisation sehr gut eingespielt ist, bleibt diese Menschenmenge eine tägliche Herausforderung.

Dementsprechend groß ist das Problem mit dem Autoverkehr. Der Vatikan ist zwar ein eigener Staat, aber er liegt auch mitten in einer Stadt. Wenn man von Rom spricht, dann unter anderem vom Autoverkehr, und darunter leidet auch der kleine Staat des Papstes. Die Zahlen sind eindrucksvoll: Im Lauf des Jahres 2010 haben über 2 Millionen Autos die Leoninischen Mauern passiert, rund 6000 täglich, und das ist einfach zu viel. Die Behörden des Vatikans waren gezwungen, Regeln zur Einschränkung des Autostroms aufzustellen. Benedikt XVI. hat ein neues Gesetz zur Staatsbürgerschaft, zur Aufenthaltserlaubnis und über den Zugang zum Vatikan unterzeichnet. Es sieht vor, dass die Einfahrt mit dem Auto nur noch zu speziellen Zwecken erlaubt sein soll, die glaubhaft nachzuweisen sind.

Außer den Privatwagen der Kardinäle und der anderen Bürger des Vatikans, die hier wohnen oder arbeiten, sind natürlich auch verschiedene Dienstwagen unterwegs, die dem Papst, dem Staatssekretär und anderen Führungskräften zur Verfügung stehen. Die Garage ist in drei Bereiche unterteilt: den päpstlichen, den vornehmen und den für Dienstleistungen. Der erste Bereich umfasst besonders exklusive Gefährte zu Repräsentationszwecken, ältere Luxuskarossen, die perfekt erhalten sind, auch weil sie immer nur über ganz kurze Entfernungen eingesetzt werden. Im zweiten Bereich sind wichtige, aber etwas weniger repräsentative Wagen untergebracht und in der dritten stehen Autos, die für den täglichen, vielfältigen Bedarf des Staates zur Verfügung stehen.

Der Fuhrpark des Vatikans befindet sich im »Industriegebiet« der Vatikanstadt, an der Mauer, die an die Piazza Risorgimento grenzt. Als die Garage in den Jahren 1956 und 1957 gebaut wurde, kam bei den Ausschachtungsarbeiten ein römisches Gräberfeld von etwa 300 m² ans Tageslicht, eine Bestätigung, dass das Gebiet des Vatikans in der Antike vor allem als Begräbnisstätte genutzt wurde.

Soweit man weiß, standen dem Papst seit 1909 im Vatikan Automobile zur Verfügung, aber erst 20 Jahre später, mit den Lateranverträgen von 1929 (Art. 6), folgten die ersten Absprachen zur Straßenbenutzung. In den Jahren 1929 und 1930 standen in der päpstlichen Garage ein Mercedes, den der Vatikan gekauft hatte, und weitere fünf gespendete Wagen, darunter ein Fiat, ein Citroën und ein Isotta Fraschini.

Offenbar hatten die Autos des Papstes zunächst kein Kennzeichen oder Nummernschild. Dies wurde erst 1930 eingeführt. Nach dem Kürzel SCV folgt eine Matrikelnummer, bei Gefährten, die der Papst benutzt, immer die Nummer 1. Seit

Anfang 1988 wird jetzt unterschieden zwischen SCV, überwiegend für Autos in Staatsbesitz, und CV, meistens für Privatautos.

Im Lauf der Zeit hat sich der Fuhrpark des Vatikans erweitert, aber für das jeweilige Auto des Papstes war immer dasselbe Kennzeichen reserviert; es wurde von einem zum anderen weitergegeben. Das hat aber den Papst nicht daran gehindert, in ein Auto mit anderem Kennzeichen zu steigen, wie etwa den Toyota Land Cruiser, der 1965 von Paul VI. gekauft wurde (Kennzeichen SCV 2), den Fiat Campagnola 1980 (SCV 3) und einen Range Rover 1982 (SCV 4).

Ursprünglich verkehren neben den päpstlichen Autos nur Wagen der gehobenen Klasse im Vatikan, die für Repräsentationszwecke oder als Eskortwagen benutzt beziehungsweise für hohe Prälaten und Funktionäre gedacht waren. Dann kamen die ersten Privatautos der Kurienkardinäle und Monsignori hinzu, sodass heutzutage auch der räumlich doch sehr beschränkte Vatikan ein Parkplatzproblem hat.

Im Staat des Papstes bewegen sich also nicht nur repräsentative Personenwagen, sondern auch städtische Müllwagen, Rettungsambulanzen, Feuerwehrwagen, Autos der Gendarmerie, Kleinbusse und alle möglichen Lieferwagen für den Transport von Personen und Waren.

Wie in ganz Rom fahren auch hier Mofas und Mopeds herum. Einige werden von Boten der verschiedenen Behörden benutzt, andere sind in Privatbesitz (auch der Schweizergarden). Schließlich gibt es noch Abschleppwagen, Traktoren für den Aufbau von Zuschauerräumen und Tribünen, sowie Saugmaschinen mit Bürsten, die nach den Messen und dem Ansturm der Pilger den Petersplatz reinigen.

Die Firma Daimler setzte hier mit ihren Mercedes-Modellen eine lange Tradition fort; noch heute ist sie der offizielle Lieferant der Autos für den Papst. Nur ein einziges Mal in der Geschichte hat, soweit bekannt, ein Mercedes enttäuscht: Am 19. Juli 1943 verließ Pius XII. den Vatikan, um die vielen Menschen zu trösten, die im Stadtteil San Lorenzo durch die Bombardierung schwer zu leiden hatten. Als er mit seinem prächtigen Mercedes 230 zurückfahren wollte, streikte der Motor und war nicht mehr in Gang zu bekommen, und der Papst musste in einem Topolino des Grafen Galeazzi zurückfahren.

Als Benedikt XVI. im Jahr 2005 zum Papst gewählt wurde, kam der fünftürige Golf, den er als Kardinal Ratzinger besaß, bei eBay zum Verkauf. Die Farbe war grau-metallic, Erstzulassung 1999, 2000 Kubikzentimeter Hubraum, Benzinmotor und 75 000 gefahrene Kilometer. Benjamin Halbe kaufte ihn in einem Siegener Autohaus, dem Ratzingers Privatsekretär, Monsignore Josef Clemens, das Auto überlassen hatte. Halbe hatte zunächst keine Ahnung, wer der Vorbesitzer war, aber als er die Papiere durchlas, stieß er auf den Namen Joseph Ratzinger, und nachdem er etwas genauer nachgeforscht hatte, wurde klar, dass es sich um den Papst selbst handelte. Halbe hatte 9500 Euro für den Golf bezahlt und, wie im 21. Jahrhundert üblich, stellte ihn erneut bei eBay zum Verkauf ein. Halbe hoffte damit eine ganze Stange Geld einzunehmen, aber er konnte sich überhaupt nicht vorstellen, dass die Gebote auf 190 000 Euro hochschnellen würden. Käufer des Autos, das Ratzinger gehört hatte, war ein Spielkasino in Austin, Texas, das ihn später wieder bei eBay anbot. Bei dieser zweiten Versteigerung erreichten die Gebote den unglaublichen Betrag von einer Million Euro, aber die Betreiber des Portals schraubten ihn auf erschwinglichere 40 000 zurück, was für einen Golf aus dem Jahr 1999 noch immer astronomisch hoch war.

Auch Johannes Paul II. besaß ein Auto, einen Ford Escort aus dem Jahr 1975. Als er Papst wurde, veranlasste er eine Versteigerung mit der Auflage, dass der Erlös an ein polnisches

Waisenhaus gehen sollte. Ein Unbekannter kaufte das Auto und bezahlte damals über 100 000 Dollar dafür.

Das berühmteste Auto von allen, die je ein Papst gefahren hat, ist und bleibt jedoch das weiße Spezialgefährt, das mit seinem breiten gläsernen Aufbau Einblick von allen Seiten bietet. Es wird vor und nach den Zeremonien unter freiem Himmel genutzt, wenn der Papst sich durch die Menschenmenge und auf den Straßen der Städte bewegt, die er besucht. Volkstümlich und sprachlich sehr unschön heißt es »Papamobil«. Es ist ein modifizierter Mercedes-SUV, mit kugelsicherem Glas ausgestattet und mit Gas betrieben. Aber inzwischen hat im Zusammenhang mit der ökologischen Bewegung auch innerhalb der Verwaltung des Vatikans ein Umdenken stattgefunden, und man kann sich ein »Papamobil« vorstellen, das mit Sonnenenergie betrieben wird. Und nicht nur dieses eine: Das saubere Auto für den Papst soll das erste einer langen Serie sein mit dem Fernziel, den gesamten Fuhrpark des Vatikans im Zeichen umweltfreundlicher und erneuerbarer Energie umzustellen.

Verkehrspolizisten gibt es im Vatikan nicht. Den Verkehr regeln also die beiden Ampeln und die Gendarmen, die darüber hinaus auch die Durchfahrt an den engsten Stellen, wo oft einfach nichts mehr geht, überwachen und auch noch darauf achten müssen, dass niemand das Tempolimit von 30 km/h überschreitet, das auf dem ganzen Territorium des Vatikans vorgeschrieben ist.

Volltanken kann man wie gesagt an der Tankstelle vor dem Palazzo San Marco und an der anderen im sogenannten Industriegebiet – zu einem Preis, der wesentlich niedriger liegt als in Italien, weil hier auf dem Treibstoff nicht die Mehrwertsteuer und die Verbrauchssteuer lasten, die vom italienischen Staat erhoben werden.

Wenn im Vatikan einmal der Motor streikt, können sich die

Bürger, die Personen mit Aufenthaltsgenehmigung und die Angestellten an die Werkstatt des Vatikans wenden; sie garantiert raschen Service und festgesetzte Preise.

CAMPO SANTO – DER DEUTSCHE FRIEDHOF Wenn es sich nicht um den Papst oder einen besonders wichtigen Kardinal handelt, erhalten die verstorbenen Bürger des Vatikans ihre letzte Ruhestätte nicht innerhalb der heiligen Mauern. Und doch gibt es im Vatikan einen Friedhof, den Campo Santo Teutonico – deutsch, weil Deutsche und Deutschsprachige aus anderen Ländern hier begraben liegen. Er ist ziemlich klein und von hohen Mauern umgeben, ganz nah bei der Audienzhalle, wo in der Antike der Circus des Kaisers Nero stand, und links vom heutigen Petersdom. Seine Ursprünge gehen bis ins 8. Jahrhundert zurück, der Legende nach sogar auf Karl den Großen. Viel später, im Jahr 1450, bemerkten die Pilger aus Mitteleuropa, die zum Heiligen Jahr nach Rom gekommen waren, dass der alte Friedhof in einem sehr schlechten Zustand war, und setzten sich für seine Restaurierung ein. Viele Pilger waren Deutsche, und einige Jahre danach, 1454, begründeten die deutschen Mitglieder der Kurie die »Bruderschaft der christgläubigen Seelen und armen Christen«. Aus ihr ging im Jahr 1597 die »Erzbruderschaft der Schmerzhaften Muttergottes beim Friedhof der Deutschen und Flamen« hervor. In dieser Zeit entstand auch die Kirche Santa Maria in Campo Santo Teutonico; sie wurde zwischen 1972 und 1975 restauriert. In dieser Kirche befindet sich auch die »Kapelle der Schweizer«, in der die Schweizergarden bestattet liegen, die beim *Sacco di Roma* von 1527 den Papst verteidigten und den Tod fanden.

Der Campo Santo liegt nur wenige Schritte vom Petersdom, also vom Apostelgrab, entfernt, und deshalb ist er als Begräbnisstätte stets begehrt. So musste man schließlich eine

Art Numerus clausus einführen. Nach den geltenden Statuten ist der Kreis der Personen, die hier ihre ewige Ruhe finden dürfen, auf die Mitglieder der Erzbruderschaft, des deutsch-ungarischen Kollegs, des Päpstlichen Priesterkollegs Santa Maria dell'Anima und der Ordenshäuser in Rom mit deutschem Ursprung beschränkt, insgesamt heute etwa 100 Personen. Darunter wäre auch der einstige Kardinal Ratzinger gewesen.

Heute wird der ganze Komplex des Campo Santo und der Kirche von einem Verwaltungsrat geleitet, dem ausschließlich deutschsprachige Bürger angehören, darunter die Botschafter Deutschlands und Österreichs beim Heiligen Stuhl. Zum Komplex gehört auch eine bedeutende Bibliothek mit über 30000 Bänden vor allem zur Kirchengeschichte und zur christlichen Archäologie.

Wie viele Personen im Campo Santo Teutonico begraben liegen, ist schwer zu sagen. Zu den bekanntesten Namen gehören der Maler Joseph Anton Koch, der Schriftsteller Stefan Andres und seine Frau Dorothee, Kardinal Gustav zu Hohenlohe-Schillingsfürst, der einstige Präfekt des Vatikanischen Geheimarchivs Augustin Theiner, der Maler und Kunstagent Johann Martin von Wagner sowie die Archäologen Ludwig Curtius und Engelbert Kirschbaum.

Als ich den Friedhof besuchte, fielen mir mitten in einer Grabanpflanzung zwei kleine Modelle von Motorrädern auf, ein seltsamer Anblick zwischen Grabsteinen, Statuen und Marmorkreuzen. Neugierig geworden, sah ich, dass die kleinen Modelle zum Gedenken an einen jungen Mann, Prinz Alexis zu Windisch-Graetz, dort hingelegt wurden; er starb im Februar 2010 im Alter von nur 19 Jahren. Auf ein Kärtchen neben dem Foto des Verstorbenen hatte jemand den Satz geschrieben: »Der Herr sammle die schönsten Blumen und verpflanze sie auf sein Grab.« Prinz Alexis starb durch einen Motorradunfall; er war der zweite Sohn von Mariano Hugo zu

Windisch-Graetz und Sophie von Habsburg. Auch die Archäologin Hermine Speier ruht hier. Ihre Lebensgeschichte verdient eine eigene Würdigung, die ich weiter unten noch folgen lasse.

DIE KIRCHEN   Wie jede andere Stadt in der christlichen Welt hat auch die Vatikanstadt mehrere Kirchen. Sie stehen zwar ein wenig im Schatten der gewaltigen Petersbasilika, aber sie werden nach wie vor besucht, haben eigenes Personal und eigene Gottesdienste. Sechs Kirchen sind es innerhalb des Vatikans; dazu kommen zwei auf italienischem Staatsgebiet, die aber als exterritorialer Besitz des Vatikans gelten.

Ich beginne mit der Kirche Sant'Anna dei Palafrenieri. Sie ist wohl die bekannteste, weil sie dicht neben dem nach ihr benannten, wichtigsten Eingangstor zum Vatikan liegt und weil sie die Pfarrkirche des Vatikans und des Papstes ist, wie Johannes Paul II. bei einem Besuch zu Beginn seines Pontifikats im Dezember 1978 betonte. Sie wurde unter Paul IV. in den Jahren nach 1570 von Mitgliedern der »Erzbruderschaft der Reitknechte« (*palafrenieri*) erbaut, daher der etwas merkwürdige Name. Der Erzbruderschaft waren die Pferde und die Wagen des Papstes anvertraut. Als aber in der Epoche nach den Lateranverträgen mehr Automobile als Pferdekutschen gebraucht wurden, schlossen sich die Palafrenieri dem Collegium der Päpstlichen Sänftenträger an – weltliche Mitglieder der Päpstlichen Anticamera, deren sehr begehrte Aufgabe es war, den tragbaren Papstthron zu schultern, auf dem der Papst transportiert wurde, damit er von oben die Menge der Gläubigen segnen konnte. Als dieser »mobile Thron« im Jahr 1978 von Johannes Paul II. abgeschafft wurde, verschwand er auf dem Dachboden, aber die Sänftenträger verschwanden nicht – sie bekamen nur neue Aufgaben: Als der polnische Papst später nicht mehr in der Lage war, zu Fuß zu gehen, war es ihr Amt, eine Art rollendes Podium zu bewegen, das er benutzte. In einigen Fällen machte übrigens auch Benedikt XVI. davon Gebrauch. Außerdem nehmen die Sänftenträger auch prominente Gäste des Vatikans in Empfang und geleiten sie durch die Korridore und die Räume der päpstlichen Palazzi.

Im Rom früherer Zeiten war diese Kirche sehr gut besucht, vor allem am 26. Juli, dem Tag der heiligen Anna, Schutzpatronin der Wöchnerinnen. Ihr zu Ehren gab es die »Prozession der Bäuche«, und dieses Schauspiel wollte in Rom niemand versäumen.

Nicht weit von Sant'Anna steht die Kirche San Pellegrino, direkt neben der Kaserne der Schweizergarden. Sie stammt aus dem frühen Mittelalter (8. Jahrhundert) und war einst Teil eines Gebäudekomplexes mit einem Hospiz für die Pilger und einem Friedhof. Seit 1671 ist sie den Schweizergarden überlassen, die dort eine eigene Kapelle eingerichtet haben. Wegen des fortschreitenden Verfalls wurde sie zeitweise auch als Hühnerstall genutzt.

Die Schweizergarden können natürlich auch jene Kirche besuchen, die nach ihren Schutzheiligen Martino e Sebastiano degli Svizzeri benannt ist. Pius V. ließ sie im Jahr 1568 erbauen. Auch sie ist nur wenige Schritte von den Unterkünften der Schweizergarden entfernt. In demselben Viertel, an der Via Pellegrini, steht zudem die Kirche Sant'Egidio a Borgo. Sie stammt aus dem 13. Jahrhundert und ist den Franziskaner-Missionsschwestern von Maria Hilf anvertraut, deren besondere Aufgabe im Vatikan es ist, die Restaurierung der Wandteppiche zu überwachen.

Weiter im Innern der Vatikanstadt, rechts vom Petersdom, trifft man auf die Kirche Santo Stefano degli Abissini; sie war Teil eines sehr alten Klosters. Alexander III. ließ im Jahr 1159 daneben ein Hospiz für die äthiopisch-katholischen Mönche bauen, daher der Name der Kirche. Bereits stark verfallen, wurde sie 1706 restauriert und untersteht heute dem Päpstlichen Äthiopischen Kolleg.

Viel jünger ist die Kirche Santa Maria Regina della Famiglia auf dem Territorium des Vatikans im Governatoratspalast, während die Kirche Santa Maria della Pietà auf dem Campo Santo Teutonico aus dem 15. Jahrhundert stammt und auf den Fundamenten einer viel älteren Kirche errichtet wurde. Eigentlich steht sie auf italienischem Staatsgebiet, aber sie genießt den Status der Exterritorialität, wie auch die Kirche San Pietro in Borgo, die ebenfalls aus dem Mittelalter stammt und heute in den Komplex des Palazzo di Sant'Uffizio gleich neben dem Eingangstor Porta Cavalleggieri integriert ist.

DER KONVENT Nur wenigen ist bekannt, dass es im Vatikan auch einen Klausurkonvent gab mit dem Namen »Mater Ecclesiae«. Johannes Paul II. ließ ihn im Jahr 1994 einrichten. Nach seinem Wunsch sollte es auch in der Vatikanstadt, wie schon an so vielen anderen Orten in der Welt, einen internationalen Konvent kontemplativen Lebens geben. Und tatsächlich: Am 13. Mai, dem Jahrestag der Marienerscheinungen von Fatima und des Attentats auf den Papst, traten acht Klarissen in den Konvent ein. Das Klostergebäude befindet sich in den Vatikanischen Gärten. Nach der »Ordensregel«, wenn man sie so nennen darf, folgte alle fünf Jahre eine neue Gruppe von Schwestern aus anderen kontemplativen Frauenorden der bisherigen nach. (Inzwischen wird das Haus nicht mehr neu belegt; nach Umbauarbeiten dient es als Alterssitz für Benedikt XVI.) Auf diese Weise kamen nach den Klarissen die Karmeliterinnen, danach die Benediktinerinnen und schließlich, im Jahr 2009, der Orden der Visitandinnen, die Franz von Sales (1567–1622) und die heilige Johanna von Chantal (Jeanne-Françoise Frémyot de Chantal, 1572–1641) in Annecy (Savoyen) gründeten.

Da ihr Wirken in absolutem Stillschweigen und unter völliger Geheimhaltung blieb, hier wenigstens die Namen des ersten Konvents: María Begoña Sancho Herreros und María Paz Catalán Pueyo, beide aus Burgos; María Gladys Beltrán Parra, aus Oviedo; Pilar María Trujillo Barraquero, aus Sevilla; Ana María Prieto del Corral, aus Valladolid; María Belén Martín López, aus Madrid; und (als einzige Italienerin) Maria Francesca Padovan, aus San Vito al Tagliamento.

Die moderne Technik stand auch den Klausurnonnen zur Verfügung: so etwa im Sommer 2008, als Benedikt XVI. seinen Urlaub in Südtirol verbrachte. Über eine Funkverbindung beteten die Benediktinerinnen, die damals im Konvent lebten, gemeinsam mit dem Papst den Rosenkranz. Bei dieser Gelegenheit sagte damals die Mutter Oberin Maria Sofia Cicchetti: »Aus unserer Stille und aus unserer klösterlichen Einsamkeit senden wir an alle und jeden ein Wort des Glaubens, der Hoffnung und der christlichen Nächstenliebe. Wir erbitten von der Jungfrau Maria, der Jungfrau der Stille, des Zuhörens und der Hilfe, dass wir uns immer mehr ihrem Sohn Jesus Christus annähern, und so werden auch wir Schöpfer der Liebe, des Friedens und der Einheit sein, da uns doch der Herr auferlegt hat, der Kirche und den Gläubigen zu dienen.«

Die Nonnen verbrachten ihre Tage mit Gebet und Arbeit: Sie hatten die Möglichkeit, einige Gemüsesorten anzubauen, die auch auf den Mittagstisch des Papstes gelangten, und nähten Messgewänder und Paramente.

»DONO DI MARIA« – STATION FÜR DIE ARMEN In Rom ist das Problem der Obdachlosen bedrückend. Viele Tausend Menschen haben keine Unterkunft und leben in aussichtslosen Verhältnissen. Zahlreiche, nicht nur katholische Institutionen bemühen sich, ihre Lage zu erleichtern. Auf die Initiative Johannes Pauls II. hin, trägt seit 1988 auch der Vatikan mit einem »Haus der Aufnahme« dazu bei, das am 22. Mai jenen Jahres, knapp zwölf Monate nach der Grundsteinlegung, eröffnet wurde. Das Gebäude befindet sich neben dem Palazzo des Heiligen Officiums und der großen Audienzhalle, dicht an der Leoninischen Mauer. Es hat eine Grundfläche von etwa 1000 m² und ist in zwei Trakte aufgeteilt, die durch eine zentrale Treppe verbunden sind. Es gibt einen Schlafsaal für Männer und einen für Frauen, eine Küche, einen Speisesaal, einen Gemeinschaftsraum, eine Krankenstation und eine kleine Kapelle. Dort haben auch die Geistlichen Töchter von Mutter Teresa von Kalkutta ihre Unterkünfte; ihnen ist die gesamte Leitung des Hauses anvertraut. Die Schlafsäle können etwa 70 Personen aufnehmen, und die Küche bereitet etwa 100 Mahlzeiten pro Tag zu. »Dono di Maria« wurde das Haus getauft, weil es zum einen an das Marienjahr 1987/88 erinnern soll und zum anderen, weil die Gäste, wie Johannes Paul II. erklärte, »in dieser Umgebung vor allem das Herz Mariens finden; ihr ganzes Leben war ein Geschenk der Liebe, ein Licht der sanften, unauffälligen Nächstenliebe.«

DAS LEBEN EINES OBELISKEN   Wenn er sprechen könnte – er hätte einige Geschichten zu erzählen. Er war schon da, bevor der Petersdom erbaut wurde; er war auch schon da, bevor Kaiser Konstantin die erste Basilika errichten ließ, und er war schon in Rom, als der Apostel Petrus zum Tode verurteilt und mit dem Kopf nach unten gekreuzigt wurde. Der Obelisk ist tatsächlich an die 3200 Jahre alt und er steht dort, aufrecht und würdevoll wie der Herrscher über den Petersplatz – alles in allem zu Recht.

Um genau zu sein: Er stand nicht immer auf derselben Stelle wie heute, sondern ein wenig entfernt davon. Wenn man zum Petersdom schaut, stand er links, ungefähr dort, wo heute der Campo Santo liegt. Dort wurde er 37 Jahre nach dem Tod Jesu genau in der Mitte des Circus aufgestellt, den Kaiser Nero für Rennen mit Streitwagen und Quadriga bauen ließ.

Der Obelisk aus rotem Granit wurde auf Befehl des dritten römischen Kaisers Gaius Iulius Caesar Germanicus, besser bekannt unter seinem Spitznamen Caligula und in der Geschichtsschreibung immer als degeneriert und gewalttätig beschrieben, von Ägypten nach Rom gebracht. Plinius der Ältere berichtet, dass man für den Transport ein spezielles Schiff bauen musste.

Ein Pharao hatte den Monolithen einst als Dank an den Sonnengott aufstellen lassen, der ihm das Augenlicht wiedergegeben hatte. Ursprünglich war der Obelisk noch höher. Das wissen wir, weil Plinius erzählt, dass ein genaues Gegenstück davon 45 Meter hoch war. Als dieser Obelisk auf das Forum von Alexandria befördert wurde, fiel er um, wodurch das untere Ende abbrach. Was wir heute bestaunen, ist also in Wirklichkeit nur der 25 Meter hohe obere Teil.

Der aus Heliopolis stammende Monolith hat einige Kameraden in Rom wie etwa den Obelisken auf der Piazza del Popolo, der ebenfalls ägyptischer Herkunft ist. Sixtus V. beschloss im Jahr 1586, das Monument in der Mitte des Petersplatzes aufstellen zu lassen – ein kompliziertes Unterfangen, wiegt er doch 350 Tonnen. Schon seit 1450 gab es den Plan, ihn dort aufzustellen, aber der Transport über 250 Meter von der linken Seite der Basilika zum Mittelpunkt des Petersplatzes war einfach zu schwierig.

Den Auftrag für diese Arbeit erhielt schließlich Domenico Fontana, ein Schweizer Baumeister aus dem Tessin. Er musste zahllose Berechnungen anstellen und ein gewaltiges System aus Flaschenzügen, Winden und Baugerüsten konstruieren. Damals stand nichts anderes zur Verfügung als Seile und Maschinerien aus Holz, und die an Computersimulationen und ultraleichte Materialien gewöhnten Ingenieure von heute zerbrechen sich den Kopf darüber, wie man damals diesen gigantischen Monolithen überhaupt bewegen konnte.

Für die Ausführung der Arbeit beschäftigte Fontana ungefähr 1000 Menschen, hinzu kam die Kraft von 140 Pferden. Das Aufstellen nahm sechs Monate in Anspruch, von April bis September. Fontana, der gründliche Schweizer, leitete die Arbeiten mit größter Präzision. Er ließ einen erhöhten Kommandositz bauen, von dem aus er seine Befehle erteilte, die durch Trompetensignale und Fahnenschwenken weitergeleitet wurden.

Am 10. September 1586 kam der große Tag der Fertigstellung. Die Atmosphäre war so angespannt, dass Fontana den Befehl gab, keiner dürfe auch nur ein Wort sagen; höchste Konzentration war gefordert. Um Neugierige fernzuhalten, hatte man den Petersplatz abgesperrt. Der Vatikan ließ wissen, jeder, der die Arbeit störe, werde mit dem Tode bestraft, und um diese Drohung noch glaubwürdiger zu machen, stellten Fontanas Techniker einen Galgen auf.

Irgendwann, als das Werk fast vollendet war, begannen die Hanfseile, die unter einer mörderischen Belastung standen, sich gefährlich zu dehnen. In diesem Moment brach ein ligurischer Seemann, *capitano* Bresca, der auch dort beschäftigt war, das befohlene absolute Stillschweigen und rief laut in seinem heimatlichen Dialekt: »Daghe l'aiga a le corde!« – Wasser auf die Seile! Als Seemann wusste er, dass Taue sich zusammenziehen, wenn man sie mit Wasser begießt. Sein Ratschlag wurde befolgt, und die Arbeit des Aufrichtens konnte erfolgreich zu Ende geführt werden.

Da Bresca den Schweigebefehl missachtet hatte, wurde er festgenommen, aber Sixtus V. bestrafte ihn nicht, sondern versah ihn mit einem stattlichen Ruhegehalt. Bresca erbat und erhielt seinerseits das Privileg für seine Familie und die Nachkommen, jährlich zu Palmsonntag die Palmzweige zu liefern –

eine Tradition, die sich bis heute erhalten hat: Die Palmzweige werden eigens aus Ligurien bestellt.

Einige glauben, die Geschichte mit dem Seemann und seinem Schrei »Wasser auf die Seile« sei nur eine Legende – sei es wie es sei, irgendwie jedenfalls wurde der Obelisk aufgerichtet, und dort steht er seitdem, riesig und würdevoll. Mit seinem massiven Sockel und dem Kreuz auf der Spitze ist er mehr als 40 Meter hoch. Und unter allen Obelisken in Rom, das sind ungefähr 20, ist er der einzige, der niemals umstürzte.

Bevor der Baumeister Fontana den Obelisken dort aufstellte, ließ er die Bronzekugel abnehmen, die seine Spitze überragte, wobei sich herausstellte, dass die Kugel entgegen der Legende weder die Asche Caesars noch die eines anderen enthielt. Man legte eine Reliquie vom Wahren Kreuz hinein.

Als Fontana mit der Arbeit des Aufstellens begann, musste der Obelisk vom Sockel gelöst werden, indem man vier schwere Bauklammern aus Bronze mit Meißelschlägen entfernte. Die Bauklammern wurden aufbewahrt und man verwendete sie erneut, um den Monolith auf dem neuen Sockel zu verankern. Damit sie von außen nicht zu sehen waren, ließ Fontana sie im Innern der vier Bronzelöwen verstecken, die den Sockel schmücken – zu Ehren Sixtus' V., dessen Wappentier der Löwe war.

Auf der einen Seite des Sockels ließ der franziskanische Papst Sixtus V. ein Gebet einmeißeln, das im Grunde ein Exorzismus ist: *Ecce crucem Domini. Fugite partes adversae. Vicit Leo de tribu Juda, radix David. Alleluia* – Seht das Kreuz des Herrn. Flieht, ihr feindlichen Mächte. Gesiegt hat der Löwe aus dem Stamm Juda, die Wurzel Davids. Halleluja. – Das als Leitspruch des heiligen Antonius bekannte Gebet sollte hier den Petersplatz und die Basilika schützen.

Flankiert wird der Obelisk von zwei Brunnen, die ihr Wasser aus dem fünfundsiebzig Kilometer entfernten Braccianosee erhalten – über die sogenannte Acqua Paola, ein Aquädukt, das Paul V. im Jahr 1605 bauen ließ. Dasselbe Wasser speist auch den großen Brunnen Fontana Paola auf dem Gianicolo und die Fontäne auf der Piazza Trilussa im Stadtteil Trastevere.

ZWISCHEN INKUNABELN UND MIKROCHIPS Unter den unermesslichen Schätzen des Vatikans haben insbesondere zwei die Aufmerksamkeit Tausender Wissenschaftler auf sich gezogen, aber auch Nicht-Fachleute fasziniert: das Geheimarchiv und die Apostolische Bibliothek. In beiden werden Bücher, Handschriften, Inkunabeln, Papyri, außerdem Medaillons, Münzen und viele andere Objekte aufbewahrt – Jahrhunderte der Menschheitsgeschichte, in den unterschiedlichsten Formen überliefert, aber mit ein und demselben Ziel: Wissen weiterzutragen. »Geschichte offen für die Zukunft«, wie Benedikt XVI. es einmal nannte.

Soweit wir heute wissen, entstand das Geheimarchiv des Vatikans um 1610 nach dem Willen des Borghese-Papstes Paul V., aber seine Ursprünge liegen viel weiter zurück. Schon in den Anfangszeiten bewahrten die Päpste hier Dokumente auf, die sich auf die Ausübung der eigenen Macht und auf die Leitung der Angelegenheiten der katholischen Kirche bezogen. Geheim war das Archiv im Sinne von »persönlich«, »vertraulich«, und zunächst reiste es sogar bei den Ortswechseln des Papstes mit. Ab dem 15. Jahrhundert hielt man es dann für notwendig, etwas Beständigeres zu schaffen.

Von Beginn an gab es zwei grundsätzliche Erfordernisse: Man musste einen adäquaten Raum zur Aufbewahrung haben und für die notwendige Sicherheit sorgen. Ein erster Aufbewahrungsort wurde in der Engelsburg gefunden. Danach ließ Paul V. eine Reihe von Dokumenten und Registern in die drei Säle (die Sale Paoline) neben der Geheimbibliothek im

Vatikan bringen. Die Dokumentensammlung beginnt erst mit dem Pontifikat Innozenz' III. (1160–1216), da fast das gesamte Material aus der Zeit davor verloren gegangen ist. So entstand ein Archiv im modernen Sinn, steht es doch sowohl dem Papst und seinen Mitarbeitern *(pro privata Romanorum pontificum commoditate)* als auch Wissenschaftlern *(ad publicam studiorum utilitatem)* zur Verfügung. Seither wird es als das Vatikanische Geheimarchiv bezeichnet.

Seit der Epoche Pauls V. füllte sich das Archiv kontinuierlich, indem es auch die Bücher aus der Zeit aufnahm, in der die Päpste in Avignon residierten (1309–1377), außerdem die diplomatische Korrespondenz des Vatikans und die Dokumente des Staatssekretariats.

Um die Mitte des 18. Jahrhunderts entstand eine Kartei, die den Namen ihres Begründers Giuseppe Garampi erhielt und sich als grundlegend für die Verwaltung des Archivs erwies. Inzwischen wächst die Dokumentation schnell, unter anderem durch zahllose Korrespondenzen mit kostbaren Siegeln aus Massivgold, die bis dahin in der Engelsburg verblieben waren.

Die napoleonische Ära bedeutete eine Tragödie für das Archiv. Im Jahr 1810 zunächst nach Paris verbracht, kehrte es zwischen 1815 und 1817 nach Rom zurück – mit vielen Verlusten. Später, als 1870 die Porta Pia gestürmt wurde und der Kirchenstaat zusammenbrach, wurden sämtliche Dokumente des Vatikans, soweit sie nicht innerhalb der heiligen Mauern aufbewahrt wurden, vom Königreich Italien eingezogen.

Für die Geschichte des Archivs war das Jahr 1881 besonders bedeutsam: Leo XIII. beschloss, die Tore offiziell für alle Forscher zu öffnen. Seitdem entwickelte sich das Vatikanische Geheimarchiv zu einem der wichtigsten Zentren der wissenschaftlichen Forschung in der ganzen Welt. Viele weitere Etappen des Archivs müsste man noch erwähnen, so zum

Beispiel, dass im Jahr 2000 die gesamte Dokumentation zum Zweiten Vatikanischen Konzil (1962–1965) dem Archiv übergeben wurde, und, dass Wissenschaftler heute die Dokumente bis zum Februar 1939 einsehen können (Ende des Pontifikats Pius' XI.), so wie es vor einiger Zeit für alle anderen Dokumente des Heiligen Stuhls festgesetzt wurde.

Das Geheimarchiv ist in einem unterirdischen Bunker untergebracht, den Paul VI. bauen ließ; es präsentiert sich heute dem Besucher als endlose Abfolge von Regalwänden, in denen Dokumente aus verschiedenen Epochen gestapelt sind, aber allen ist gemeinsam, dass sie Ausdruck des Lebens einer umfassenden, komplexen Realität sind: Durch diese Dokumente spricht die katholische Kirche.

In absoluter Stille und vom Halbdunkel umgeben dürfen sich nur die zugelassenen Mitarbeiter in den endlosen Korridoren bewegen, wobei sie auf Schritt und Tritt von Videokameras überwacht werden. Temperatur und Luftfeuchtigkeit werden konstant gehalten. Ins Archiv hinunterzugelangen ist ein Privileg, das nur wenigen gewährt wird. Die Spezialisten können dort auf Antrag die Texte, die sie brauchen, durch Computerrecherche heraussuchen, aber nur die Archiv-Angestellten dürfen in den Bunker hinuntergehen, um das Dokument zu holen. Wenn es sich aber um besonders empfindliches und brüchiges Material handelt, darf man es nur digitalisiert in Augenschein nehmen, ohne das Objekt selbst zu berühren.

Während das Archiv immer eher dem Namen nach als in Wirklichkeit »geheim« war, haben es die neuen Technologien in ein Glashaus verwandelt. Nur ein Beispiel: Wenn man auf die Website des Vatikans geht, kann man alle 12 Bände der *Actes et documents du Saint-Siège relatifs à la période de la Seconde Guerre Mondiale*, die zwischen 1961 und 1985 von den jesuitischen Historikern Pierre Blet, Robert Graham, Angelo Martini und Burkhart Schneider zusammengetragen wurden, komplett lesen, ganz abgesehen von den vollständigen Sammlungen der *Acta Apostolicae Sedis* zwischen 1909 und 2011.

Eine unerschöpfliche Quelle für Entdeckungen sind auch die Urkunden, die im Archiv aufbewahrt werden. Sie haben es zum Beispiel möglich gemacht, den Prozess gegen die Tempelritter einschließlich der Auflösung ihres Ordens im Jahr 1312 in ganz neuer Weise zu rekonstruieren. Sie zeigen, dass Clemens V. versucht hatte, sie vom Vorwurf der Häresie zu entlasten, aber gegen die Absichten des Königs von Frankreich nichts auszurichten vermochte: Philipp der Schöne wollte sich vorderhand die Reichtümer der Tempelritter aneignen. Die Handschriften, die über den wahren Hergang Aufschluss geben, lagen zwar im Archiv, wurden aber nie katalogisiert. Das ist, als hätten sie nie existiert.

Vergleichbare Kriterien gelten, wenn man die Vatikanische Apostolische Bibliothek konsultieren will, deren Sitz kürzlich restauriert wurde. Imponierend ist die Masse der gesammelten Dokumente: 1 600 000 Druckwerke, 180 000 Handschriften, rund 8400 Inkunabeln (Wiegedrucke, nach Gutenbergs Erfindung mit beweglichen Lettern hergestellt), etwa 300 000 Münzen und Medaillen, insgesamt 150 000 Drucke, Zeichnungen und Matrizen, über 150 000 Fotografien. Den Besuchern stehen vier Kataloge zur Verfügung, die auch online konsultierbar sind: ein Katalog für Handschriften, einer für Druckwerke, einer für Zeichnungen und schließlich einer für Münzen und Medaillen. Auch zahlreiche Kunstwerke gehören zum Bestand der Bibliothek, darunter Gemälde von unschätzbarem Wert.

Durch den Computer (in der Bibliothek steht Wi-Fi zur Verfügung) können Wissenschaftler (etwa 20 000 im Jahr, davon 10 000 Nicht-Italiener) die verschiedenen Kataloge anhand integrierter Verfahren einsehen, sodass sie von einem Element zum anderen gelangen und deren Verknüpfungen erkennen können. Auch hier, wie im Geheimarchiv, ist der direkte Kontakt mit den Dokumenten nur dann erlaubt, wenn kein Risiko besteht, dass sie beschädigt werden.

Zu den größten Sorgen bei diesem kostbaren Bestand gehört die Sicherheit. Um zu garantieren, dass jedes Dokument an seinem Platz bleibt, hat man vor einiger Zeit ein System installiert, das die Identifizierung jedes einzelnen Bandes ermöglicht. Ein Mikrochip verbindet ihn über Funk mit der Datenbank des digitalisierten Katalogs. Auf diese Weise können die Bibliothekare jeden Standortwechsel eines Dokuments nachvollziehen – auch innerhalb der Bibliothek selbst. So lässt sich sofort feststellen, ob ein Dokument nach der Benutzung wieder an den richtigen Platz zurückgebracht wurde.

Der Bestand der Bibliothek ist so riesig, dass man während des Installierens der Mikrochips noch Bände entdeckte, die bis dahin nie katalogisiert worden waren und an die man sich folglich auch nicht mehr erinnerte. Das sei kein Skandal, ließen die Verantwortlichen wissen; in allen großen Bibliotheken stoße man auf solche Schwierigkeiten. Vielmehr könne man mit Hilfe der neuen Technologien immer besser arbeiten, um zu garantieren, dass jeder Katalog so vollständig wie möglich wird.

Inzwischen verzeichnen die Techniker des Vatikans dank der elektronischen Medien auch Fortschritte bei der getreuen Bildwiedergabe der unterschiedlichen Materialien – eine wichtige Dienstleistung im Hinblick auf Handschriften, Druckwerke, Zeichnungen, Münzen und Medaillen. Mit elektronischen Bildern kann man nicht nur einer größeren Zahl von Forschenden das Material zur Verfügung stellen, sondern auch das Original so wenig wie möglich »stören«.

Natürlich ist es unmöglich, Hunderttausende von Handschriften von einem Tag auf den anderen zu digitalisieren, aber der Weg ist aufgezeigt, verlangt doch die fortschreitende Globalisierung eine weltweite Vernetzung von Bibliotheken und anderen Sammlungen. Das aber ist nur möglich, wenn die Daten, die einen Band identifizieren, adäquat reproduziert werden, in einem wiedererkennbaren Format und für jeden abrufbar.

Unter diesem Gesichtspunkt nimmt die Vatikanische Apostolische Bibliothek insofern eine Vorreiterrolle ein, als das Online Computer Library Center (OCLE) sie vor kurzem als Mitglied aufgenommen hat, zusammen mit den wichtigsten Bibliotheken weltweit: der Library of Congress in Washington, der Deutschen Nationalbibliothek in Leipzig/Frankfurt und der Bibliothèque nationale in Paris. Sie alle sind durch das Projekt Virtual International Authority File (VIAF) miteinander verbunden.

Im Laufe des Jahres 2009 hat die Internetseite der Bibliothek 7 400 000 Kontakte registriert, im Jahr 2010 ist die Zahl auf fast 8 Millionen gestiegen.

Aber die Bibliothek beschränkt sich nicht darauf, die Bücher zu sammeln. Ein großer Teil ihrer Arbeit besteht darin, sie zu erhalten und vor allem zu restaurieren. Soweit wir heute wissen, ist die Restaurierungswerkstatt, die zur Zeit von Angela Nuñez Gaitán geleitet wird, ein Erbe und Resultat insbesondere der Arbeit Franz Ehrles, des Bibliothekspräfekten zwischen 1895 und 1914. Er befasste sich wissenschaftlich mit Handschriften, die durch Tusche, chemische Reaktionen und Insekten beschädigt waren. Er untersuchte die Gründe für die Schäden und entwickelte Methoden, um sie zu restaurieren und zu konservieren, indem er die Feinde des Papiers und des Pergaments bekämpfte. Heute kümmern sich Spezialisten mit moderneren Techniken um die beschädigten Seiten, darunter auch Waschvorgänge und Entstaubung, das heißt die radikale Entfernung jeden Staubs.

Eine Kuriosität: Wenn die Angestellten und die Besucher von Apostolischer Bibliothek und Geheimarchiv eine Pause einlegen wollen, um zu rauchen oder etwas zu trinken, gehen sie hinaus auf den Bibliothekshof, wo sich in einer großen Nische ein Kiosk befindet. Die Nische geht auf einen Entwurf Bramantes zurück, und einst stand darin ein kunstvoller Brunnen. Nichts ist banal im Vatikan, nicht einmal die Kaffeepause.

MUSICA SACRA   Benedikt XVI. hat eine Vorliebe für klassische Musik – bekannt ist seine Bewunderung für Mozart, den er auch gern auf dem Klavier spielte – und für Kirchenmusik. Die Kirche aber war schon immer um die Kunst der Töne bemüht, in all ihren Formen. Überaus alt ist die *Schola cantorum*, die später Cappella Musicale Pontificia und seit dem 15. Jahrhundert Cappella Sistina genannt wurde – sei es, weil sie unter dem Pontifikat Sixtus' IV. della Rovere (1471–1484) neue Impulse erhielt, sei es, weil der Chor meist in der Sixtinischen Kapelle sang, die Sixtus IV. hatte bauen lassen. Unter den bekannten Namen der Cappella Musicale Sistina ragen der Komponist Pierluigi da Palestrina, der im Jahr 1555 dort Sänger war, und Lorenzo Perosi heraus, der seit 1898 ihr Chorleiter war.

Berühmt sind natürlich auch die *voci bianche* (Knabenchor), die *pueri cantores*, deren Ursprünge auf das 6. Jahrhundert zurückgehen. Heute erhalten sie außer der musikalischen Ausbildung auch regulären Schulunterricht: Sie besuchen die beiden letzten Klassen der Grundschule und die drei unteren Klassen der Mittelschule in der hauseigenen Schule, genannt *Schola Puerorum della Cappella Sistina*, die sich in der Via Monte della Farina im Zentrum Roms befindet.

Geeignete Stimmen zu finden ist nicht einfach, und von Zeit zu Zeit durchforsten die Leiter der *pueri cantores* die römischen Schulen auf der Suche nach möglichen Kandidaten, die anschließend einem rigorosen Auswahlverfahren unterworfen werden.

Die Cappella Musicale Pontificia und die *pueri cantores* beteiligen sich regelmäßig an den liturgischen Feiern, die der Papst leitet, und geben auch Konzerte in Italien und im Ausland.

Aber nicht nur von der Sistina lebt die Musik im Vatikan. Seit 1811 gibt es nach einem Beschluss Pius' X. eine Akademie für Kirchenmusik, deren Ziel es ist, die musikalischen Aspekte der Liturgie zu vermitteln. Im Jahr 1931 wurde das Päpstliche Institut für Kirchenmusik gegründet, dessen Arbeit sich heute vom musikalischen Unterricht über die Herausgabe von Abhandlungen zur Musik und Kompositionen bis hin zur Aufführung musikalischer Werke und die Betreuung von Studienzentren und Tagungen erstreckt. Die akademischen Grade Bakkalaureat, Lizenziat und Doktorat können dort in fünf Fächern erworben werden: Gregorianik, Komposition, Chorleitung, Musikwissenschaft, Orgel. Die angestrebten Berufe sind etwa Chorleiter, Kirchenorganist, Komponist, Konzertmusiker (Organist, Pianist, Dirigent), Musikwissenschaftler, Musikdozent, Archivar und Bibliothekar. Um zum Studium an diesem Institut zugelassen zu werden, muss man eine Aufnahmeprüfung bestehen.

GRÜNER VATIKAN Mehrfach hat Benedikt XVI., wie auch schon sein Vorgänger Johannes Paul II., zum Umweltschutz und zum Respekt vor der Schöpfung aufgerufen. Um sich nicht auf Lippenbekenntnisse zu beschränken, beschloss der Vatikan zu handeln: Seit 2008 ist auf dem gesamten Staatsgebiet des Vatikans Mülltrennung vorgeschrieben; darüber hinaus ist seit einigen Jahren saubere Energie nicht mehr nur ein guter Vorsatz.

Auf der riesigen Dachfläche der großen Audienzhalle (5000 m^2) wurden 2400 Solarmodule angebracht, die, ohne die geplante Architektur des Konstrukteurs Pier Luigi Nervi zu beeinträchtigen, 300 000 Kilowattstunden pro Jahr liefern. Die saubere Energie wird in das vatikanische Netz eingespeist und spart damit das Äquivalent von 80 Tonnen Erdöl und vermeidet eine Emission in die Atmosphäre von 225 000 kg CO_2. Planung, Entwicklung und Installation der Anlage wurden in Form einer Spende an den Papst von einem deutschen Unternehmen ausgeführt. Aber der Plan, zu erneuerbaren Quellen zurückzukehren, ist noch viel ehrgeiziger: Er sieht vor, 20 Prozent des Bedarfs im Vatikan mit sauberer Energie zu decken.

Die Fotovoltaik-Anlage, möglicherweise die größte in Europa, wird 500 Millionen Euro kosten und auf einem Gelände von 300 Hektar bei der Ortschaft Santa Maria di Galeria stehen, wo sich schon die Sendeanlage des Heiligen Stuhls befindet. Da sie den gesamten Bedarf des Staates abdecken wird, soll der Überschuss an Italien verkauft werden.

Mit 200 Watt sauberer Energie pro Kopf ist der Vatikan auch schon heute der umweltfreundlichste Staat der Welt und übertrifft damit sogar den Vorreiterstaat Deutschland mit seinen 80 Watt pro Einwohner. Eine Kuriosität: Die deutsche Firma, die auf dem Dach der Audienzhalle die Solaranlage installiert hat und inzwischen schon mit einem anderen Großprojekt befasst ist, lancierte einige Werbespots mit Larry Hagman in der Hauptrolle, der in den achtziger Jahren den zynischen Ölmillionär J. R. in der Serie *Dallas* gespielt hat.

Im sogenannten Industriegebiet der Vatikanstadt, wo unter anderem die Mensa, die Mechanikerwerkstadt, die Tischlerei, die elektrotechnische Werkstatt und die Umkleideräume für die Arbeiter zu finden sind, steht seit 2009 überdies eine *Solar-Cooling*-Anlage zur Klimatisierung der Räume, die nur mit Sonnenenergie betrieben wird. Mit der Sonne zu kühlen, klingt zwar paradox, aber dieses intelligente System spart Strom.

Bei einem Stromausfall oder bei anderen Unterbrechungen der Systeme im italienischen Netz ist der Vatikan trotzdem in der Lage, die eigenen Apparaturen in Gang zu halten, dank einem Wärmekraftwerk, das neben der Kaserne der Gendarmerie dicht an der Grenze zur Piazza Risorgimento steht.

Ganz abgesehen von der Energieversorgung war der Vatikan schon immer sehr um das Grün in seiner Umgebung bemüht. Hier soll von den prachtvollen Gärten die Rede sein, die wie Kunstwerke betrachtet und bewundert werden und in denen seit 2011 auch Besuchergruppen nach Voranmeldung zugelassen sind. Die Gärten entstanden als Ort der Erholung und Meditation für den Papst im Jahr 1279, als Nikolaus III. (Giovanni Gaetano Orsini) die päpstliche Residenz vom Lateran in den Vatikan zurückverlegte. Anfänglich gab es auch einen Obstgarten und eine Wiese auf dem St.-Egidio-Hügel, dort, wo heute der kleine Belvedere-Palast und die Höfe der Vatikanischen Museen liegen.

Die Gärten nehmen ungefähr die Hälfte der Gesamtfläche des Vatikans (44 Hektar) ein. So pflegte der letzte Papst jeden Abend bei Sonnenuntergang einen Spaziergang inmitten von Pflanzen und Brunnen zu machen, wobei er vor der Lourdes-Grotte, einem Geschenk Leos XIII. aus dem Jahr 1902, verweilte um zu beten. Nie verzichtete er auf dieses Ritual, auch nicht an Regentagen. Dasselbe tat auch Johannes Paul II., der allerdings zuweilen auch am Boccia-Platz (den es heute leider nicht mehr gibt) stehen blieb – und wenn er Zeit hatte, nahm er auch an einer Partie teil.

Wenn man »Gärten« sagt, reicht das nicht ganz aus. Pflanzen und Blumen, Büsche und Hecken gibt es dort, aber eben auch Brunnen, Überreste aus der römischen Antike, moderne Kunstwerke und mehrere Gebäude. Sowie ein Stück der Berliner Mauer. Im Laufe der Jahrhunderte hat der grüne Bereich des Vatikans viele Veränderungen erlebt. Heute steht im ältesten Teil die Casina di Pio IV oder Villa Pia, ein Juwel der Renaissance-Baukunst und Sitz der Päpstlichen Akademien der Wissenschaften und der Sozialwissenschaften.

Dort stehen auch zwei Pinien, die ungefähr 600, und einige Zedern aus dem Libanon, die wohl 300–400 Jahre alt sind. Den Altersrekord halten zwei Olivenbäume, ein Geschenk aus der Region Apulien, die am Palmsonntag des Jahres 2000 in den Vatikan verpflanzt wurden. Ungeachtet ihres Alters von etwa 1000 Jahren haben sie hier ausgezeichnet Wurzeln geschlagen.

Mit ihren rund 300 Pflanzenarten und fast 7000 Exemplaren gleichen die Vatikanischen Gärten einem internationalen Mosaik. Neben den Pflanzen, die hier gewachsen sind, finden sich auch solche, die dem Papst zu besonderen Anlässen geschenkt wurden; wie etwa der Olivenbaum aus Israel, der im Jahr 1993 gepflanzt wurde, um die Aufnahme der diplomatischen Beziehungen mit dem Heiligen Stuhl zu feiern. Außerdem wachsen hier Mammutbäume aus den Vereinigten Staaten, Kirschbäume aus Japan, eine Linde aus der Slowakei und eine Buche aus Slowenien.

Auch das Wappen des Papstes auf dem Rasen vor dem Governoratspalast ist aus Blumen und Grünpflanzen gestaltet. Ein kleiner Hausgarten fehlt ebenfalls nicht. Hier gedeiht das Gemüse für den Mittagstisch des Papstes.

Bewässert werden die Grünflächen mit nicht-trinkbarem Wasser aus dem Braccianosee, das in einer unterirdischen Zisterne im Bereich des Heliports gesammelt wird, die bis zu 8 Millionen Liter aufnehmen kann. Ein Teil der Gärten wird von Hand gegossen, in anderen Bereichen sind automatische Bewässerungssysteme in Betrieb.

Der Überfluss an Vegetation und Wasser lockt auch Tiere an: Specht, Wiedehopf, sogar Papageien werden gesichtet, auch Frösche, Kröten, Igel, hin und wieder Eichhörnchen, außerdem die unvermeidlichen römischen Katzen – alles nichtzahlende Gäste des Römischen Pontifex.

GARDISTEN UND GENDARMEN   Warum sind die päpstlichen Gardisten Schweizer? Ihre Geschichte reicht weit in die Vergangenheit zurück. Die Bewohner Helvetias waren schon in der Antike bekannt für ihre kriegerischen Qualitäten, und als der Papst im 16. Jahrhundert ein Heer brauchte, wandte er sich an Söldner aus Schweizer Kantonen. Seither gilt der 22. Januar 1506 als Gründungsdatum der Schweizergarde: 150 Soldaten rückten unter dem Befehl des Hauptmanns Kaspar von Silenen aus dem Kanton Uri zu Fuß im Vatikan ein, direkt aus der Schweiz kommend, durch die Porta del Popolo. Noch am selben Abend wurden sie von Papst Julius II., der sie gerufen hatte, gesegnet. Bis zum heutigen Tag befinden sich ihre Quartiere in der Via del Pellegrino.

Die enge Bindung zwischen Papst und Schweizern funktionierte von Anfang an gut und wurde insbesondere durch die berühmte Episode vom 6. Mai 1527 noch gefestigt, als die Schweizer sich heldenhaft dem Angriff der Landsknechte beim *Sacco di Roma* widersetzten und sich niedermetzeln ließen, damit Clemens VII. durch den oben schon beschriebenen Passetto fliehen konnte, den er selbst als Fluchtweg vom Vatikan zur Engelsburg hatte bauen lassen. In einer Stanze Raffaels im Apostolischen Palast ist noch heute der Name Luthers zu sehen, den die Invasoren mit der Schwertspitze hineingeritzt hatten.

Wer Soldat des Papstes werden will, muss einige Voraussetzungen mitbringen: Der Anwärter muss die Schweizer Staatsangehörigkeit haben, katholisch sein, einen »tadellosen Ruf« besitzen, die Rekrutenschule der Schweizer Armee absolviert haben, zwischen 19 und 30 Jahre alt sein, mindestens 1,74 m groß und ledig sein sowie ein Zeugnis für einen Berufs- oder Mittelschulabschluss vorweisen können.

Das Datum des 6. Mai ist bis heute in der Geschichte der Schweizergarde fest verankert, denn jährlich findet an diesem Tag die Vereidigung der neuen Soldaten statt. Ein eindrucksvolles Schauspiel mit den Rüstungen, Farben, Hellebarden, den Trompetensignalen und Trommelwirbeln entfaltet sich vor einem Publikum von Eltern und Freunden, die aus der Schweiz angereist sind. Der Kaplan der Garde spricht die Eidesformel: »Ich schwöre, treu, redlich und ehrenhaft zu dienen dem regierenden Papst und seinen rechtmäßigen Nachfolgern, und mich mit ganzer Kraft für sie einzusetzen, bereit, wenn es erheischt sein sollte, selbst mein Leben hinzugeben. Ich übernehme dieselbe Verpflichtung gegenüber dem Kollegium der Kardinäle während der Sedisvakanz des Heiligen Stuhls. Ich verspreche überdies dem Herrn Kommandanten und meinen übrigen Vorgesetzten Achtung, Treue und Gehorsam. Ich schwöre, alles das zu beobachten, was die Ehre meines Standes von mir verlangt.« Jeder Soldat umfasst dann mit der linken Hand die waagerecht gehaltene Fahne der Garde und schwört mit erhobener rechter Hand, bei der drei Finger gespreizt sind (was unter anderem Trinität symbolisiert), und bestätigt den Eid in seiner Muttersprache (deutsch, französisch, italienisch, rätoromanisch): »Ich [Dienstgrad und Name des Gardisten], schwöre, alles das, was mir soeben vorgelesen wurde, gewissenhaft und treu zu halten, so wahr mir Gott und seine Heiligen helfen.« Die Schutzpatrone, die angerufen werden, sind die Heiligen Martin, Sebastian und Nikolaus von Flüe. Der heilige Martin (auch Schutzpatron des italienischen Heeres) wegen seiner berühmten Großzügigkeit und Selbstlosigkeit (als Soldat teilte er seinen Mantel mit einem halbnackten Bettler). Der heilige Sebastian erlitt als Offizier des kaiserlichen Heeres das Martyrium, weil er Christ war: Nikolaus von Flüe, Einsiedler und Asket, ist der Nationalheilige der Schweiz.

Die Schweizergarden sind bekannt für ihre Loyalität, aber vor einiger Zeit gab es doch einmal so etwas wie einen Aufruhr. Im Jahr 2007 verbot der damalige Kommandant Elmar Theodor Mäder den jungen Soldaten des Papstes, Feste und Maskenbälle zum Jahresende zu besuchen. Dabei ging er sogar so weit, einige Weinflaschen zu konfiszieren, die sie als Weihnachtsgeschenk erhalten hatten. Zwar drang kein offizieller Bericht darüber aus den heiligen Palästen nach außen. Dennoch erfuhr man von dem erheblichen Unmut der Soldaten gegenüber ihrem Hauptmann und von internen Spannungen, die sogar eine drohende Klage rechtfertigten, hatte sich Mäder doch übertrieben autoritär verhalten.

So erfuhr man, die »Nulltoleranz« des Hauptmanns, der aus dem Kanton Sankt Gallen stammte, sei dadurch entstanden, dass er eine gewisse Laschheit im Kasernenleben festgestellt hatte, die sich unter dem äußeren Anschein der Disziplin verborgen habe: Unter anderem war die Rede von Soldaten, die dabei überrascht worden seien, wie sie sich in Badehose sonnten. Jedenfalls wurde Mäder im Jahr 2008, angeblich wegen Unstimmigkeiten mit dem Staatssekretariat, nach sechs Dienstjahren abgelöst.

Die Schweizergardisten haben den Auftrag, an den Eingängen zum Apostolischen Palast, im Damasushof, im Belvederehof, in den verschiedenen Loggien, in der Sala Regia, vor den Ämtern des Staatssekretariats und vor der Privatwohnung des Papstes Wache zu halten.

Im 1. Artikel des Reglements heißt es: »Die päpstliche Schweizergarde ist ein Regiment, das aus Schweizer Bürgern besteht. Ihre Hauptaufgabe besteht darin, ständig über die Sicherheit des Pontifex Maximus und seiner Residenz zu wachen.« Außerdem müssen die Schweizer mit ihren Renaissance-Uniformen in leuchtendem Blau-Gelb-Rot, den Farben der Medici (dass Michelangelo sie entworfen hätte, ist eine Legende), auch an den äußeren Eingängen des Vatikans Wache stehen.

Die Schweizergarde ist immer mit einer kleinen Abteilung zur Stelle, wenn der Papst auf Reisen oder mit religiösen Zeremonien, liturgischen Feiern, Audienzen und Besuchen von Botschaftern, Ministern, Staats- und Regierungschefs befasst ist. Dennoch ist sie nicht die einzige bewaffnete Einheit, die im Vatikan ihren Dienst tut.

Durch die Reform, die Paul VI. im Jahr 1970 verfügte, wurden die Nobelgarde (heute Ehrengarde), die Palatingarde und die Päpstliche Gendarmerie aufgelöst. Ein Aufsichtsamt für Öffentliche Sicherheit »Vatikan« wurde eingerichtet mit dem Auftrag, dafür zu sorgen, dass die Gesetze und die Ordnung im Staat eingehalten werden, also mit allen kriminalpolizeilichen Funktionen. Im Jahr 2002 wurde es in Gendarmeriekorps der Vatikanstadt umbenannt, und seitdem leitet es auch die Sicherheitsdienste und den Zivilschutz. Die aus 130 Mann bestehende Gendarmerie übernimmt alle Aufgaben einer Staats-, Justiz- und Verkehrspolizei, während die Schweizergardisten eine regelrechte kleine Armee bilden.

Die Gendarmen waren ursprünglich unbewaffnet, heute tragen sie eine Pistole vom Kaliber 7.65, und man erkennt sie an den blauen Uniformen. Nicht zuständig sind sie allerdings für den Betrieb der Metalldetektoren unter den Berninischen Kolonnaden. Dafür sorgen italienische Polizeibeamte und Carabinieri.

Seit einiger Zeit hat die Gendarmerie auch Aufgaben im Bereich Antiterror übernommen, und seit 2008 ist sie Mitglied der internationalen kriminalpolizeilichen Organisation Interpol.

In die Gendarmerie können italienische Staatsangehörige

im Alter zwischen 20 und 25 und einer Mindestkörpergröße von 1,68 m aufgenommen werden. Sie müssen außerdem ein Abschlusszeugnis der höheren Mittelschule vorweisen, unverheiratet und praktizierende Katholiken sein – für die letztere Bedingung müssen sie eine schriftliche Bestätigung des örtlichen Pfarrers vorlegen. Nach einer Eignungsprüfung und einer Probezeit von zwei Jahren sind sie Festangestellte beim Vatikan.

Brennpunkt aller Aktivitäten der vatikanischen Gendarmerie ist die Überwachungszentrale. An sie wenden sich alle Diensthabenden, und dort sind auch die Monitore installiert, die die Bilder von zahllosen Telekameras liefern, die überall im Vatikan postiert sind. Wirklich jeder, der diesen Staat betritt, wird von irgendeinem Objektiv erwischt, jede verdächtig erscheinende Bewegung aufmerksam überprüft.

Wenn der Papst gegen Abend zu seinem täglichen Spaziergang in den Vatikanischen Gärten aufbrechen wollte, spähten Dutzende Kameras, die zwischen den Bäumen versteckt sind, vorsorglich in jeden Winkel. Sobald er aber seinen Spaziergang begonnen hatte, wurden sie abgeschaltet: Jetzt hatte die Privatsphäre absoluten Vorrang. Aus demselben Grund näherte sich auch kein Gendarm dem Pontifex – denn abgesehen von Sicherheit garantiert die Gendarmerie auch Diskretion. Der beste Gendarm ist der, der unsichtbar bleibt.

Trotz aller Kontrollen konnten einige unangenehme Vorfälle nicht verhindert werden, so zum Beispiel die versuchte Attacke auf Benedikt XVI. in der Osternacht 2009. Bei seinem feierlichen Einzug in den Petersdom übersprang eine Frau aus der Schweiz die Absperrung, fiel dicht beim Papst zu Boden, brachte auch ihn zu Fall und mit ihm den betagten Kardinal Roger Etchegaray, der mit einem Oberschenkelbruch ins Krankenhaus gebracht werden musste. Abgesehen vom Schreck trug der Papst damals zwar keinen Schaden davon. Aber im

Vatikan löste der Vorfall dennoch beträchtliche Verwirrung aus, zumal dieselbe Frau im Jahr zuvor einen vergleichbaren Angriff ebenfalls zu Beginn der Messe in der Osternacht unternommen hatte.

Wie können solche Vorfälle verhindert werden? Nach der Episode von 2009 wurde beschlossen, den Freiraum zwischen dem Papst und den Gläubigen, die sich im Mittelschiff des Petersdoms drängen, zu vergrößern und Gendarmen in Zivil in der Nähe des Papstes zu postieren. Doch ungeachtet verschiedener Vorsichtsmaßnahmen und Kontrollen ist es unmöglich, dem Oberhaupt der katholischen Kirche vollkommene Sicherheit zu gewährleisten. Zu seinem hohen Amt gehört eben auch der ständige Kontakt mit den Gläubigen und mit großen Menschenmengen, ja ohne diesen Kontakt wäre es schlechterdings nicht vorstellbar. Der Papst kann sich nicht panzern. Also muss man ein kalkuliertes Risiko eingehen.

Im Übrigen ist ja bekannt, dass die Päpste weiterhin regelmäßig Audienzen und Zeremonien auf dem Petersplatz abhalten – auch nach dem 13. Mai 1981, als Johannes Paul II. gleich zu Beginn einer Generalaudienz, bei der er in einem offenen Jeep über den Platz fuhr, von einer Pistolenkugel des Attentäters Ali Ağca getroffen wurde. Die Stelle auf dem Platz, an der der Mordversuch geschah, ist heute durch einen kleinen weißen Gedenkstein aus Marmor gekennzeichnet, mit dem Wappen des polnischen Papstes und dem Datum in römischen Zahlen: XIII V MCMLXXXI.

Seitdem ist der Ablauf der Generalaudienzen fast unverändert geblieben, auch wenn mehr Gendarmen in Zivil rund um das Gefährt des Papstes und unter der Menschenmenge im Einsatz sind. Aber eine kugelsichere Weste unter der weißen Soutane wollten weder Johannes Paul II. noch sein Nachfolger Benedikt XVI. jemals tragen.

Wie bereits angemerkt, trägt auch die italienische Polizei zur Sicherheit des Vatikans bei. Gemäß den Lateranverträgen patrouillieren italienische Beamte täglich auf dem Petersplatz von der Grenze bis zum Vorplatz des Petersdoms. Außerdem gibt es vielfältige Formen der Zusammenarbeit zwischen den Sicherheitsdiensten beider Staaten. Wenn auf dem Petersplatz eine Straftat begangen wird, schreitet die italienische Polizei ein; wenn dies innerhalb der Mauern geschieht, ist die Gendarmerie zuständig, aber sie überstellt den Täter meist den italienischen Behörden.

So wie die Beziehungen unter nahen Verwandten oft nicht eben harmonisch sind, ist es auch schon vorgekommen, dass zwischen den Schweizergardisten und der vatikanischen Gendarmerie Spannungen auftraten, insbesondere, als nach dem Tod Johannes Pauls II. und vor der Wahl Benedikts XVI. der oben schon erwähnte Hauptmann der Schweizergarde eine Petition verfasste, um den Vorrang seiner kleinen Armee vor den Gendarmen zu erhalten. Die Schweizer fühlten sich aufgrund ihrer zumeist repräsentativen, fast ausschließlich folkloristischen Rolle herabgesetzt. Daher der Antrag, als echtes Wachbataillon eingestuft zu werden.

Eine Erweiterung der Zuständigkeiten für die Schweizergarde hat es bisher dennoch nicht gegeben – im Gegenteil, musste sie doch schon vorher einmal um ihr Image bangen, als sich am 4. Mai 1998 eine Tragödie ereignete: ein dreifaches Verbrechen, dem der Kommandant Alois Estermann, seine Ehefrau Gladys Meza Romero und der Vizekorporal Cédric Tornay zum Opfer fielen. Von diesem Ereignis wird weiter unten im Kapitel über die dunklen Seiten des Vatikans noch die Rede sein.

In jedem Fall war es nicht die erste Bluttat, in die Schweizergardisten verwickelt waren. Im Jahr 1959 geschah schon einmal etwas, das sich mit der Tragödie von 1998 vergleichen lässt. Gardekommandant Robert Nünlist wurde durch vier Pistolenschüsse verletzt, die Korporal Adolf Ruckert auf ihn abgefeuert hatte. Anschließend versuchte Ruckert, sich selbst zu erschießen, was ihm nicht gelang, da die Schusswaffe blockiert war.

In Sachen Sicherheit ist schließlich noch die Feuerwehr zu erwähnen *(Vigili del Fuoco)*, deren Korps seit 1810 existiert, aber nach 1870 drastisch verkleinert wurde, als man ihren Kompetenzbereich auf das kleine Gebiet des Vatikanstaates reduzierte.

Gerade in diesem Jahr, 1870, veranstalteten die Feuerwehrleute des Papstes im Belvederehof eine ausgedehnte Übung, bei der sie zum ersten Mal eine Feuerwehrleiter verwendeten, genannt *scala Porta* (nach dem Namen des Erfinders) – eine einziehbare Leiter, die aus einer Reihe von übereinander gelagerten Elementen, die man mit Seilen, die von einer Winde betrieben wurden, auseinanderziehen und so eine beachtliche Höhe erreichen konnte.

Entsprechend ihrer Aufgabe sind die vatikanischen Feuerwehrleute in zwei Schichten aufgeteilt und garantieren damit einen Dienst rund um die Uhr. Allerdings sind sie nicht nur damit betraut, Brände zu löschen. Zu ihren täglichen Pflichten gehört auch der Kontrollgang durch den Petersdom, den sie an der Seite der Gendarmen nach dem Ende der Besichtigungszeit absolvieren. Um festzustellen, dass niemand zurückgeblieben ist, und um selbst die entferntesten Winkel in Augenschein zu nehmen, verwenden die Feuerwehrleute ihre Leitern, die eine Höhe von bis zu dreißig Metern erreichen.

In ihrer Kaserne zum Belvederehof hin sind auch alle Feuermelder für die verschiedenen Bereiche des Vatikans installiert: Petersdom, Vatikanische Museen, Geheimarchiv, Apostolische Bibliothek, Päpstliche Galerien, Briefmarkenmuseum (im Bahnhof), Große Audienzhalle.

SANPIETRINI – HANDWERK UND HINGABE   Nachdem Papst Julius II. im Jahr 1506 den Bau der neuen Basilika Sankt Peter beschlossen hatte, vergingen über 178 Jahre und 28 Pontifikate bis zu deren Fertigstellung. Es war ein gigantisches Unternehmen, das nicht nur das Aussehen der Basilika, sondern auch das des gesamten Vatikans und des umliegenden Gebiets vollkommen veränderte.

Bekanntlich intensivierte der Papst aufgrund der Notwendigkeit, die nötigen Geldmittel für den Bau der Basilika aufzutreiben, die unglückselige Politik des Ablasshandels (»Du willst deine zeitliche Strafe im Fegefeuer verkürzen? Dann zahle!«). Und auch wenn der Mönch und Theologe Martin Luther aus Wittenberg dies als großes Unheil anprangerte, war der römische Pontifex doch offensichtlich überzeugt, dass sich der Einsatz lohnte.

Clemens VII. berief im Jahr 1523 eine ständige Kommission aus 60 Fachleuten mit dem Auftrag ein, sich mit dem Bauplan zu befassen und die Bauteile instand zu halten. Etwa 60 Jahre danach unterstellte Sixtus V. die Kommission dem Kardinalerzpriester der Basilika, und sein Nachfolger Clemens VIII. begründete ein spezielles Kollegium mit dem Namen *Congregazione della Reverenda Fabbrica* (etwa: Dombauhütte, Bauaufsichtsbehörde). Jahrhundertelang vereinigte die Kongregation, auch durch die Arbeit ihrer Vertreter in allen Territorien des Kirchenstaats, die Kompetenzen auf sich, bis sie 1908 unter dem Pontifikat Pius' X. zunächst nur noch die Verwaltung der *Fabbrica* innehatte und schließlich, durch die Kurienreform von 1967, ganz abgeschafft wurde. Die *Fabbrica* blieb als Verwaltungsbehörde erhalten. 1988 teilte ihr Johannes Paul II. alle Aufgaben bezüglich Erhalt und Dekor der Basilika sowie des Wohlverhaltens der Besucher zu.

In der 500-jährigen Geschichte haben ganze Heerscharen von Maurern, Tischlern, Schmieden, Stuckateuren, Anstreichern, Installateuren, Elektrikern, Marmorschleifern, Dekorateuren und anderen spezialisierten Handwerkern für die *Fabbrica* gearbeitet und tun es auch heute noch. In Rom sind sie bekannt als die *Sanpietrini*, und der Name verrät schon, wie die Anstellung sie dahin brachte, sich vollständig mit der Basilika, für die sie arbeiten, zu identifizieren. Sie sind es ja auch, die diesen Bau am Leben erhalten, und man kann mit Recht sagen, dass hinter jedem Quadratzentimeter dieses Riesenwerks die Hingabe dieser namenlosen, aber fachkundigen Arbeiter steckt. Der Petersdom ist wie ein lebendiger Organismus, der ständiger Pflege bedarf.

Die *Sanpietrini* als anerkannte Handwerkergruppe entstanden im 18. Jahrhundert durch die Arbeit des einfachen Handlangers Nicola Zabaglia, der aber mit einer ganz speziellen Erfindungsgabe gesegnet war: Er dachte sich immer kühnere Arbeitsmethoden, Maschinen und Gerüste aus. In dieser Epoche waren die Handwerker der *Fabbrica* von dem Leitspruch getragen, dass durch die Arbeit das Gemeinschaftsgefühl wächst.

Man kann sich nicht vorstellen, wie viel Mühe es kostet, einen so riesigen, kostbaren Ort instand zu halten, der häufig auch als Schauplatz bedeutender Zeremonien genutzt wird. Die technischen Aufgaben verlangen hohe Präzision und gleichzeitig Kreativität und Mut, auch weil die Arbeiter, um in bestimmte Höhen hinaufzugelangen, akrobatische Fähigkeiten entwickeln müssen. Das Läuten der Glocken und Kontrollieren der Uhren, das Aufstellen der Statuen zur Gestaltung der Altäre, der Transport von Kerzenleuchtern und liturgischen Geräten, das Anordnen der riesigen Teppiche und des Schmucks – die *Sanpietrini* sind immer in Bewegung. Sie sind die Ersten, die den Petersdom betreten, noch bevor die Besucher eintreffen, und die Letzten, die ihn am Abend verlassen, nachdem sie ihn zusammen mit der Gendarmerie von oben bis unten inspiziert haben: von der Kuppel bis zu den vatikanischen Grotten. Außerdem müssen sie sich um die Ausstattung des Petersplatzes kümmern, wenn Zelebrationen unter freiem Himmel inmitten von üppigem Blumen- und Zierpflanzenschmuck stattfinden sollen. Außer den *Sanpietrini* werden auch Fachleute und Spezialisten aus dem Ausland zur Mitarbeit herangezogen, insbesondere bei ganz heiklen Restaurierungsarbeiten.

Im Auftrag des *Ufficio Scavi* (Amt für die Vatikanischen Grotten) leitet und organisiert die *Fabbrica* auch geführte Besichtigungen der römischen Nekropole unter dem Hauptschiff des Petersdoms. Durchschnittlich 200 Personen am Tag, in Gruppen eingeteilt und von einem Guide begleitet, laufen über den antiken Pfad vom Vatikanhügel bis zum Petrusgrab, und noch einmal 1000 Besucher fahren zur Kuppel hinauf.

Die historischen Stationen der Basilika sind im Archiv der Bauhütte von Sankt Peter dokumentiert, wo sich auch die Signaturen berühmter Künstler und Architekten finden. Neben den Entwürfen, Projekten und Dokumenten eines Sangallo, Michelangelo, Maderno, Bernini oder Vanvitelli finden sich hier auch die zahlloser anderer, deren Namen heute vergessen sind. Doch auch sie haben ihr Leben der Erhaltung des größten Tempels der Christenheit gewidmet. Rund 9000 Dokumente lagern in den 100 Schränken des Archivs. Das Personal ist damit befasst, das Material zu untersuchen, zu katalogisieren und zu erhalten. Es muss immer zunächst eine Prüfung erfolgen, bevor ein Baudenkmal oder Kunstwerk restauriert werden kann. Darüber hinaus nimmt die *Fabbrica* Wissenschaftler aus aller Welt auf, die immer wieder anfragen, ob sie für ihre Forschungen Zugang zu den Dokumenten erhalten. An die *Fabbrica* ist die Vatikanische Mosaikwerkstatt angeschlossen, die auf die zweite Hälfte des 16. Jahrhunderts zurückgeht, als Gregor XIII. anregte, den Bau mit Mosaiken auszuschmücken. Heute hat sie die Aufgabe, die Mosaiken zu erhalten und zu restaurieren, aber auch neue Mosaiken für Kirchen an anderen Orten anzufertigen.

In der *Fabbrica* sind rund 120 Angestellte beschäftigt, die eng mit den anderen vatikanischen Dikasterien und Ämtern zusammenarbeiten wie etwa dem Amt für die liturgischen Feiern des Papstes, da die Basilika immer vorbereitet sein muss, um Gläubige und Pilger aufzunehmen. Ein besonderes Kapitel in der Geschichte der *Sanpietrini* nimmt das Zweite Vatikanische Konzil ein, das Johannes XXIII. am 11. Oktober 1962 eröffnet hat. Damals wurde der Petersdom in einen gigantischen Hörsaal (130 Meter lang und 23 Meter breit) mit insgesamt 2600 Plätzen für die Vollversammlung der Bischöfe umgewandelt. Der Papst hatte sie aus aller Welt zur größten beratenden Versammlung der gesamten Geschichte der katholischen Kirche zusammengerufen. An den Vorbereitungsarbeiten, die fünf Monate dauerten, beteiligten sich auch 200 Facharbeiter. Die ansteigenden Sitzreihen wurden als Metallkonstruktion bei den Pfeilern des Hauptschiffs aufgestellt, mit Stahlstreben und einem Fußboden aus Holz mit Gummibelag. Jeder Sitz war wie ein Arbeitsplatz gestaltet, auf dem der Bischof Dokumente einsehen und auf einer hochklappbaren Konsole schreiben konnte. Für größere Helligkeit sorgten 40 leistungsstarke Lampen, die das Licht gleichmäßig verteilten, sodass es keinerlei dunkle Bereiche gab. Da es damals noch keinen digitalen Informationsaustausch gab, wurde eine Telefonzentrale geschaltet, die unabhängig vom äußeren Telefonnetz funktionierte. Die Telefone waren an den Seiten und am Ende der Tribünen angebracht und erlaubten direkten Kontakt zwischen dem Tisch des Vorsitzenden vor dem Hauptaltar und dem Konzilsvater, der jeweils für seine Mitteilungen aufgerufen wurde.

Da es in den vorangegangenen Konzilien immer akustische

Probleme gegeben hatte, die so gravierend waren, dass vieles nicht verstanden oder missverstanden wurde, verwendete man dieses Mal besondere Sorgfalt darauf, die Lautsprecher so aufzustellen, dass die Stimme des Redners überall in der Versammlung gleich laut zu hören war. Vier Aufnahmegeräte liefen gleichzeitig, dazu ein fünftes in Reserve, das man in Betrieb nehmen konnte, falls es eine Störung bei den übrigen gab.

Da an den Kongregationen nur die Konzilsväter und ihre Sekretäre teilnehmen konnten und diese vollständig von der Außenwelt abgeschnitten waren, mussten Waschgelegenheiten, Ruheräume, eine Erste-Hilfe-Station und ein Büro für Fundsachen eingerichtet werden, das alles mögliche aufbewahrte: Breviers, Messbücher, Geldbörsen, Mappen, Birette, Mitren und schließlich sogar einen Bischofsring.

Als das Konzil im Jahr 1965 zu Ende gegangen war, arbeiteten die *Sanpietrini* zwei Monate lang, um die Tribünen wieder abzubauen und der Basilika wieder den gewohnten Anblick zu verschaffen.

DER SPORT   Auch im Vatikan ist der Sport beliebt. Nur für Benedikt XVI. traf dies nicht zu, hat er doch selbst zugegeben, immer ein »Stubenhocker« gewesen zu sein. Andere Päpste freilich, allen voran Johannes Paul II., der in seinen jungen Jahren Fußballer, Kanufahrer und Bergsteiger gewesen war, konnte man durchaus als sportlich bezeichnen.

Pius XI. (Achille Ratti) war ein erfahrener Alpinist, dem es 1890 gelungen war, eine neue Route auf den Montblanc zu finden, den Monte Rosa und das Matterhorn zu besteigen. Sein Nachfolger Pius XII. wurde »Papst der Sportler« genannt. Berühmt war seine Freundschaft mit dem frommen Katholiken Gino Bartali, der dem Papst das gelbe Siegertrikot der Tour de France von 1948 schenkte.

Von diesem Papst stammt auch die Idee, die Madonna del Ghisallo (damals Zielort des Giro d'Italia) zur Schutzpatronin der Fahrradfahrer zu erklären. Außerdem gab er am 9. Oktober 1955 eine Audienz auf dem Petersplatz für das italienische Sportzentrum, eine katholische Organisation, die bei dieser Gelegenheit dort eine Partie Basketball bot, vor den Augen des Papstes, der mit sichtlichem Vergnügen das Spiel verfolgte.

Wie Pius XII. liebte auch Johannes XXIII. das Fahrradfahren, und auch er war ein Fan von Bartali, den er eines Tages bat, es ihm beizubringen, damit er auf den Wegen der Vatikanischen Gärten auch Fahrrad fahren konnte. Paul VI. schließlich gab das Startsignal für den Giro d'Italia vom Vatikan aus. Im Damasushof senkte er am 16. Mai 1974 die Flagge zur ersten Etappe.

In den siebziger Jahren hielt Tennis Einzug im Vatikan, mit einem Turnier auf einem Platz in den Vatikanischen Gärten. An den Spielen mit dem nicht sonderlich fantasievollen Namen »Turnier der Freundschaft« konnten sowohl Laien als auch Geistliche teilnehmen. Sieger der ersten Runde im Jahr 1978 war der Leiter des Musikprogramms von Radio Vatikan, Gian Battista Ghislandi.

Das Einzelturnier zog sich einige Saisons hin. Schließlich ging man zum Mannschaftsspiel über: Aus den 48 Spielern wurden Zwölfergruppen gebildet. Man erinnert sich noch gern an die hoch spannenden Kämpfe zwischen dem technischen Personal, dem *Osservatore Romano* und dem Staatssekretariat. In den neunziger Jahren kam dann die Krise und das Aus für die Spiele – der Grund: Es gab zu wenige Teilnehmer. Im Jahr 2008 jedoch lebte das Turnier dank einer Initiative des Personals der Vatikanischen Museen wieder auf, auch wenn es lange nicht mehr so viel Aufmerksamkeit erregte.

Absoluter Höhepunkt ist heute natürlich der Fußball mit seinem *Clericus Cup*, einer ganz eigenen Meisterschaft, um die seit einigen Jahren verschiedene Mannschaften aus Seminaristen und Priestern antreten, die in den Collegien, in der Päpstlichen Universität, in den Seminaren und in den Konvikten eingeschrieben sind. Es gibt 16 Gruppen und die Regeln sind dieselben wie in jedem anderen Fußballspiel, mit minimalen Abwandlungen: Die Halbzeit zum Beispiel dauert nicht 45, sondern nur 30 Minuten, und es dürfen fünf Spieler ausgewechselt werden, nicht nur drei. Außerdem haben die Trainer die Möglichkeit, um ein Timeout zu bitten, wie beim Basketball.

Von den Seminaristen und den Geistlichen dürfte man ein absolut korrektes Verhalten erwarten, aber im Eifer des Gefechts verlieren auch Heilige den Kopf. Deshalb können Schiedsrichter während des Spiels die gelbe Karte (Ermahnung), die rote Karte (Platzverweis), oder auch die blaue Karte (vorübergehender Ausschluss) zeigen.

Die strengen Spielregeln sind überall gleich. Gemäß den Vorschriften zur Disziplin beim Turnier sind insbesondere grobe Fouls, Trikotziehen und ähnliches unsportliches Verhalten verboten. Außerdem ist es »Vorschrift, Schienbeinschützer zu tragen«.

Und hier die Ehrenliste: Im Jahr 2007 siegte das Seminar Redemptoris Mater, das sich auch 2010 an die Spitze spielen konnte; in den Jahren 2008 und 2009 ging der Titel dagegen an Mater Ecclesiae, während sich die Gregoriana im Jahr 2011 durchsetzen konnte, mit einem Überraschungssieg im Finale über das Angelicum, das als Favorit ins Rennen gegangen war, weil es ziemlich viele Südamerikaner aufgestellt hatte, darunter einen gewissen Javier Ibarra, genannt »Padre Rooney«, wegen der unglaublichen Ähnlichkeit mit dem Spitzenspieler von Manchester United.

IN DEN HÄUSERN DES PAPSTES

PÄPSTLICHE UMZÜGE   Die offizielle Residenz des Papstes im Vatikan befindet sich im Apostolischen Palast, der aber auch das Staatssekretariat, die Wohnungen des Kardinalstaatssekretärs und des erzbischöflichen Substituten, die Präfektur des Päpstlichen Hauses und das Amt für die liturgischen Zelebrationen des Summus Pontifex beherbergt. Hinzu kommen unendlich viele Säle (Prunkräume), einer kostbarer als der andere (darunter die Sala Regia, die Sala Clementina, die Sala del Consistorio), und die Loggien, die Raffael ausgemalt hat.

Weitere offizielle Residenzen des Papstes sind der Lateranpalast und der Palast in Castel Gandolfo. Der Lateranpalast wird nicht mehr genutzt, und Castel Gandolfo (im Vatikan auch »Castello« genannt) ist die Sommerresidenz des Papstes, die er auch für Phasen der Ruhe und Erholung bezieht.

Im Laufe der Jahrhunderte haben die Päpste immer wieder ihren Amtssitz gewechselt. Je nach den historischen Entwicklungen und dem persönlichen Geschmack gaben sie dem einen oder anderen Ort innerhalb oder außerhalb des Vatikans den Vorzug. Nach dem 20. September 1870, als die italienischen Bersaglieri in Rom einrückten, musste Pius IX. den Quirinalspalast (seit 1585 päpstlicher Sommersitz) aufgeben und sich in den Apostolischen Palast im Vatikan zurückziehen, einen Komplex aus Gebäuden, die bis auf das 12. Jahrhundert zurückgehen. Er entschied sich, im ersten Stockwerk in einigen schlichten Räumen zu leben, während die Repräsentationsräume damals im zweiten Stockwerk lagen. Sein Nachfolger Leo XIII. beschloss, eine Wohnung zu nehmen, die auf die Vatikanischen Gärten hinausging; Pius X. wiederum kehrte im Jahr 1903 in den Apostolischen Palast zurück, aber nicht in den ersten Stock. Er tauschte die Räumlichkeiten mit dem Staatssekretär im dritten Stock, und seitdem residierten alle nachfolgenden Päpste dort.

Wenn man vom Petersplatz aus zur Fassade des Apostolischen Palasts hinaufblickt, erkennt man das zweite Fenster von rechts im dritten Stock. Von diesem Fenster aus, das zum privaten Arbeitszimmer des Papstes gehört, wendet sich dieser an jedem Sonntag um 12 Uhr an die versammelten Gläubigen auf dem Petersplatz, um das Angelus zu beten. Das Schlafzimmer befindet sich rechts daneben an der Ecke; an der Ostseite schließen sich das Bad, die zahnärztliche Praxis und der Speisesaal an, an der Nordseite der Ankleideraum.

Pius X. war anspruchslos: Die Einrichtung war schlicht, an den Wänden hing eine Blümchentapete. Damals hatte niemand Zutritt zum Wohnbereich des Papstes, mit Ausnahme ganz weniger Vertrauter, und das hat sich unter seinen Nachfolgern auch nicht geändert. Unter dem Pontifikat Pius' XII. wurde der Papst noch unzugänglicher, die päpstliche Wohnung aber umso prunkvoller: An die Stelle der alten Tapete traten Damastbespannungen und Vorhänge. Ein Raum wurde für die sportliche Betätigung bestimmt und mit allen erforderlichen Geräten ausgestattet, in einem weiteren wurde die Zahnarztpraxis eingerichtet und in einem dritten ein Projektor für Filmvorführungen aufgestellt.

Johannes XXIII. unterschied sich in jeder Hinsicht von seinem hierarchisch denkenden Vorgänger. Er kümmerte sich nicht um die Unterkunft und beließ sie so, wie er sie vorfand. Nur ein paar Fotos von seiner bäuerlichen Familie in Bergamo fügte er hinzu. Paul VI. dagegen nahm wieder Veränderungen vor: Die Wände wurden in gedeckten Farben gestrichen, die vergoldeten Rahmen der Bilder mit dunklen Samtstreifen geschützt. Das Mobiliar wurde zwar durch einige Kunstwerke bereichert, bot aber im Großen und Ganzen einen eher tristen Anblick.

Damals wurden die Päpste, wenn sie krank wurden, nicht in eine Klinik gebracht. Als sich Paul VI. im Jahr 1967 einer Prostata-Operation unterziehen musste, wurde ein Raum innerhalb des Hauses zum Operationssaal.

Johannes Paul I., dessen Pontifikat nur einen Monat dauerte, hatte keine Zeit, Veränderungen vorzunehmen, und Johannes Paul II. hat sich nie darum gekümmert. Sämtliche Anlagen im Palast waren alt und alles andere als leistungsfähig: Durch ein Loch im Dach drang sogar Wasser ein.

Benedikt XVI. wohnte, als er noch Kardinal war, ein paar Schritte von der Porta Sant'Anna entfernt an der Piazza Città Leonina. Nachdem er zum Papst gewählt wurde, verfügte er, im Palast alles in Ordnung zu bringen. Ein deutscher Fabrikant spendete eine neue, hochmoderne, elegante Küche. Die alten Wasserleitungen waren verrostet – sie wurden ersetzt. Die elektrische Installation wurde erneuert und der Norm angepasst, das Dach repariert, die Wände in leuchtenden Farben gestrichen, die Fußböden geschliffen und poliert. Und danach ließ sich der Papst einen großen Teil seiner geliebten Bücher in seine erneuerte Residenz schicken.

EINE WIRKLICH EXKLUSIVE WOHNUNG   Wie gelangt man nun zur Wohnung des Papstes hinauf? Wenn man durch das Gittertor von Sant'Anna hereinkommt, erreicht man den Belvederehof, durchquert eine gedeckte Passage, »Grottone« genannt, anschließend den Borgiahof und landet schließlich im Damasushof; von dort geht man hinüber zum kleinen Hof

Sixtus V. und findet sich vor einem engen Aufzug wieder, der in die oberen Stockwerke des Palastes führt. Im zweiten Stockwerk steht man dann in einem langen, lichtdurchfluteten Korridor mit Glasdach. Das ist die zweite Loggia: Hier gibt der Papst Audienzen für Gäste, und dort ist auch das Staatssekretariat untergebracht.

Außer für wenige wichtige Mitarbeiter des Papstes ist das nächstfolgende Stockwerk, die dritte Loggia, absolut *off-limits*. Auch hier muss man mit dem Aufzug nach oben, aber nun mit zwei Schlüsseln: der eine für die Aufzugtür und der andere, um den Aufzug in Bewegung zu setzen.

Außer dem Papst gingen in diesen Räumen zwei Sekretäre ein und aus. Für Benedikt XVI. arbeiteten der allseits bekannte Georg Gänswein und der Malteser Alfred Xuereb. Um die Küche und alle anderen Belange des Haushalts kümmerten sich vier Laienschwestern. Aber diese Personen wohnten nicht im päpstlichen Apartment, sondern in einigen Kammern, die man in dem riesigen Dachboden zwischen dem dritten Stock und dem Dach abgeteilt hatte.

Im Gegensatz zu Johannes Paul II., der gern zahlreiche Gäste zum Mittag- und Abendessen einlud und sich über alles Mögliche mit ihnen unterhielt, führte Benedikt XVI. ein eher zurückgezogenes Leben. In die Papstwohnung kehrten mehr Stille und Schweigen ein.

PÄPSTLICHES MOBILIAR Der Papst kann seine privaten Räumlichkeiten so ausstatten, wie er will. Beschließt er jedoch, sich dem Vatikan anzuvertrauen, hat er die Qual der Wahl, denn es stehen unzählige Möbelstücke zur Verfügung. Traditionell ist hierfür die Apostolische Floreria zuständig – der alte Name verweist also nur auf einen kleinen Teil des Verantwortungsbereichs dieses Amtes, das sich heutzutage mit allen nichtliturgischen Einrichtungsgegenständen und mit der Vorbereitung von Räumen für ganz unterschiedliche Anlässe befasst.

Die Floreria untersteht dem Governorat. Sie stellt Stühle, Sessel, Tische und andere Möbel bereit, ist zuständig für den Auf- und Abbau von Tribünen für Gottesdienste und Transporte. In ihren Werkstätten arbeiten Tapezierer, Tischler, Vergolder und Näher. Der Papst kann also für seine Wohnung ihre Dienste in Anspruch nehmen, ebenso wie die Kardinäle.

Da die Mitglieder der Kurie und der übrigen Ämter und Dikasterien aus allen Teilen der Welt stammen und dementsprechend sehr unterschiedliche Geschmacksvorstellungen haben, muss die Floreria auf die disparatesten Wünsche eingehen. Einige Monsignori, die schon wissen, dass sie nur für wenige Jahre im Vatikan bleiben, begnügen sich mit sparsamem Mobiliar; andere dagegen möchten eine komplette Einrichtung, auch mit wertvollen Repräsentationsgegenständen. Das Mobiliar wird von der Floreria leihweise zur Verfügung gestellt, Reparaturarbeiten an Holzteilen und an den Tapeten werden gegen Bezahlung ausgeführt.

In den Magazinen lagert alles, was man für eine Wohnungseinrichtung braucht, einschließlich Gemälden und Kronleuchtern. Früher musste man sich, um verschiedene Objekte zu finden, auf das Wissen und das Gedächtnis der Angestellten verlassen, heute aber, nach dem Einzug der elektronischen Medien, genügt es, im Computer zu recherchieren, und die Einrichter finden das Gesuchte sofort.

Unter den Einrichtungsgegenständen finden sich neben neuerem Hausrat auch antike Möbel, Kunstwerke und antiquarische Objekte, mit denen man ein ganzes Museum füllen könnte. Die Floreria kümmert sich darüber hinaus auch um Throne und Thronsessel, die der Papst bei den Audienzen benutzt. Es gibt viele davon, und einige sind sehr alt.

Bis zum Konklave im Jahr 1978, bei dem Karol Wojtyła zum Papst gewählt wurde, befasste sich die Floreria auch mit der Einrichtung der provisorischen Unterkünfte für die wählenden Kardinäle. Sie mussten in unbequemer Enge und behelfsmäßigen Räumlichkeiten übernachten, die man in irgendwelchen Ecken des Apostolischen Palasts aufgetrieben hatte. Johannes Paul II. beendete diesen Missstand, den er nun selbst miterlebt hatte, indem er das Gästehaus Domus Sanctae Marthae bauen ließ – ein richtiges Hotel innerhalb des Vatikans. Mit seinen Suiten und den Einzelzimmern mit Bad kann es jederzeit Besucher aufnehmen.

Außer dem Mobiliar, das der Vatikan seit Jahrhunderten besitzt, wurden noch viele andere Objekte durch Vermächtnisse und Stiftungen erworben. Sehr selten muss man hier etwas Neues kaufen, auch weil der Platz in den Magazinen so knapp ist.

AUF DER FLUCHT   Trautes Heim, so sagt man. Aber für die Päpste war es das nicht immer. Für einige unter ihnen glich die Residenz im Vatikan viel eher einem Gefängnis, und wie so viele Gefangene haben sie auf vielerlei Arten versucht zu fliehen. In Rom erzählt man sich von den »kleinen Fluchten« des polnischen Papstes in die Stadt, vor allem in die Gassen des angrenzenden Viertels Borgo. Bestätigt aber wurden diese Geschichten nie. Sicher ist, dass die Kurie, konservativ von Berufs wegen, ungehalten reagierte. Kardinal Siri meinte: »Zum Regieren muss man am Schreibtisch sitzen!« Aber Johannes Paul II. hörte auf niemanden und regierte auf seine Weise. Er ließ sich nicht nur zu ausgedehnten Wanderungen in die Berge von Latium und in die Abruzzen begleiten; irgendwann sagte er auch, er wolle zum Skifahren gehen. Die Verwirrung seiner Mitarbeiter kann man sich vorstellen: Kein Papst hatte je einen vergleichbaren Wunsch geäußert, und die notwendigen organisatorischen Strukturen waren auch nicht vorhanden. Wie sollte man eine solche Reise bewerkstelligen? Wie sollte man für Sicherheit sorgen? Wie konnte man auf eine Skipiste gehen, ohne mit anderen Leuten in Kontakt zu kommen?

Im Juli 1984 war der Papst mit seiner Geduld am Ende. Er verabredete sich mit seinem Freund Sandro Pertini, damals Staatspräsident Italiens, und die Würfel waren gefallen: Treffpunkt Adamello. Im Skianzug konnte man den Papst für einen normalen Touristen halten, ein bisschen älter vielleicht, aber noch ziemlich fit. Die Abfahrt meisterte er nicht ganz perfekt, aber relativ entspannt. Der Präsident schaute ihm zu und sparte nicht mit Komplimenten: »Heiliger Vater, Sie fliegen wie eine Schwalbe.« Um Missverständnisse zu vermeiden, veröffentlichte dann der Vatikan selbst einige Fotos vom Papst auf Skiern. Tatsächlich war dieser päpstliche Ausflug eine bestens abgestimmte Aktion, hatte doch Kardinalstaatssekretär Agostino Casaroli hinter den Kulissen die Fäden gesponnen, indem er den Staatspräsidenten fragte, ob ihm der Sinn danach stünde, den Papst zu begleiten. Dies war insofern von Belang und Nutzen, da man dadurch die Präsidentenmaschine benutzen konnte, um so unbehelligt in die Alpen zu gelangen.

Dem Papst gefiel der Urlaub indes so gut, dass er in den folgenden Jahren beschloss, einige Sommerwochen im Aostatal oder im Cadore zu verbringen, womit er allerdings das ungeschriebene Gesetz unterlief, wonach der Papst gerade in Sachen Urlaub keine Wahl hatte: Castel Gandolfo oder Castel Gandolfo.

Abgesehen von den Sommerferien gab es, soweit man davon erfahren konnte, während seiner knapp siebenundzwanzigjährigen Amtszeit ungefähr 50 »kleine Fluchten« dieses Papstes. Meist zog er sich dafür seinen alten schwarzen Mantel an, setzte sich in ein unauffälliges Auto mit einem Chauffeur ohne Dienstuniform und hoffte, keiner werde es mitbekommen. Es gelang fast immer; nur einmal wurde er von einem kleinen Jungen erkannt, als er auf Skiern in einer Warteschlange am Skilift stand. Während dieser heimlichen Ausflüge machte sich der Sprecher des Vatikans Joaquín Navarro-Valls hauptsächlich Sorgen, der Papst könnte an der Mautstelle der Autobahn erkannt werden, wenn der Fahrer anhalten musste, um die Gebühr zu bezahlen – der Telepass war damals noch nicht erfunden. Der Ausflug konnte einen ganzen Tag dauern, in diesen Fällen hatte er das Mittagessen eingepackt, oder auch nur einen halben. Der Papst wanderte auch sehr gern und bewunderte dabei das Panorama. Und wenn er eine kurze Rast einlegte, las er in seinem Brevier.

Von Benedikt XVI. sind keine Inkognito-Ausflüge bekannt, außer für die sehr kurzen Besuche in seiner Kardinalswohnung gleich nach der Wahl, um seine Bücher und Niederschriften abzuholen. Vielmehr ging er gern in den Vatikanischen Gärten spazieren, im Winter in den frühen Nachmittagsstunden, im Sommer vor dem Abendessen. Ein Auto brachte ihn vom Cortile Sisto V in die Grünanlagen hinter dem Petersdom. In Begleitung des unentbehrlichen Georg Gänswein spazierte er gleichmäßigen Schritts, während die Gendarmen auf Abstand blieben, um ihn nicht zu stören. Zum Spaziergang gehörten, wie bereits angemerkt, auch das obligatorische kurze Gebet vor der Lourdes-Grotte und der Rosenkranz. Einen weiteren Halt legte der Papst vor der Kapelle der Madonna della Guardia ein; sie war ein Geschenk der Genuesen während des Pontifikats ihres Landsmannes Benedikt XV. Schnell war es aber wieder Zeit, zurückzukehren, in die dritte Loggia, in den goldenen Käfig des Souveräns.

LANDHAUS AM SEE

CASTEL GANDOLFO Der zweite Amtssitz neben dem Apostolischen Palast im Vatikan ist die sogenannte Sommerresidenz des Papstes in Castel Gandolfo. Dort besitzt der Heilige Stuhl ein exterritoriales Grundstück von 55 Hektar – es ist damit also größer als der gesamte Vatikan.

In diese Sommerresidenz begibt sich der Papst, um auszuruhen und sich von der römischen Hitze zu erholen. Das päpstliche Besitztum umfasst auch einen prachtvollen Park und ein kleines Bauerngut. In Castel Gandolfo arbeiten 56 Personen, teils um den Palast instand zu halten, teils im Bauerngut.

Castel Gandolfo wurde im Jahr 1596 erworben und entwickelte sich sehr bald zur Sommerfrische. Mit seiner Lage auf einer Anhöhe und dem Ausblick auf den Albaner See bietet es den idealen Erholungsort, obwohl es nur 25 km von Rom entfernt ist.

Einst stand hier ein römisches Landhaus, das Kaiser Domitian gehört hat und dessen Überreste man noch im Park bestaunen kann.

Als der Papst im Jahr 1870 alle seine Besitzungen verlor, wurde ihm zumindest Castel Gandolfo zugestanden, von dem Pius IX. allerdings keinen Gebrauch machte. So wurde der Bau einige Jahrzehnte lang sich selbst überlassen. Erst nach 1929, als die Lateranverträge geschlossen und die Römische Frage geklärt war, wurde der Palast restauriert. Pius XI. war der erste Papst der Moderne, der ihn benutzte, indem er auch über längere Zeit hier wohnte. Von dieser Residenz aus richtete der Papst am 29. September 1938 im Zusammenhang mit der Münchner Konferenz eine Rundfunkbotschaft an die ganze Welt, in der er sein eigenes Leben anbot, um einen zweiten Weltkrieg abzuwenden. Doch schon ein Jahr danach brach der Krieg mit dem deutschen Überfall auf Polen aus.

Mit Castel Gandolfo ist auch die Erinnerung an eine Hilfsaktion verbunden, die Pius XII. (Eugenio Pacelli) im Jahr 1944 verfügte, als die Alliierten in Anzio und Nettuno landeten. Er ließ die Tore der Residenz für Flüchtlinge öffnen und in seinen Räumen ungefähr 50 schwangere Frauen unterbringen. Einige Babys erblickten in diesen Tagen das Licht der Welt – und viele wurden auf die Namen Eugenio und Pio getauft.

DAS TRAURIGE ENDE PIUS' XII. In der Sommerresidenz starben in neuerer Zeit im Abstand von 20 Jahren zwei Päpste: Pius XII. am 9. Oktober 1958 und Paul VI. am 6. August 1978. Pius XII. starb im Alter von 82 Jahren unter schrecklichen Umständen. Der Leibarzt des Papstes, Riccardo Galeazzi Lisi, ein Augenheilkundler und Ehrenmitglied der Päpstlichen Akademie der Wissenschaften, wollte an der Leiche des Papstes eine neue Methode der Konservierung ausprobieren: Er plante, den Leichnam zusammen mit einer Mischung aus aromatischen Kräutern in einige Bahnen Zellophan einzuwickeln.

Pius XII., der immer großen Wert auf den sorgsamen Umgang mit seiner Person gelegt hatte, hatte sich noch zu Lebzeiten gegen diesen Plan ausgesprochen, sich dann aber von seinem Arzt überzeugen lassen, als dieser ihm als makabres Beispiel die konservierte Hand eines Menschen zeigte, der durch einen Autounfall ums Leben gekommen war. So gab der Papst seine Zustimmung, aber als Galeazzi Lisi im Oktober 1958 sein bizarres Vorhaben in Castel Gandolfo in die Tat umsetzte, stellte er sehr schnell fest, dass es verheerende Folgen hatte. Der Körper des Toten verweste rasend schnell. Aus dem Mund, aus den Augen und den Ohren traten dunkle Flüssigkeiten aus und der Bauchbereich blähte sich wegen der Gase in den Organen widernatürlich auf. Die Ehrenwachen an seiner Bahre fielen mehrfach in Ohnmacht. Als der Leichnam nach Rom transportiert wurde, entstand während der Fahrt, ebenfalls wegen der Gase, ein Riss im Brustkorb.

Es war paradox und auf eine erschreckende Weise unpassend: Gerade dieser Papst war möglicherweise mehr als jeder andere bestrebt gewesen, dem eigenen Erscheinungsbild eine spirituelle Dimension zu verleihen, weit entfernt von materiellen und irdischen Belangen. Nach seinem Tod verwandelte er sich nun in etwas Monströses. Nachdem man den Leichnam im Lateran einigermaßen »repariert« hatte, wurde er im Petersdom ausgestellt, aber nach wie vor traten widerliche Flüssigkeiten aus dem Körper aus. Das Gesicht des Papstes war schrecklich verzerrt und verwandelte sich in eine schwärzliche Maske. Noch während der Aufbahrung fielen das Nasenbein und die Gesichtsmuskeln ein, und nach den Berichten der zeitgenössischen Betrachter verliehen die Zahnreihen dem Gesicht ein gefrorenes Lächeln.

Aber Galeazzi Lisi ging auch noch wegen einer weiteren abscheulichen Aktion in die Geschichte ein: Als der Papst im Sterben lag, schoss er etwa 20 Fotos und bot sie gegen Geld einigen französischen Zeitungen an. Aus diesem Grund wurde er vom Kardinalskollegium ausgeschlossen und Johannes XXIII., der Nachfolger Pius' XII., erteilte ihm lebenslanges Hausverbot im Vatikan. Nachdem man ihn auch aus der Ärztekammer verbannt hatte, starb der glücklose Mediziner im Jahr 1968.

DER TOD PAULS VI. Das Ende Pauls VI. war zwar nicht so erschreckend wie das Pius' XII. Die historischen Umstände aber machten es dennoch zu einem traurigen Ereignis. Paul VI. starb mit 81 Jahren in Castel Gandolfo, nachdem er durch den gewaltsamen Tod seines Freundes Aldo Moro eine schwere Prüfung hatte bestehen müssen: Der Vorsitzende der Democrazia Cristiana war am 16. März 1978 von den Roten Brigaden gekidnappt und am 9. Mai, also nach zwei Monaten Gefangenschaft, ermordet worden.

Um seinem Freund das Leben zu retten, hatte sich der Papst persönlich eingeschaltet, indem er sich unter anderem mit einem handschriftlichen Brief und öffentlichen Appellen an die Entführer wandte. Als dann die Leiche des Politikers aufgefunden wurde, bedeutete dies für ihn einen furchtbaren Schlag, wie er selbst in seiner Predigt bei der Trauerfeier in der Lateranbasilika am 13. Mai 1978 bekannte. Mit diesen Worten wandte er sich an Gott: »Herr, erhöre uns, der Du unsere Wehklage hören kannst und wenn Du uns noch hörst, Herr über Leben und Tod. Du hast unser Flehen um das Leben Aldo Moros nicht erhört, eines guten, sanftmütigen, weisen, unschuldigen Menschen und Freundes.«

Paul VI. starb, wie gesagt, am 6. August – an diesem Tag feiert die katholische Kirche die Verklärung des Herrn, also die Verwandlung der Gestalt Jesu, wie es im Neuen Testament heißt. Nach dem Zeugnis der Jünger Petrus, Jakobus und Johannes zeigte er sich von einem übernatürlichen Glanz umgeben. Paul VI. fühlte sich diesem Gedenktag besonders verbunden, hatte er doch gerade die Verklärung des Herrn ins Zentrum seiner Spiritualität gestellt. In seinem Buch *Alles war Gnade, alles war Geschenk: Gedanken über den Tod* heißt es: »Wenn es mit mir zu Ende geht, möchte ich im Licht sein.« Und so geschah es dann auch.

Paul VI. hielt sich sehr gern in Castel Gandolfo auf. Noch bevor er im Jahr 1963 zum Papst gewählt wurde, alle Zeitungen in ihm jedoch schon den neuen Papst sahen, zog er sich in die Sommerresidenz zurück, um ein wenig Ruhe zu finden. 1977 kam er, um am Fest Mariae Himmelfahrt die Kirche der Madonna del Lago di Castel Gandolfo zu weihen, und sagte zu den Anwesenden: »Wer weiß, ob ich jemals wieder die Möglichkeit habe, mit euch dieses schöne Fest zu feiern.« Und tatsächlich sollte es sein letzter Urlaub gewesen sein.

Saverio Petrillo erinnert sich an den Tag, als Paul VI. starb: »Er hatte nicht mehr die Kraft, das Angelusgebet zu verkünden. Wir waren auch nicht erstaunt, denn es gab ein großes Hin und Her von Ärzten und Krankenpflegern, die Sauerstoffflaschen aus der nahen Klinik hereinschleppten. Wir hofften bis zuletzt, dass unsere Befürchtungen unbegründet waren. Aber als es dann zu Ende ging, haben wir alle ganz spontan gebetet. So haben wir sein Sterben begleitet. Drei Tage lang blieb der Leichnam hier bei uns aufgebahrt. Es gab eine ununterbrochene Prozession von trauernden Menschen, bis ein schlichter städtischer Leichenwagen mit einem schwarzen Trauerflor den Verstorbenen nach Rom brachte.«

DIE LANDPARTIEN JOHANNES' XXIII. Der Leiter der päpstlichen Villen in Castel Gandolfo, Saverio Petrillo, hat berichtet, dass der Papst in den Sommermonaten »ab und zu verschwand«. Er verließ die Residenz durch eines der Gittertore, ohne irgendwen zu informieren und ohne Begleitung: »Er machte einen Rundgang durch die Castelli, mitten unter den Leuten. An einem Sonntagvormittag kam ein Anruf, der Papst sei in Anzio. Sie können sich denken, wie verblüfft wir waren, weil wir ja annahmen, er sei in seiner Wohnung. Später meldete eine aufgeregte Stimme, er sei in Nettuno. Nach und nach kamen auch Nachrichten, man habe ihn am See gesehen. Stellen Sie sich vor, was wir an diesem Vormittag durchgemacht haben! Er kam zurück, ganz gelassen und pünktlich, um das Angelusgebet vom Balkon aus zu leiten. Ein anderes Mal, in Gennazano, wäre er beinahe erdrückt worden von der begeisterten Menge, die ihn erkannt hatte! Es hätte schlimm für ihn ausgehen können, wenn nicht zufällig ein Hauptmann der Carabinieri zur Stelle gewesen wäre, der ihn in ein Auto schob und zu den Villen zurückbrachte. Aber all das machte ihm gar nichts aus, und nie verzichtete er darauf, den Kontakt zu den Leuten zu suchen.«

DER POLNISCHE PAPST IN GESELLSCHAFT Wie schon erwähnt, war 1978 das Jahr der drei Päpste: Nach dem Tod Pauls VI. wurde am 26. August sein Nachfolger, Johannes Paul I., gewählt, und schon kurze Zeit später musste das Konklave wieder einberufen werden, aus dem Karol Wojtyła am 16. Oktober als Papst mit dem Namen Johannes Paul II. hervorging. Gerade dieser Papst zeigte sich besonders angetan von Castel Gandolfo. Nicht nur spazierte er sehr gern durch den Park, bald ließ er sich dort auch ein Schwimmbad bauen.

Saverio Petrillo erinnert sich: »Wenn er da war, wurde es lebhaft, auch deshalb, weil er jederzeit das Gelände verließ, manchmal spät am Abend. Auch im Winter, wenn es kalt war, ging er wie immer weg. Er zog einen schwarzen Mantel an und manchmal eine Wollmütze, auch schwarz. Ich erinnere mich an die Feste, die er mit den Kindern der Angestellten feierte. Wenn sie ihn von Weitem kommen sahen, versteckten sie sich im Gebüsch. Und wenn der Papst ganz nah herangekommen war, kamen sie mit Kriegsgeschrei aus dem Gebüsch heraus und liefen ihm entgegen – als ob sie mit ihm Verstecken spielten. Er hatte großes Vergnügen an solcherlei Spielen und beteiligte sich gern. Für die Kinder waren sie zu einer festen Verabredung geworden.«

Johannes Paul II. war gern mit Menschen zusammen, und wenn er in Castel Gandolfo residierte, ging er auch häufig in die Häuser der Angestellten, die innerhalb des Gebäudekomplexes lebten. Dazu noch einmal Petrillo: »Er wollte ihre Familien kennenlernen und wissen, wie sie leben. Sie boten ihm einen Kaffee oder einen Tee an, und dazu irgendwelche Kekse – wie einem Freund, der eben mal vorbeikommt. Das war wunderbar, und alle haben noch die schönsten Erinnerungen an seine Art, mitten unter ihnen zu leben.«

DER PAPST UND SEIN SCHWIMMBAD   Johannes Paul II. ließ sich in Castel Gandolfo ein Schwimmbad von 18 m Länge bauen, um in heiligem Frieden und fern von indiskreten Blicken seine Runden zu drehen. Allerdings gelang es doch eines Tages irgendjemandem, mit Teleobjektiv den Papst im schwarzen Badedress und weißer Badmütze, auch etwas korpulent, zu fotografieren. Die Bilder tauchten in zwei Zeitschriften in Italien und Frankreich auf. Diesen Vorfall betrachtet die Gendarmerie noch heute als schmähliche Niederlage, war man doch davon ausgegangen, alles zum Schutz der Privatsphäre getan zu haben. Aber die Paparazzi waren eben schlauer.

Nicht nur aufgrund seiner Liebe zu den Bergen kehrte der Papst immer wieder gern in die traditionelle Sommerresidenz zurück, und als irgendjemand ihn darüber informierte, in der Presse sei Kritik aufgetaucht wegen der hohen Kosten, die der Vatikan für das Schwimmbad aufgebracht hatte, meinte er nur trocken: »Ein Konklave würde das Vielfache kosten!«

BENEDIKT XVI. MACHT SCHULE   Auch Papst Benedikt fühlte sich am Ufer des Albaner Sees wohl. Der Ort ist friedlich, die Bücher waren immer zur Hand, er konnte Klavier spielen und seinen Tagesablauf ganz methodisch organisieren – für Ratzinger die idealen Voraussetzungen, um sich zu erholen.

In Castel Gandolfo ging er zweimal täglich im Park spazieren: einmal gleich nach dem Frühstück und dann wieder gegen 19 Uhr, um in Begleitung des Sekretärs den Rosenkranz zu beten. Im Sommer 2010 zeigte das Vatikanische Fernsehen einige Momentaufnahmen von diesen Spaziergängen. Man sieht einen heiteren, lächelnden Papst, umgeben von dichtem Grün und Vogelgezwitscher, der sich dem Goldfischteich nähert. Das Ganze wirkte ein wenig zu idyllisch und ehrlich gesagt auch ein wenig hagiografisch.

Für Benedikt hatte Castel Gandolfo eine ganz besondere Bedeutung, auch weil er jedes Jahr im August seine ehemaligen Schüler hierher einlud, von denen viele inzwischen selbst Universitätslehrer geworden waren. Hinter verschlossenen Türen wollte er mit ihnen die Thesen diskutieren, über die er selbst einst geschrieben hatte: über das Verhältnis zum Islam, über den Kreationismus, über die historische Gestalt Jesu und über das Zweite Vatikanische Konzil. Der Ratzinger-Schülerkreis, so wurde diese Gesprächsrunde genannt, lag dem Papst sehr am Herzen, auch wenn es gelegentlich zu Meinungsverschiedenheiten kam wie im Jahr 2005, als bekannt wurde, dass der Papst darauf beharrte, der Islam sei mit der Moderne und der Demokratie nicht vereinbar.

BLICK ZU DEN STERNEN ÜBER ROM Mit dem Namen Castel Gandolfo verbinden Wissenschaftler vor allem die *Specola Vaticana* – die Vatikanische Sternwarte, das astronomische Observatorium, das von den Jesuiten geleitet wird. Nach dem Willen Pius' XI. wurde es im Jahr 1935 hier errichtet. Es war mit drei Teleskopen ausgestattet, einem astrophysikalischen Laboratorium, und später kam ein weiteres, noch viel leistungsfähigeres Teleskop hinzu. Die Vatikanische Sternwarte war viele Jahre lang ein Forschungszentrum von Weltniveau, bis 1981: Da die nächtliche Beleuchtung der beständig wachsenden Stadt Rom und ihrer Außenbezirke immer massiver wurde, sahen sich die Jesuiten gezwungen, in die Vereinigten Staaten zu »emigrieren«. In Tucson, Arizona wurde die Vatican Observatory Research Group auf dem Mount Graham gegründet, einem der besten astronomischen Standorte auf dem Planeten.

Im Vatikan reicht die Geschichte der astronomischen Forschungen weit zurück: bis ins Jahr 1578, als Gregor XIII. einen Turm bauen ließ (nach ihm Gregorianischer Turm benannt oder auch Turm der Winde) und die Jesuiten vom Collegium Romanum beauftragte, die Kalenderreform vorzubereiten, die er im Jahr 1582 in Kraft setzte. Das eigentliche Observatorium entstand dagegen erst im Jahr 1891, als Leo XIII. den Standort in die Vatikanischen Gärten auf dem Vatikanhügel hinter dem Petersdom verlegte. Aber schon damals begann die sogenannte Lichtverschmutzung durch die Stadt Rom zu stören, und so zog die Sternwarte Mitte der dreißiger Jahre nach Castel Gandolfo um. Heute besitzt sie eine der umfangreichsten Meteoritensammlungen der Welt, darunter eine Gesteinsprobe vom Mars. Noch heute kommen die Wissenschaftler, auch wenn jetzt das Teleskop auf dem Mount Graham genutzt wird, nach wie vor zu Forschungen und Begegnungen hier zusammen, wie es insbesondere im Jahr 2009, dem Internationalen Jahr der Astronomie, der Fall war.

Nach wie vor leiten die Jesuiten die Sternwarte. Dem berühmten George Koyne, der zwischen 1978 und 2006 ihr Direktor war, folgte der Argentinier José Gabriel Funes nach, ein überaus sympathischer Priester und Wissenschaftler, 1963 in Córdoba geboren und mit Universitätsabschlüssen in Astronomie, Theologie und Philosophie.

In einem Interview, das einiges Aufsehen erregte und vom *Osservatore Romano* im Mai 2008 mit dem Titel »Der Außerirdische ist mein Bruder« veröffentlicht wurde, bekannte Funes mit entwaffnender Schlichtheit, die Entdeckung anderer bewohnter Welten stehe für ihn nicht im Gegensatz zum Glauben: »Die Astronomie hat einen zutiefst menschlichen Wert; sie öffnet das Herz und weitet den Verstand. Damit hilft sie, unser Leben, unsere Hoffnungen, unsere Probleme aus der richtigen Perspektive zu sehen. In diesem Sinne […] ist sie auch ein wunderbares Instrument, das uns näher an Gott heranbringen kann. Auch als Astronom glaube ich nach wie vor, dass Gott der Schöpfer des Universums ist und dass wir nicht das Produkt von irgendwelchen Zufällen, sondern die Kinder eines guten Vaters sind, der für uns einen Plan der Liebe hat. […] Die Astronomen schätzen, dass das Universum aus 100 Milliarden Galaxien besteht und jede Galaxie aus 100 Milliarden Sternen. Viele von ihnen oder fast alle könnten Planeten haben. Wie sollte man ausschließen, dass das Leben sich auch anderswo entwickelt hat? Ein Zweig der Astronomie, die Astrobiologie, befasst sich gerade mit diesem Aspekt und hat in den letzten Jahren Fortschritte verzeichnet. Wenn man die Spektren des Lichts untersucht, das von den Sternen und von den Planeten ausgeht, kann man rasch die Bestandteile ihrer Atmosphäre – die sogenannten *biomarkers* – herausfiltern und feststellen, ob dort die Bedingungen für das Entstehen und die Entwicklung von Leben gegeben sind. Im Übrigen könnte es Formen des Lebens theoretisch sogar ohne Sauerstoff oder Wasserstoff geben. […] Genauso wie es eine Vielfalt von Geschöpfen auf der Erde gibt, könnten dort auch andere Wesen, andere Intelligenzen, Geschöpfe Gottes existieren. Das widerspricht nicht unserem Glauben, weil wir der schöpferischen Freiheit Gottes keine Grenzen setzen können. Um es mit den Worten des heiligen Franziskus zu sagen: Wenn wir die irdischen Geschöpfe als »Bruder« und »Schwester« betrachten, warum können wir nicht auch von einem »außerirdischen Bruder« sprechen? Er wäre doch ein Teil der Schöpfung.«

KÜHE UND HÜHNER   Von der Wissenschaft, Theologie und Philosophie einmal ganz abgesehen, ist das Gebiet um Castel Gandolfo auch bekannt für seine hochwertigen Nahrungsmittel – und die päpstliche Residenz will in diesem Punkt nicht zurückstehen. Ein Teil des grünen Geländes wird von sehr ertragreichen Stallungen und einem Hühnerhof eingenommen, der rund 100 Eier pro Tag liefert und der einmal mit einem Fünf-Sterne-Hotel verglichen wurde.

Der »Gutshof des Papstes« ist eine Institution. Schon im Jahr 1929 erwarb Pius XI. einige an die päpstliche Villa angrenzende Grundstücke von der Stadt Albano, um sie landwirtschaftlich zu nutzen. Es war eine hochmoderne Einrichtung, ausgestattet mit einer der ersten Melkmaschinen und mit Brutkästen für Küken. Heute umfasst sie rund 20 Hektar; 26 Milchkühe liefern 500–600 Liter Milch am Tag, die an die Papstwohnung, an den Supermarkt im Vatikan und einige Restaurants in der Umgebung verkauft werden. Früher wurde die Milch aus dem päpstlichen Landgut auch an die Kinderklinik Bambino Gesù in Rom geliefert, aber heute haben die Krankenhäuser Verträge mit Firmen, die sämtliche Lebensmittel bereitstellen, auch die Milch.

Täglich trifft von der Papstwohnung in Castel Gandolfo eine Liste mit Warenbestellungen ein, und ein Lieferwagen stellt Milch, Eier, Obst, Gemüse und Öl zu (Letzteres in Mengen von jährlich 1500 l), aber auch Pflanzen und Blumen aus den eigenen Gewächshäusern.

In diesem Zusammenhang muss ich noch eine amüsante Episode erzählen, die sich während des Zweiten Weltkriegs ereignete. Damals befürchtete man im Vatikan, der Lieferwagen mit den Lebensmitteln werde es wegen der Bombenangriffe nicht nach Rom schaffen, und so entschied man sich, sieben Kühe und einen Kuhhirten direkt in den Vatikan zu transportieren. Ausgewählt wurde dafür das Gelände bei der

Viale di Quattro Cancelli in den Vatikanischen Gärten, aber als der Lastwagen eintraf, war es nicht leicht, die Schweizergarden zu bewegen, ihn durchzulassen, weil man ein Attentat befürchtete. Das Muhen der Kühe, die nach dieser Reise sehr müde waren, überzeugten die Gardisten dann schließlich doch, und sie gaben den Weg frei. Die Minifarm im Vatikan blieb von Januar 1944 bis zur Befreiung bestehen.

MASSENMEDIEN

DRUCKSEITEN, ANTENNEN, SATELLITENSCHÜSSELN
»Was ich euch im Dunkeln sage, davon redet am hellen Tag, und was man euch ins Ohr flüstert, das verkündet von den Dächern.« (Mt 10,27)

Kirche kommt nicht ohne Kommunikation aus, und dass der Vatikan großen Wert auf die Kommunikationsmittel legt, beweisen die Zeitung, der Rundfunk, das Vatikanische Fernsehzentrum, die Internet-Seite, die Verlagsbuchhandlung und die Druckerei.

Für die Konten des Heiligen Stuhls bedeutet der Betrieb all dieser Einrichtungen einen regelrechten Aderlass, aber der Papst und der Vatikan können schon wegen ihres ureigenen Evangelisationsauftrags nicht darauf verzichten. Seit Pius XII. im Jahr 1957 die vatikanischen Massenmedien als »Geschenke Gottes« bezeichnete, haben sie sich ständig weiterentwickelt, aber die Ursprünge der traditionelleren Medien liegen viel weiter zurück.

ZEITUNG Die Tageszeitung *Osservatore Romano* erscheint gegen 17 Uhr, mit dem Datum des darauffolgenden Tages. Sie zeichnet sich durch ihr starkes Interesse für internationale Themen aus, aber auch – natürlich – für die Ereignisse am Heiligen Stuhl und die Arbeit des Papstes. Die Ausgabe in italienischer Sprache erscheint täglich, die Ausgaben in englischer, französischer, spanischer, portugiesischer und deutscher Sprache wöchentlich, in polnischer Sprache einmal im Monat.

Die erste Nummer des *Osservatore* erschien im Jahr 1861, wenige Monate nach der Proklamation des Königreichs Italien, auf Initiative einiger beherzter Privatleute, die den Kirchenstaat verteidigen wollten, der eine Gefahr für die Einheit Italiens bedeutete. Der Inhalt der Artikel war ausgesprochen propagandistisch gefärbt, wie man unmissverständlich den erklärten Zielen entnimmt: »die Verleumdungen zu enthüllen und widerlegen, die sich gegen Rom und das römische Papsttum richten«. Ende 1861 erschienen unter dem Zeitungskopf – wie auch heute noch – die beiden Motti in lateinischer Sprache: *Unicuique suum* und *Non praevalebunt* – »Jedem das Seine« (wichtigster Grundsatz des römischen Rechts) und »Sie werden sie nicht überwältigen« (Sie = »Die Pforten der Hölle« nach Mt 16,18). Leo XIII. übernahm dann die Eigentümerschaft der Zeitung und machte den *Osservatore* 1885 zum Mitteilungsblatt des Vatikans.

Heute befindet sich die Zeitungsredaktion in der Via del Pellegrino, unweit der Pforte Sant'Anna. Dort ist auch der Fotografische Dienst der Zeitung untergebracht, ein Team von professionellen Fotografen, die sämtliche Aktivitäten des Papstes mitverfolgen und Tausende von Fotos schießen. Die Bilder werden auch der Öffentlichkeit zum Verkauf ausgelegt. In einem Büro im Erdgeschoss kann jeder, der weiß, dass er während einer Audienz oder Zeremonie an der Seite des Papstes verewigt wurde, das gewünschte Foto erbitten. Der Strom der Interessenten versiegt nie, und wenn ein Besucher an der Pforte Sant'Anna sagt: »Ich gehe zum Fotografischen Dienst«, dann lassen die Schweizergardisten ihn ohne besondere Formalitäten passieren.

Im Auftrag des Papstes eine Zeitung zu machen, ist nicht eben einfach. Geheimhaltung und Diskretion innerhalb der päpstlichen Paläste verbieten sehr oft, dass Nachrichten überhaupt an die Öffentlichkeit gelangen, oder sie werden gezielt gefiltert. Die Redakteure des *Osservatore* müssen dieser Realität folglich Rechnung tragen. Manchmal klappt alles reibungslos, dann wieder reagieren die Journalisten des Papstes doch irritiert, wie etwa im Jahr 1962, als der Chef der Sonntagsausgabe des *Osservatore*, Enrico Zuppi, einen Artikel über die Ausschmückung des Petersplatzes für Fronleichnam schreiben musste, aber nicht die geringste Auskunft vom Staatssekretariat erhielt und deshalb schrieb: »Die Ausschmückungsarbeiten hat Ingenieur Arcano Mistero (›Dunkles Geheimnis‹) geleitet.« Auch Chefredakteuren der päpstlichen Zeitung kann hin und wieder der Geduldsfaden reißen.

Von einer »Ideologie der Geheimhaltung«, die im Vatikan herrsche, hat der 2011 verstorbene, erfahrene Vatikankenner Giancarlo Zizola gesprochen. Und auch ein anderer Vatikanist der alten Schule, Gianfranco Svidercoschi, musste besondere Wege gehen, um an Informationen zu gelangen: Um etwas von der ersten Versammlung des Zweiten Vatikanischen Konzils (die Presse war ausgeschlossen) in Erfahrung zu bringen, versteckte er sich in der Nacht davor im Petersdom und riskierte damit, von der Gendarmerie verhaftet zu werden.

RUNDFUNK   Der *Osservatore Romano* ist eine Institution, aber *Radio Vaticana* nicht minder. Der Rundfunk war zunächst in einem Gebäude untergebracht, das man in die Vatikanischen Gärten gesetzt hatte. Sein Kodename war HVJ, seine Leistung 15 kW, die Wellenlängen 18.84 und 50.26 mm. Die hohen Antennen wurden so eingeplant, dass sie die Schönheit der Vatikanstadt nicht allzu stark beeinträchtigten. Offiziell genehmigt wurde die Station knapp zwei Jahre nach den Lateranverträgen.

Pius XI. eröffnete die Rundfunksendungen mit Zitaten aus dem Alten Testament in lateinischer Sprache: »Merkt auf, ihr Himmel, und die Erde höre die Rede meines Mundes

(Deut 32,1). Höret dies, alle Völker, nehmet zu Ohren alle, die ihr den Erdkreis bewohnt, alle miteinander, reich und arm (Ps 48,2). Höret mir zu, ihr Inseln und ihr Völker in der Ferne, merket auf!« (Jes 49,1). Tatsächlich war dieser Rundfunksender von Anfang an auf eine weltweite Zuhörerschaft ausgerichtet. Katholiken gibt es überall, der Rundfunk des Papstes musste daher bestrebt sein, sie alle zu erreichen. Bevor der Papst das Wort ergriff, nahm Guglielmo Marconi zusammen mit seiner Ehefrau die letzten Kontrollen durch Schaltungen mit New York, Melbourne und Kanada vor. Danach sagte der Erfinder des Rundfunks: »Der Römische Pontifex hat 2000 Jahre lang die Worte seines Herrn und Gottes auf der Erde verkündet, aber zum ersten Mal kann jetzt seine eigene Stimme gleichzeitig auf der ganzen Welt gehört werden. Mit Gottes Hilfe, die viele geheimnisvolle Naturkräfte der Menschheit zur Verfügung stellt, ist es mir gelungen, dieses Instrument zu bauen, das den Gläubigen in aller Welt den Trost bringen wird, die Stimme des Heiligen Vaters zu hören.«

Zwischen 1940 und 1946 sorgte der Rundfunk dafür, dass ein Informationsdienst funktionierte, der Zivilpersonen und Soldaten aufspürte, die in den Kriegswirren als vermisst galten: Auf diese Weise schickte er fast 1 300 000 Botschaften in den Äther, das sind insgesamt über 12 000 Sendestunden.

Im Jahr 1931 brachte Radio Vaticana seine Sendungen in neun Sprachen, heute sind es 45. Universell vom Konzept her, beginnt und endet es seine Programme doch mit einem lateinischen Grußwort: *Laudetur Jesus Christus*.

Im Jahr 2009, 78 Jahre nach seiner Gründung, öffnete Radio Vaticana seine Pforten für die Werbung. Als Erster brachte der italienische Stromversorger Enel eine Werbesendung, für die er einige tausend Euro bezahlte – eine bedeutende Hilfe für den Sender des Papstes, dessen Bilanz (rund 200 000 Euro jährlich) permanent rote Zahlen aufweist.

Seit 1957 steht das Sendezentrum von Radio Vaticana in Santa Maria di Galeria am Stadtrand von Rom. Diese Station löste heftigen Streit aus, als die Bewohner des Gebiets dem Sender vorwarfen, gesundheitsschädlichen Elektrosmog auszustrahlen. Im Februar 2011 bestätigte der italienische Kassationshof, dass die gesetzlich festgelegten Emissionsgrenzen tatsächlich überschritten waren.

FERNSEHEN Da die moderne Kommunikation nicht nur vom Radio lebt, verfügt der Vatikan seit 1983 auch über eine Fernsehstation (Centro Televisivo Vaticano, kurz CTV). Seit 1996 sendet sie direkt vom Heiligen Stuhl aus mit dem Auftrag, »zur weltweiten Verkündigung des Evangeliums beizutragen, indem sie mit Fernsehbildern das Hirtenamt des Summus Pontifex und die Aktivitäten des Apostolischen Stuhls dokumentiert«.

Die vom CTV angebotenen Dienste reichen von Life-Übertragungen päpstlicher Zeremonien über die kostenpflichtige Herstellung und Lieferung von Bildern an interessierte Fernsehsender bis hin zur Archivierung des gesamten produzierten Materials.

Etwa 130 Direktübertragungen gibt es pro Jahr: Angelus, Generalaudienzen, andere Veranstaltungen und liturgische Feiern. Dazu kommen noch die Übertragungen, die produziert werden, wenn der Papst Reisen in Italien und in die ganze Welt unternimmt. Jede Direktproduktion des CTV wird von anderen katholischen Fernsehnetzen ausgestrahlt, die eine besondere Absprache über die Zusammenarbeit mit CTV haben. Auf Anfrage von Fernsehstationen in allen Teilen der Welt kann CTV auch über Satellit Bildsignale in alle Kontinente übermitteln. Im Versuchsstadium wird das Angelusgebet jeden Sonntag auf Intelsat direkt vom Vatikan nach Amerika übertragen.

Die tägliche Arbeit des CTV besteht darin, die öffentlichen Auftritte des Papstes und die wichtigsten Zelebrationen, die im Vatikan stattfinden, wiederzugeben, um die Bilder anschließend an die Agenturen und die Fernsehstationen weiterzuleiten, die Interesse zeigen. Derselbe Mechanismus läuft ab, wenn der Papst auf Reisen ist, ganz ähnlich wie bei den Pressezentren. Im Vatikan kann das CTV darüber hinaus Hilfe, Mittel und Personal für die Berichterstatter aus aller Welt zur Verfügung stellen.

Was die Produktion selbst betrifft, zeichnet sich das CTV außerdem durch seine Dokumentarfilme aus, die dem Pontifikat Johannes Pauls II., dem Leben im Vatikan und den römischen Basiliken gewidmet sind. Sie wurden über alle Fernsehsender ausgestrahlt, die sie erworben haben und sind darüber hinaus auch als DVD erhältlich, mitunter auch in anderen Sprachen. Ostern 1998 wurde die Produktion eines fünfundzwanzigminütigen Wochenmagazins, *Octava Dies*, auf den Weg gebracht, das von den katholischen Sendern Italiens und von der Agentur APTN in der *natural sound* Version (ohne Audiokommentar) in die ganze Welt übertragen wird.

Schließlich leitet CTV in Räumlichkeiten mit kontrollierter Luftfeuchtigkeit und Temperatur eine Videothek mit über 10 000 Videokassetten von insgesamt etwa 4000 Aufnahmestunden, mit Bildern vom Pontifikat Johannes Pauls II. und Benedikts XVI., beginnend im Jahr 1984. Aus dieser Videothek bedienen sich alle Fernsehsender und Produzenten von Dokumentarfilmen, die entsprechendes Material benötigen. Dank einer analytischen Karteiführung und computerisierter Speicherung ist es möglich, die gewünschten Bilder rasch ausfindig zu machen. Auch Privatpersonen können um Bildmaterial bitten, welches das CTV registriert hat.

PRESSESAAL   Zum Pressesaal, der in der Via della Conciliazione ganz nah beim Petersplatz zu finden ist, haben alle akkreditierten Journalisten Zutritt, die sogenannten *vaticanisti* – Experten für alle Angelegenheiten des Vatikans. So sehr sie einander auch ähneln, so verschieden sind sie letztlich: Ähnlich, weil sie ihr Berufsleben damit verbringen, den Fußspuren eines Herrn in weißer Soutane zu folgen, der sich jeden Sonntag am Fenster eines eleganten Palazzos zeigt; verschieden hinsichtlich Bildung, Lebensalter, Herkunft und Arbeitsweise.

Viele sagen, sie seien durch Zufall zur Zunft der *vaticanisti* gestoßen, wie etwa der deutsche Journalist Andreas Englisch, der nur deshalb zum Experten des Heiligen Stuhls geworden sei, weil er von klein auf Messdiener war. In Wirklichkeit stellt sich aber dann doch heraus, dass sie allesamt in diese Position kamen, weil sie von der Welt des Vatikans fasziniert waren – noch bevor sie ein gewisser Dan Brown romantisieren konnte. Fasziniert von der Aussicht, eines Tages zum »Papstflug« zugelassen zu werden, bemerken sie erst später, wenn sie den ersehnten Auftrag bekommen haben, dass mit dem Papst zu reisen denkbar unbequem ist. Die Skripte der Papstreden, die man persönlich abholen muss, werden im Morgengrauen ausgehändigt und während der Reisen sieht man nicht viel mehr als sein Hotel und den Pressesaal.

Wie alle Fachjournalisten bilden auch die *vaticanisti* ein Rudel, und entsprechend ist ihr Auftreten. Einen echten Rudelführer gibt es zwar nicht, aber seit einiger Zeit wird Luigi Accattoli als solcher gehandelt. Er arbeitete früher für *La Repubblica*, danach für den *Corriere della Sera* und zur Zeit ist er geschätzter Protokollführer eines Blogs. Er streitet das jedoch ab und beharrt darauf, man habe ihm das Etikett nur wegen seines Nachnamens verliehen, weil er in der alphabetischen Liste immer als Erster aufgeführt werde und weil er einen schönen weißen Patriarchenbart trage. In Wirklichkeit hat weder Accattoli noch irgendein anderer *vaticanista* alle im Griff. Dies obliegt dem Leiter des vatikanischen Presseamts. Viele Jahre lang war das Joaquín Navarro-Valls, heute ist es Federico Lombardi. So charismatisch und beherrschend Navarro-Valls gewesen ist (ebenso wie sein Vorgesetzter, Johannes Paul II.), so zurückhaltend ist der sanftmütige Lombardi. Aber er ist der Chef, und alle *vaticanisti* hängen an seinen Lippen und jammern regelmäßig, dass sie kaum Informationen bekommen.

Unter den *vaticanisti* sind auch geistliche Journalisten oder journalistische Geistliche wie Filippo Di Giacomo, der für *l'Unità* schreibt, und Vito Magno, der mit der RAI und Radio Vaticano zusammenarbeitet. Außerdem gibt es auch Journalisten, die früher einmal Priester gewesen sind. In jedem Fall zählt nur, dass man sein spezielles Metier gut auszuüben weiß, und das soll hier heißen, in schlichter Form und ohne irgendetwas zu banalisieren über eine Welt zu schreiben, die ungeheuer komplex ist. Deshalb muss der *vaticanista* vor allem eines tun: recherchieren.

Auch Frauen sind unter den *vaticanisti* – hier zumindest kann niemand der katholischen Kirche vorwerfen, sie sei rückständig – und sogar recht viele, darunter auch die Mexikanerin Valentina Alazraki, die Papst Johannes Paul II. einst einen Sombrero schenkte. Sie wollte dies übrigens eines Tages gern wiederholen: bei einem Papst aus Südamerika.

Als Vorgänger des heutigen Presseamts des Heiligen Stuhls könnte man das Nachrichtenbüro betrachten, das im Jahr 1936 neben dem *Osservatore Romano* mit der Vorgabe eingerichtet wurde, den akkreditierten Journalisten Informationen zur Verfügung zu stellen.

Das Presseamt (Sala Stampa) erhielt seinen heutigen Namen im Jahr 1966 von Paul VI. (er war der Sohn eines Journalisten) nach dem Ende des Zweiten Vatikanischen Konzils.

Dieses Ereignis veränderte damals die Beziehung der Kirche zur übrigen Welt und damit auch zu den Massenmedien. Schon im Verlauf des Konzils hatten sich die Grenzen des Heiligen Stuhls bei der Kommunikation mehr als deutlich gezeigt. Die Journalisten, die es verfolgten, waren gezwungen, sich aus unabhängigen Quellen mit Informationen zu versorgen.

In den turbulenten sechziger Jahren änderte sich alles; auch die Kirche lernte ganz allmählich die Kunst zu kommunizieren und zur Presse Kontakt zu halten, aber ein wirklicher Umschwung kam erst mit dem Pontifikat Johannes Pauls II.: Er übertrug dem Presseamt die Aufgabe, »die Nachrichten über die Handlungen des Summus Pontifex und die Aktivitäten des Heiligen Stuhls zu verbreiten«, und er verlegte diesen Bereich in die Zuständigkeit der ersten Sektion des Staatssekretariats.

Aus operativer Sicht kam die Wende im Jahr 1984, als der Papst den Spanier Navarro-Valls, Journalist und Sprecher von Opus Dei, zum Direktor des Pressebüros ernannte. Navarro-Valls war viel mehr als ein einfacher Angestellter der Presseabteilung. Er war gutaussehend, Sprecher und Ratgeber des Papstes, und er identifizierte sich vollständig mit der Mission des Pontifex, aber da er selbst gleichzeitig in der Pressearbeit tätig war, kannte er auch die modernen Informationsmechanismen sehr genau und dazu die Belange und Empfindlichkeiten der Journalisten, mit denen er in direktem Kontakt stand. Auf diese Weise verwandelte sich ein bürokratisch angelegtes Informationszentrum in ein Instrument von strategischem Gewicht. Im Jahr 2006 trat Navarro-Valls auf eigenen Wunsch von seinem Amt zurück und Lombardi löste ihn als Chef des Pressebüros ab.

VERLAGSBUCHHANDLUNG Der Vatikan besitzt auch einen eigenen Verlag, die Libreria Editrice Vaticana. Sie wird von den Salesianern geleitet und veröffentlicht in erster Linie die Schriften des Papstes: Enzykliken, Texte der Kirchenlehre, aber auch Bücher über die verschiedenen Arbeitsbereiche des Heiligen Stuhls. Kaufen kann man sie in drei Buchhandlungen: Die eine liegt am Petersplatz mit dem Namen »Giovanni Paolo II«, die zweite, »Paolo VI«, in der Via di Propaganda in Rom. »Benedetto XVI«, die dritte und neueste ist an der Piazza Pio XII gelegen.

Der Verlag veröffentlicht außerdem die *Acta Apostolicae Sedis*, vergleichbar der *Gazetta Ufficiale*, dem italienischen Amtsblatt. In den *Acta* werden alle Dokumente des Papstes und der Römischen Kurie sowie die Namen der Bischöfe und ein Terminkalender abgedruckt. Als halbamtliches Blatt existieren die *Acta* seit 1865, und seit 1904 sind sie das offizielle Organ des Heiligen Stuhls und der Vatikanstadt.

Alle Texte des Papstes sind durch Copyright geschützt, ebenso Bilder und akustische Aufnahmen. Wer Auszüge aus Veröffentlichungen oder Ansprachen verwenden will, muss entsprechend dafür bezahlen. Die Regelung wurde im Jahr 2011 gebilligt und damit die Version aus dem Jahr 1960 aktualisiert. Sie entstand aus der Notwendigkeit, »das Ansehen, die Stimme und die Inhalte der Lehre des Papstes besser zu schützen«. Heute, im Zeitalter des Internet, ist es noch leichter, Daten zu verbreiten, was zum einen das Werk der Evangelisierung fördert, zum anderen aber auch ein größeres Risiko für die Integrität der Lehre bedeutet, die in vielfacher Weise manipuliert werden kann. Aus diesem Grund ist es erforderlich, »nicht nur die Rechte zur Verbreitung und Reproduktion zu schützen, sondern vor allem die Originalität und Integrität der Texte zur Kirchenlehre. Sie zu verändern ist daher nicht nur moralisch verwerflich, sondern auch juristisch unzulässig.« Was Bild und Stimme des Papstes betrifft, hat der Vatikan »ein starkes Interesse, sie vor Missbrauch und unangemessener Verwendung zu schützen«. Zweck der Verordnung »ist also nicht, den freien persönlichen Zugang zu den Texten der Kirchenlehre, die nach wie vor für nicht gewinnorientierte Aktivitäten zur Verfügung stehen, zu versperren, sondern Integrität und Inhalte in absoluter Authentizität zu bewahren.«

Für den Druck der päpstlichen Schriften, und nicht nur dieser, steht die vatikanische Druckerei zur Verfügung, die ebenfalls von den Salesianern Don Boscos geleitet wird. Sie nutzt die vielsprachige Typografie gleichzeitig auch für den *Osservatore Romano*, und sie druckt nicht nur die Tageszeitung, sondern auch zahllose Bücher: Bibeln, liturgische Texte, Broschüren zur Handhabung der Sakramente, Vorschriften und Anweisungen für religiöse Einrichtungen, heilige Bücher, Kunstbände für die Apostolische Bibliothek und die Vatikanischen Museen, Ansichtskarten und Prospekte. Aus der Druckerei stammt auch das *Annuario Pontificio*, die Unterweisungen des Papstes, die *Acta Apostolicae Sedis* und das *Annuario Statistico*, außerdem noch zahlreiche Zeitschriften.

INTERNET   Als Johannes Paul II. im Jahr 1990 die Olivetti-Werke in Ivrea besuchte, soll ihn irgendjemand gefragt haben, ob er wisse, was ein Computer ist. »Ich weiß schon, was das Wort bedeutet«, soll er geantwortet haben, »aber nicht, was in Wirklichkeit dahintersteckt.« Nachdem er sich die Erklärungen angehört hatte, fragte er: »Wer hat das zu entscheiden, dass dieses System im Vatikan installiert wird?« »Sie selbst, Heiliger Vater.« »Also, dann soll es sofort geschehen.«

Fünf Jahre danach wurde das Portal des Heiligen Stuhls – www.vatican.va – eröffnet, und seit 1998 kann man online die Papstaudienzen am Mittwoch und das Angelus-Gebet mit der Ansprache am Sonntag mitverfolgen.

Johannes Paul II. war der erste Papst, der den Computer benutzte. »Das hat mein Leben verändert«, sagte er einmal. Im November 2001 sandte er ein wichtiges Dokument an die Bischöfe Ozeaniens per Mausklick von einem PC, und die anwesenden Journalisten erinnern sich heute noch an seinen zufriedenen Gesichtsausdruck.

Benedikt XVI. nutzte die neuen Technologien nicht. »Der Federhalter ist mir lieber«, sagte er zu seinem Sekretär. Das hat ihn aber nicht daran gehindert, sein Vertrauen in dieses Medium zum Ausdruck zu bringen, und er bestätigte, dass auch die sozialen Netzwerke der Kirche und der ganzen Welt von Nutzen sein können.

Ganz ähnlich wie sein Vorgänger hat auch Benedikt XVI. zehn Jahre später mit einem Klick Geschichte geschrieben. Am Tag seines 60. Priesterjubiläums, dem 29. Juni 2011, gab er mit einem leichten Tippen auf ein hochmodernes Tablet den Weg frei für ein neues multimediales Portal des Vatikans: www.news.va. Hier werden die wichtigsten Nachrichten über den Papst, den Heiligen Stuhl und die katholische Kirche zusammengeführt.

Zuvor, seit Anfang der Neunziger Jahre, wurde auf diesem Gebiet kräftig investiert. Auf die ersten Computer (getauft nach den Erzengeln Raphael, Michael und Gabriel: Michael kann gegen das Böse kämpfen; Gabriel verkündet viel; Raphael ist der Schutzpatron der Reisenden, auch der virtuellen) folgte eine ständige Ausweitung. Unter anderem entstanden auch die Seiten der Vatikanischen Museen und des Geheimarchivs.

Leider gehört die Seite des Vatikans aber auch zu den bevorzugten Zielen von Hackern und Computerpiraten. Millionen von Viren müssen monatlich bekämpft werden.

Das Internet sollte alle seine Möglichkeiten entfalten, um die Botschaft der katholischen Kirche zu verbreiten. Dieses

Ziel veranlasste den Vatikan im Jahr 1995 dazu, die erste Version seiner Website zu erstellen. Heute kann man sie in sieben Sprachen abrufen und zusätzlich noch in Latein, flankiert von einem Intranet-Service, der die Dikasterien der römischen Kurie untereinander und diese mit den Ämtern der Vatikanstadt verbindet. Es gibt rund 3000 Accounts der elektronischen Post, die von Mitarbeitern im Vatikan genutzt werden, alle sorgsam geschützt durch Antivirus- und Antispamprogramme.

Der »Maschinenraum«, der das System betreibt, besteht aus über 130 Servern, und die Sicherheit hat nach wie vor oberste Priorität, wie es bei den weltweiten Verbindungen des Vatikans auch erforderlich ist. Eine wahre Feuerprobe erlebte das System im Jahr 2005 beim Tod des polnischen Papstes, als der E-Mail-Verkehr unerwartet und explosionsartig von 340 000 pro Tag auf 5 Millionen Botschaften in die Höhe schnellte.

Heute sind die Ansprachen des Papstes auf YouTube zu sehen und ein offizielles Portrait des polnischen Papstes auf Facebook.

FILMARCHIV   Das Interesse der katholischen Kirche an der Welt des Films besteht seit Langem. Man denke nur an die Katholische Vereinigung der Kino-Betreiber (ACEC), die 1949 das Erbe der katholischen Freizeiteinrichtungen antrat, die von der Katholischen Aktion Mitte der dreißiger Jahre zum ersten Mal eingeführt wurden.

Nur wenige wissen, dass der Vatikan seit über 50 Jahren, genau genommen seit 1959, auch eine Filmothek besitzt. Sie wurde vom damaligen Papst Johannes XXIII. angeregt und ist heute im Palazzo San Carlo untergebracht. Ziel dieser Einrichtung ist es, »Filme und Register von Fernsehwiedergaben zu sammeln und aufzubewahren, die sich mit der Kirche befassen und insbesondere den Summus Pontifex, seine Repräsentanten und verschiedene Abteilungen der Römischen Kurie, die apostolischen und karitativen Aktivitäten der universalen Kirche und die kulturellen Werke betreffen, die von den Katholiken auf den Weg gebracht wurden, außerdem das religiöse Leben in der Welt und die Werke von hohem künstlerischen und menschlichen Wert«. Die Filmothek wurde 1987 mit der Unterstützung einer großen Bank erneuert und umgestaltet und ist heute eine wahrhaft weltumspannende Datenbank von religiösen und moralischen Werken nicht nur christlichen und katholischen Ursprungs. Die Titel sind ganz unterschiedlich geartet und reichen von der Filmrolle bis zur modernen DVD. Darüber hinaus ist die Datenbank ein wichtiges Forschungsinstrument für Wissenschaftler, da ein schier unerschöpfliches Filmverzeichnis vorliegt.

Das Archiv umfasst rund 7000 katalogisierte Titel. Das Zelluloidmaterial erfordert besondere klimatische Bedingungen und ist deshalb in einem Raum mit konstanter Temperatur von etwa 16 °C und einer Luftfeuchtigkeit von 30 % untergebracht.

Auch die Filmothek wird in die Restaurierungsarbeiten einbezogen. Sie ist dafür ausgerüstet, die alten Zelluloidstreifen aufzufrischen und in moderne digitale Versionen zu überführen.

Unter den kostbarsten Filmen des Archivs findet sich auch der Streifen, der zum ersten Mal bewegte Bilder von einem Papst zeigte (*Leo XIII.*, produziert 1896 bei Film Lumière) und *L'Inferno* aus dem Jahr 1911 nach Dantes *Göttlicher Komödie*. Hierbei handelt es sich um das allererste Beispiel für den Einsatz von Spezialeffekten und ist daher von unschätzbarem historischen Wert. Der Film wurde in den Archiven der vatikanischen Filmothek entdeckt, als man schon dachte, er sei verloren gegangen, und wurde dank der finanziellen Unterstützung eines pharmazeutischen Unternehmens auf DVD überspielt. Er wird häufig von Schulen und kulturellen Einrichtungen ausgeliehen wie etwa für die kinematografische Ausstellung in Venedig und vom Museum of Modern Art in New York.

Mehr als einmal haben die Päpste sich die Filme im Vatikan angeschaut. Je nach Anlass werden die Filme an verschiedenen Orten gezeigt. Im April 2010 zum Beispiel, als Benedikt XVI. den Film *Pius XII.* sah, fand die Vorführung in den Räumen der Schweizergarde in Castel Gandolfo statt, wo es eine sehr große, moderne Filmleinwand gibt.

Natürlich gibt es auch im Vatikan einen offiziellen Kinosaal. Dieser befindet sich direkt in der Filmothek und hat 50 Zuschauerplätze.

DIE ANDERE HÄLFTE
DES HIMMELS

WENIGE, ABER NAHEZU PERFEKT Die Zahl der Frauen im Vatikan ist nach wie vor verschwindend gering, aber es gibt einige wenige Frauen, die wichtige Posten bekleiden. Andere wiederum waren von entscheidender Bedeutung für die Geschichte des kleinen Staates der katholischen Kirche.

Im nächsten Kapitel (über den Tagesablauf des Papstes im Apostolischen Palast) wird von den vier Laienschwestern die Rede sein, die ihre Arbeit in der Wohnung des Papstes verrichten, auch über Birgit Wansing, die Sekretärin Joseph Ratzingers, und Ingrid Stampa, Musikprofessorin und Haushälterin von Kardinal Ratzinger und inzwischen Sekretärin erster Klasse (so die offizielle Bezeichnung) im Staatssekretariat.

Ebenfalls im Staatssekretariat treffen wir auf zwei weitere Frauen, die anspruchsvolle Aufgaben übernehmen: Schwester Maria Sebastiana Posati ist Expertin für Verwaltungsfragen, und Eurosia Bertolassi, genannt Rosi, die der von Chiara Lubich gegründeten Fokolar-Bewegung angehört. Sie ist die langjährige Sekretärin von Kardinal Tarcisio Bertone, schon seit der Zeit, als dieser noch in der Glaubenskongregation tätig war. Während in den Kongregationen die Anzahl der Frauen kaum der Rede wert ist, zeichnet sich beim *Osservatore Romano* eine Gegentendenz ab: Dort arbeitet seit einigen Jahren eine Journalistin; die erste, die von der Tageszeitung des Papstes fest angestellt wurde. Silvia Guidi wurde vom Chefredakteur Gian Maria Vian berufen, unter anderem deshalb, weil sie, genauso wie er selbst, in lateinischer Literatur des Mittelalters promoviert ist.

Bedeutend ist die Präsenz von Frauen in der Apostolischen Bibliothek und im Päpstlichen Geheimarchiv. Dort arbeiten unter anderen die schon erwähnte spanische Restauratorin Angela Nuñez Gaitán und die Archiv-Angestellte Barbara Frale, bekannt durch ihre umstrittenen Bücher über das Leichentuch Christi und die Tempelritter.

Was die Vergangenheit betrifft, will ich nun etwas eingehender über drei Frauen berichten, die entscheidende Spuren hinterlassen haben.

PASCALINA   Ihr weltlicher Name war Josephine Lehnert. Sie wurde als siebtes von zwölf Kindern 1894 in Bayern geboren. Sehr früh trat sie in den Orden der Schwestern vom Heiligen Kreuz ein und 1918, mit 24 Jahren, bekam sie von der Oberin den Auftrag, zusammen mit zwei anderen Schwestern in der Münchner Nuntiatur Dienst zu tun, um dem neuen Repräsentanten des Vatikans, Eugenio Pacelli, zur Seite zu stehen.

Zunächst war geplant, dass sie nur ein paar Monate für den Erzbischof arbeiten sollte, bis Pacelli sich eingewöhnt haben würde, aber Schwester Pascalina machte sich mit ihrem zupackenden Organisationstalent so unentbehrlich, dass der neue Nuntius beschloss, sich nicht mehr von ihr zu trennen. »Es gelingt ihr, mir viele Sorgen abzunehmen, indem sie mir die Arbeit erleichtert«, schrieb Monsignore Pacelli im Jahr 1921 an die Oberin der Schwestern.

Mit ihrem energischen Wesen organisierte Schwester Pascalina den Tagesablauf des Nuntius bis ins kleinste Detail, sie half ihm bei vielen Arbeiten, überwachte die Küche und kontrollierte die Post. Beide ergänzten sich charakterlich in idealer Weise. Als Pacelli im Jahr 1930 Kardinalstaatssekretär im Vatikan wurde und neun Jahre danach aus dem Konklave als Papst Pius XII. hervorging, war Pascalina noch immer an seiner Seite, unentbehrlicher und unbeugsamer denn je.

Im Vatikan nannte man sie den »deutschen Feldwebel« oder auch »Virgo potens«, »die starke Jungfrau«. Mit ihrer teutonischen Strenge war sie vielen unsympathisch, aber sie war so überzeugt von sich und ihrer besonderen Rolle, dass sie es fertigbrachte, ein Gespräch des Papstes mit dem Botschafter der Vereinigten Staaten zu unterbrechen, weil die Suppe auf dem Mittagstisch des Papstes kalt wurde.

Die negativen Urteile über Pascalina waren auch Neid zuzuschreiben, gewann sie doch immer mehr an Macht und Einfluss. Der Papst verließ sich auf sie und machte sie zur Mitarbeiterin seines Vertrauens.

Trotz mancher Unterstellung ließ sich der Papst nicht beirren und übertrug der Schwester im Zweiten Weltkrieg sogar die heikle Aufgabe, die Hilfsaktion für die Juden in Rom zu leiten.

Wie dem auch sei – als der Papst starb, wurde ihr die Rechnung präsentiert. Pascalina und ihre Mitschwestern blieben ohne den päpstlichen Schutz zurück und wurden als störende, unerwünschte Gäste betrachtet: Die Kurie verzieh Pascalina nicht, wie viel Macht sie an sich gezogen hatte. Zum Schutz der Schwestern musste der Kardinaldekan Eugène Tisserant einschreiten, aber für Pascalina war das vatikanische Abenteuer unwiderruflich zu Ende. Sie starb 1983 in Wien im Alter von 89 Jahren, erhielt aber dann doch ein Grab auf dem Campo Santo Teutonico im Vatikan.

HERMINE   Im Jahr 1934 brauchte Pius XI. eine Fachkraft, die sich mit dem fotografischen Archiv der Vatikanischen Museen befassen sollte, und deshalb berief er eine junge Deutsche in den Vatikan. Ihr Name war Hermine Speier, und diese Berufung sorgte für Empörung unter den Monsignori der Kurie, weil sie die erste Frau war, die jemals im Vatikan angestellt wurde.

Als Pius XI. aus Mailand kam, brachte er schon eine Frau mit, seine Gouvernante Teodolinda Banfi. Aber eine Gouvernante war doch etwas anderes als eine berufstätige Frau mit einer offiziellen Anstellung. Warum hatte der Papst unter so vielen fachkundigen Kandidaten, überwiegend Männern, ausgerechnet Hermine Speier ausgewählt?

Das Jahr der Anstellung vermag einiges aufzuklären. 1934 war Hitler in Deutschland an der Macht und hatte seine antisemitische Ideologie in die Tat umgesetzt. Das äußerte sich auch in der Entlassung aller jüdischen Angestellten. Der Papst war darüber sehr besorgt, und Hermines Anstellung bekam symbolische Bedeutung, war sie doch nicht nur Deutsche, sondern auch jüdischen Glaubens.

»Spinnie«, so ihr Spitzname, hatte einen starken, extrovertierten Charakter. Als schöne Frau konnte man sie eigentlich nicht bezeichnen; sie war klein, rundlich, aber immer korrekt gekleidet und von mitreißendem Temperament.

Und auch wenn sie nicht verheiratet war, so hatte sie bereits einige romantische Beziehungen mit Männern hinter sich, was sie, alles zusammen genommen, in den Augen der Kurialen noch ungeeigneter erscheinen ließ. Aber Pius XI. ließ sich dadurch nicht beeinflussen. Mit Hermines Anstellung wollte er zahlreiche Tabus brechen: Er wollte demonstrieren, dass eine Frau, sofern sie qualifiziert war, ebenso gut im Vatikan arbeiten konnte wie alle anderen Angestellten, und er vermittelte eine klare Botschaft sowohl an Hitler als auch an die weniger mutigen Katholiken: Niemand darf diskriminiert werden, weil er Jude ist.

Einer Legende zufolge, die im Vatikan erzählt wurde, soll Hermine im Arbeitsvertrag als »Herminius« eingetragen worden sein, womit man einen Skandal habe verhindern wollen. Dank einer jüngeren Nachforschung durch die deutsche Journalistin Gudrun Sailer von Radio Vaticana konnte allerdings bestätigt werden, dass Hermine Speier unter ihrem wirklichen Namen und ohne Schwindeleien angestellt wurde.

Hermine wurde am 28. Mai 1898 in Frankfurt am Main geboren und war demnach 36 Jahre alt, als sie ihre Arbeit in den päpstlichen Palazzi antrat, wo sie sich rasch einen Namen als Organisatorin von kulturellen Veranstaltungen machte. Auch einen literarischen Salon stellte sie auf die Beine. Seit 1928 arbeitete sie im Deutschen Archäologischen Institut. An Fachkenntnis fehlte es ihr nicht, und wer nicht von Vorurteilen geblendet war, lobte sie wegen ihrer Kompetenz und ihrer vielseitigen Interessen.

Nach Abschluss der Lateranverträge und dem Ende der Römischen Frage erlebten die Vatikanischen Museen einen bemerkenswerten Aufschwung. Ihr Leiter war der Archäologe Bartolomeo Nogara; er suchte nach tüchtigen Mitarbeitern, und Hermine war genau die richtige. Ebenso dazu gehörten weitere Frauen wie etwa die bereits erwähnte Margherita Guarducci, von der später nochmals die Rede sein wird, sowie Luisa Banti, Lorenzina Cesano, Medea Norsa, Paola Zancani, die Engländerin Eugenia Strong – allesamt Archäologinnen von Rang.

Während ihrer Zeit im Vatikan schien Hermine ihre Zugehörigkeit zum jüdischen Glauben nie in Zweifel gezogen zu haben, aber einige Jahre nach dem Ende des Zweiten Weltkriegs entschloss sie sich dann überraschend, zum katholischen Glauben überzutreten. Niemand hatte sie dazu gedrängt, es war ihre freie Entscheidung. Ihre deutschen Eltern freilich distanzierten sich von ihr und hielten sie für eine Verräterin. Als sie im Alter von 91 Jahren starb, wurde sie im Campo Santo Teutonico begraben. Eines Tages besuchte ein

Unbekannter ihr Grab und legte auf den Grabstein als Zeichen des Gedenkens einen kleinen Stein. Es war einer der beiden Brüder Hermines, und seine Geste wurde sehr bald von vielen anderen Freunden, katholischen wie jüdischen, nachgeahmt.

MARGHERITA   Wenn die katholische Kirche mit einer wissenschaftlichen Begründung darauf pochen kann, dass der Petersdom auf dem Petrusgrab errichtet wurde, dann ist dies das Verdienst einer Frau – einer Archäologin und Epigrafikerin, die über 40 Jahre lang an der Universität La Sapienza in Rom lehrte. Ihr Name war Margherita Guarducci.

Die Florentinerin, Jahrgang 1902, promovierte 1924 in Bologna und ging dann für eine italienische Ausgrabungsmission nach Kreta. Noch heute gilt sie als unerreichte Autorität auf dem Gebiet der griechischen Inschriften. Im Jahr 1952 wurde sie von Pius XII. beauftragt, die Arbeiten am vermuteten Petrusgrab weiterzuführen, die zehn Jahre lang, seit 1939, eine Archäologengruppe unter Leitung von Monsignore Ludwig Kaas verrichtet hatten.

Bei den früheren Forschungsarbeiten hatte man zwar das *Petrusgrab* gefunden, aber die Gebeine des Apostels waren nicht an dieser Stelle. Deshalb wurde Margherita gebeten, mit der Nachforschung von Neuem zu beginnen. Es war eine mühsame Kleinarbeit, aber es gelang der Epigrafikerin, kostbare Inschriften in griechischer Sprache zu entziffern und sogar einige Knochen zu entdecken, die nach genauer Analyse von einem Mann stammten, der im Alter von etwa 70 Jahren im 1. Jahrhundert n. Chr. gestorben war.

Auf einem Grab fand die Archäologin eine Anrufung, die an Petrus gerichtet war; also gab es Gebete für die Christen, die dort begraben lagen. Das war eine wichtige Spur, aber der eigentliche Fund gelang, als Margherita ein Graffito auf der berühmten *roten Mauer* entdeckte, das sie als *Petros eni – Petrus ist hier* (in griechischer Sprache) deutete. Ich habe schon angemerkt, dass dieses Graffito auch ein Fragment des Satzes *Petros en irene – Petrus (ruhe) in Frieden* sein könnte. Datierbar ist die Inschrift auf die Zeit vor dem Ende des 2. Jahrhunderts n. Chr. Da das Griechische damals die zweite Umgangssprache in Rom war, etwa vergleichbar mit dem Englischen heute, ist es nicht verwunderlich, dass sie an dieser Stelle verwendet wurde.

Bereits ein anderer Archäologe aus dem Team um Ludwig Kaas, Antonio Ferrua, hatte das Fragment der roten Mauer mit dem Graffito gefunden, aber zunächst mit nach Hause genommen, anstatt es den Wissenschaftlern für eine Analyse zu überlassen. Als aber die Existenz des Fragments zur öffentlichen Angelegenheit wurde, brachte es der Geistliche in den Vatikan zurück, und so konnte es dann geprüft werden.

Wer Margherita kannte, beschrieb sie als starke Persönlichkeit (manche nannten sie »ziemlich unangenehm«). Zweifellos war sie sehr energisch, gerade wenn es darum ging, ihre eigenen Thesen zu vertreten. Daher wohl der Vorwurf, sie sei bei Auseinandersetzungen geradezu verliebt in ihre eigene Interpretation gewesen und habe Kritikpunkte einfach nicht zur Kenntnis genommen. Wir müssen die Angelegenheit den Spezialisten überlassen, die sich tatsächlich nach wie vor nicht einig sind. Sicher ist nur, dass das Ende der Geschichte für Margherita nicht angenehm war.

Im Jahr 1964 teilte die Archäologin Papst Paul VI. mit, ihre Forschungen seien nun abgeschlossen, wobei sie behauptete, dass die Gebeine von Petrus stammten. Der Papst gratulierte ihr und bat sie, ihren Forschungsbericht so rasch wie möglich abzuschließen, damit er die feierliche Verkündung für das Fest Allerheiligen, den 1. November, vorsehen könne.

Mit der gewohnten Dickköpfigkeit schloss die Forscherin ihren Bericht im September ab und übergab ihn dem Papst.

Verständlicherweise war sie glücklich und wartete mit Ungeduld auf die Reaktion, die am 20. Oktober eintraf. Der Papst schrieb: »Meiner geliebten Tochter in Christo Margherita Guarducci danke ich für ihr Schreiben und die beigefügten Druckfahnen der Publikation über ›die Reliquien des Heiligen Petrus‹. Wir nehmen sie mit dem Interesse und dem Respekt zur Kenntnis, wie dies eine hochgelehrte Arbeit verdient, und wir bringen auch unsere Genugtuung und unser Lob zum Ausdruck für den Fleiß und die Frömmigkeit, mit der diese hohe Anstrengung bewältigt wurde. Mit dem Druck eilt es nicht mehr so sehr, da es nicht möglich war, die Bischöfe für dieses wichtige Thema zum angekündigten Datum einzubeziehen.«

Das war nicht gerade die Reaktion, die Margherita erwartet hatte. Der Papst befürwortete eher die These der Skeptiker. Warum? Offenbar hatte ihm jemand empfohlen, Zurückhaltung zu üben. In diesem Zusammenhang schrieb Margherita später: »Im Grunde genommen fühle ich mich alleingelassen und schutzlos, mit der ganzen Last dieser riesigen Verantwortung.«

Es folgten jahrelange Streitereien zwischen Archäologen, die unterschiedliche Ansichten vertraten, bis sich schließlich Paul VI. ganz überraschend am 26. Juni 1968 an die Gläubigen wandte und sagte: »Die Reliquien des Heiligen Petrus sind identifiziert worden, sodass wir sie für echt halten können. – Wir haben Grund zu der Annahme, dass die wenigen, aber geheiligten sterblichen Überreste des Apostelfürsten gefunden wurden.«

Am nächsten Tag wurden die Gebeine in Anwesenheit von Kardinälen, Notaren und Archäologen in die Krypta des konstantinischen Baus gebracht. An der Zeremonie nahm auch Margherita teil, aber nicht der Papst, und sie bemerkte dazu: »Das ist ohne Zweifel seltsam. Seine Anwesenheit wäre in einem vergleichbaren Fall sozusagen unabdingbar. Man denke nur, dass er bei Beginn der Grabungen bereit war (so sagte er), vor den Gebeinen des Petrus ›auf die Knie zu fallen‹. Was mag ihn bewogen haben, nicht zu erscheinen?«

In den darauffolgenden Jahren sparte Margherita nicht mit Kritik an den Verantwortlichen im Vatikan. Einige Maßnahmen waren ihrer Meinung nach verfehlt und unpassend, wie die Öffnung der Türen zu dem Gelände und »zweifelhaften Veränderungen in den Strukturen der Mauer«, was zur Folge hatte, dass wichtige Luftlöcher verlegt wurden. Sie beantragte auch, von Johannes Paul II. empfangen zu werden, aber ohne Erfolg. Später schrieb sie: »Ich kann einfach nicht begreifen, warum Johannes Paul II., der sich mit so viel Eifer um die Angelegenheiten der Kirche kümmert, nie gespürt hat oder spürt, dass er sich informieren muss […], direkt und in allen Einzelheiten über eine so wichtige Frage, die Frage der realen Anwesenheit des Heiligen Petrus in der vatikanischen Basilika.«

SCHATTENSEITEN

Intrigen, Verschwörungen, Mordanschläge, Betrug, Machtkämpfe: Die Geschichte des Vatikans ist voll davon, und selbst in den letzten Jahren fehlte es nicht an aufsehenerregenden Vorfällen, die sehr oft eine wahre Goldgrube für Drehbuchautoren und Schriftsteller waren.

Die Vatikanstadt ist ein idealer Schauplatz für Ereignisse dieser Art, finden sich hier doch alle erforderlichen Ingredienzien: Abgeschlossenheit, Geheimnistuerei, Konzentration großer Interessen, der ständige Kontakt zwischen Menschen, die auf engem Raum miteinander leben.

Die Vorfälle der letzten 30 Jahre noch einmal zu rekapitulieren, ist durchaus unbefriedigend, weil wir über keinen einzigen etwas Sicheres wissen. Es ist jedoch notwendig, wenn man das komplizierte Universum mit Namen Vatikan besser verstehen will.

Ich werde die Unterkapitel mit den Vornamen der Hauptpersonen versehen, um daran zu erinnern, dass es sich um wahre Begebenheiten handelt. In all den Jahren wurde schon so oft und so viel darüber gesprochen, dass sie wie Großstadtlegenden anmuten. Aber das sind sie nicht. Sie alle sind wirklich passiert.

PAUL Auch wenn er im Jahr 2006 in den Vereinigten Staaten gestorben ist, genügt es, seinen Namen zu nennen, um düstere Szenarien heraufzubeschwören. Paul Casimir Marcinkus wurde 1922 in Cicero, Illinois, geboren. Sein Vater war

Litauer, seine Mutter Russin, beide waren in die USA ausgewandert. In den fünfziger Jahren landete Paul in Rom, um an der Gregoriana zu studieren, und sehr bald, kaum 30-jährig, tat er sich im vatikanischen Staatssekretariat hervor. Der damalige Papst, Paul VI., unternahm als erster in seinem Amt Reisen über die italienischen Grenzen hinaus. Marcinkus erhielt den Auftrag, sich speziell bei diesen schwierigen Dienstreisen nützlich zu machen. Er war kräftig gebaut und sportlich, so verwandelte er sich bei Bedarf auch in einen Bodyguard. Im Jahr 1970, auf den Philippinen, rettete er dem Papst das Leben, indem er den Dolchstoß eines Attentäters ablenkte, der aus der Menschenmenge aufgetaucht war und versucht hatte, den Papst zu attackieren.

Im Jahr 1971 wurde Marcinkus wegen seines Unternehmergeists zum Chef der Vatikanbank (IOR) ernannt.

Arrogant bis zum Zynismus – »mit dem Ave Maria kann man die Kirche nicht regieren«, soll er gesagt haben – schloss er sehr bald eine Allianz mit Roberto Calvi, dem Präsidenten der Mailänder Banco Ambrosiano, einem streng katholischen Kreditinstitut, das im 19. Jahrhundert von dem Franziskaner-Terziaren Giuseppe Tovini gegründet wurde.

Was die Arroganz betrifft, konnte Calvi durchaus mit dem amerikanischen Monsignore Schritt halten. Seine Spezialität war es, Finanzierungsgesellschaften in Steuerparadiesen zu schaffen, und er war sich nicht zu schade, mit Michele Sindona zusammenzuarbeiten, einem Bankier aus Messina mit Kontakten zur Mafia, heimlichem Finanzier der Democrazia Cristiana, Mitglied der Loge Propaganda Due (P2) und Auftraggeber des Mordes an dem Mailänder Rechtsanwalt Giorgio Ambrosoli, dem Konkursverwalter der italienischen Privatbank.

Calvis und Marcinkus' Interessen gingen in dieselbe Richtung. Calvi sah damals, als man noch nicht gehalten war, die internationalen Vorschriften zur Transparenz zu beachten, in der Vatikanbank einen idealen Ort, wo man außerhalb der Gesetze hantieren konnte. Der Monsignore wiederum sah in Calvi einen ausgezeichneten Finanzmann, weil er den vatikanischen Kassen einen wachsenden Geldsegen sicherte, der zum guten Teil Richtung Polen abgezweigt wurde, wo zu Beginn der achtziger Jahre die Gewerkschaft Solidarność Bedarf an finanzieller Hilfe hatte, und nach Lateinamerika, wo der Vatikan die antimarxistischen Bewegungen unterstützte. Insgesamt dürfte sich der Betrag, den Calvi von der Banco Ambrosiano an die Vatikanbank überwiesen hat, auf 1800 Milliarden Lire belaufen haben.

Aber im Jahr 1981 begann das Kartenhaus, das Calvi ersonnen hatte, zu schwanken. Zu trübe waren die Quellen, aus denen er das Geld geschöpft hatte, zu schmutzig die Verbindungen, die mit Verruf und Kriminalität verflochten waren. Der Bankier selbst hatte ein großes, beklemmendes Problem: Er schuldete dem Mafioso Pippo Calò und der Magliana-Bande eine riesige Geldsumme. Deswegen wandte er sich an Marcinkus, der ihm aber jegliche Hilfe verweigerte. Calvi hatte sich in eine Sackgasse manövriert.

Im Juni 1982, wenige Tage bevor er in London unter einer Brücke erhängt und den Taschen voller Ziegelsteine aufgefunden wurde, richtete er einen Brandbrief an Johannes Paul II. Er sprach von einer »furchtbaren Situation, in die mich zusammen mit der Vatikanbank eine Serie von tragischen Ereignissen hineingerissen hat, die immer noch schlimmer werden«. Er war wirklich verzweifelt und bat den Papst um Hilfe, aber gleichzeitig warf er dem Vatikan »Vogel-Strauß-Politik«, »absurden Leichtsinn« und »fortgesetzten Starrsinn« vor. Er schrieb: »Heiliger Vater, ich habe die schwere Last der Irrtümer wie auch der Fehler auf mich genommen, die von den heutigen und früheren Vertretern der Vatikanbank begangen wurden, einschließlich der Verbrechen Sindonas; auch dafür trage ich jetzt die Konsequenzen. Ich war es doch, der auf die genaue Anweisung Ihrer führenden Repräsentanten erhebliche Finanzmittel zur Verfügung gestellt hat zugunsten zahlreicher Länder und politisch-religiöser Gruppierungen im Osten wie im Westen. Ich habe doch gemeinsam mit der Regierung des Vatikans in ganz Mittel- und Südamerika die Schaffung von Bankinstituten koordiniert, vor allem mit dem Ziel, die Unterwanderung und Verbreitung der marxistischen Ideologie zu verhindern, und heute werde ich von eben dieser Autorität verraten und im Stich gelassen, der ich immer tiefsten Respekt und absoluten Gehorsam entgegengebracht habe.«

Auch wenn die englische Justiz Calvis Tod rasch als Selbstmord zu den Akten legte, löste er von Anfang an viele Zweifel aus. Andere Nachforschungen widersprachen diesem Urteil und boten Raum für beide Hypothesen: Selbstmord oder Mord. Die italienische Justiz ordnete daraufhin eine Untersuchung an, ob als Drahtzieher Pippo Calò, Geldbeschaffer der Mafia, der Business Broker Flavio Carboni und Ernesto Diotallevi, der als einer der Chefs der Magliana-Bande galt, in Frage kamen. Im Mai 2010, gut 18 Jahre nach Calvis Tod, wurden alle drei von einem Berufungsgericht freigesprochen, aber im Urteilsspruch wurde bestätigt, dass Calvi mit Sicherheit ermordet wurde.

Und was geschah mit Marcinkus? Obwohl er in den Zusammenbruch der Banco Ambrosiano verwickelt war, blieb er bis 1989 Chef der Vatikanbank. Die italienische Justiz erließ Haftbefehl gegen ihn, aber dank eines Diplomatenpasses entging er dem Gefängnis und zog sich in die Vereinigten Staaten zurück. Er starb im Jahr 2006 im Alter von 84 Jahren in seinem kleinen Haus in Sun City, Arizona, offiziell an einem Herzinfarkt, ohne jemals seine eigene Version der Geschehnisse bekannt gegeben zu haben.

DON ALBINO   Es geschah in der Nacht vom 28. auf den 29. September 1978. Papst Johannes Paul I., mit bürgerlichem Namen Albino Luciani und am 26. August als Nachfolger Pauls VI. gewählt worden, starb in dieser Nacht in seinem Bett im Apostolischen Palast. Seit seiner Wahl waren nur 33 Tage vergangen.

Luciani wurde im Jahr 1912 in Forno di Canale (heute Canale d'Agordo), Provinz Belluno, geboren. Im Jahr seiner Wahl war er also 66 Jahre alt – und von angegriffener Gesundheit. Schon als Bischof von Vittorio Veneto und Patriarch von Venedig war er schüchtern und errötete, wenn er sich aufregte oder sich nicht wohl fühlte. Aber wie man es häufig bei schüchternen Menschen erlebt, war er auch sehr energisch, entschieden und bereit, allem auf den Grund zu gehen, wenn es sich darum handelte, Prinzipien zu verteidigen, die er für unwiderruflich hielt.

Im Morgengrauen des 29. September brachte Schwester Vincenza Taffarel dem Papst eine Tasse Kaffee. Sie stellte die Tasse auf den Schreibtisch seines Arbeitszimmers, das an sein Schlafzimmer angrenzte, und klopfte dann an die Tür. Das tat sie jeden Morgen, und auch schon in den Jahren, als er noch Bischof von Vittorio Veneto war.

Nach einer Viertelstunde kehrte die Nonne wie immer zurück, um die Tasse abzuholen, aber sie stellte fest, dass er den Kaffee nicht getrunken hatte. Das war noch nie geschehen, und Schwester Vincenza erschrak. Sie rief mit lauter Stimme, klopfte wiederholt an die Tür und entschloss sich, einzutreten. Der Papst saß im Bett, von zwei Kissen gestützt und die Nachttischlampe brannte. Sein Gesichtsausdruck war heiter, der Kopf leicht nach vorne geneigt. Schwester Vincenza fühlte ihm den Puls: Der Papst war schon seit einigen Stunden tot.

Vielleicht sah Don Albino in den letzten Augenblicken sein Leben an sich vorüberziehen: die Kindheit, die Jahre im Seminar in Feltre und Belluno, die Priesterweihe im Jahr 1935, seine Anstellung als Religionslehrer an höheren Schulen, die Ernennung zum Bischof von Vittorio Veneto im Jahr 1958, sein Platz im Zweiten Vatikanischen Konzil, der Umzug nach Venedig 1969, die Ernennung zum Kardinal und schließlich die Papstwahl mit 101 Stimmen von 111 im vierten Durchgang.

Don Albino ist Papst geworden! Wer hätte das je vorausgesagt? Und dennoch: Sein Vorgänger Paul VI. tat bei seinem Besuch in Venedig etwas ganz Ungewöhnliches und Hochsymbolisches. Luciani selbst erinnerte am 27. August 1978 beim Angelus-Gebet daran: »Paul VI. hat mich nicht nur zum Kardinal erhoben; einige Monate davor, als wir über den Markusplatz liefen, hat er es fertiggebracht, dass ich einen roten Kopf bekam, und das vor 20 000 Leuten: Er nahm die Stola ab und legte sie mir auf die Schultern. Niemals bin ich so rot geworden!«

Erkannte Paul VI. in dem Patriarchen von Venedig seinen idealen Nachfolger? Möglicherweise. Später hieß es, die Wahl eben dieses Kardinals Luciani sei auch im Jahr 1977 von Schwester Lucia, der Wahrsagerin von Fatima, prophezeit worden, und dadurch war der Kardinal, den man sonst nur heiter und freundlich kannte, einige Tage lang zutiefst beunruhigt, gedankenvoll und traurig.

Wie dem auch sei, der Vatikan, in den Johannes Paul I. als 263. Nachfolger des Apostels Petrus einzog, war ein Ort voller innerer Spannungen und beunruhigender Stimmen.

Am 12. September 1978 veröffentlichte die Wochenzeitschrift *Osservatorio Politico* (*OP*), geleitet von Carmine (Mino) Pecorelli, der knapp ein Jahr danach ermordet wurde, einen Artikel mit der Überschrift »Die große vatikanische Loge«. Der Artikel enthielt eine Liste von 121 Exponenten des Vatikans, die als Mitglieder der Freimaurerloge bezeichnet wurden. Auf der Liste standen auch Bischöfe und Kardinäle, darunter der Direktor der Vatikanbank Paul Marcinkus (Logenname Marpa), der Sekretär Pauls VI. Pasquale Macchi, Monsignore Donato de Bonis, Sekretär von Marcinkus und, wie viele sagten, der eigentliche Chef der Bank, der Kardinalvikar von Rom Ugo Poletti und der Staatssekretär des Vatikanstaates, Kardinal Jean Villot (Logenname Jeanni).

Pecorellis Liste, die auch die Daten des Beitritts und die Nummern der Mitgliedskarten enthielt, war verwirrend, aber schon seit einiger Zeit gab es im Vatikan Gerüchte über eine Freimaurer-Unterwanderung, und gerade Paul VI. hatte am 29. Juni 1972 Aufsehen erregt mit der Feststellung, dass »durch irgendeinen Spalt der Qualm des Satans in die Kirche eingedrungen ist«.

Hatte Johannes Paul I. geplant, alle zwielichtigen Mitarbeiter zu entfernen, angefangen bei Marcinkus und Villot? Wir werden es nie erfahren. Sicher wissen wir nur, dass Luciani den amerikanischen Monsignore bereits zur Rede gestellt hatte.

Wir schreiben das Jahr 1972. Luciani war Patriarch von Venedig und stellte immer wieder empört fest, dass Marcinkus, ohne ihn und die übrigen Bischöfe der Region zu informieren, zugunsten eines gewissen Roberto Calvi 37 Prozent der Aktien der Banca Cattolica del Veneto verkaufte, eines ehrwürdigen Instituts, das zu dem Zweck gegründet worden war, die Arbeit des Klerus für die Bedürftigen zu unterstützen. Schüchtern, aber nicht schwerfällig, eilte Luciani nach Rom, um zu protestieren, aber in bestimmten Fällen bekamen die Gemächer des Vatikans Gummiwände. Nach einem ergebnislosen Gespräch mit dem Kardinal Giovanni Benelli, Substitut im Staatssekretariat, kehrte er verzweifelt in die Lagunenstadt zurück. Es blieb ihm nichts anderes übrig, als die Konten des Patriarchats in ein anderes Kreditinstitut zu verlegen. Vergeblich bat er die Direktoren der Banca Cattolica, aus dem Namen das Adjektiv zu streichen, das auf den sozialen Zweck verwies. Vor allem aber kam er zu der Überzeugung, dass Marcinkus unmoralisch und gefährlich war.

Über die Vatikanbank und ihre Verfehlungen gedachte Luciani von Neuem während der Kongregationen, die im Vorfeld des Konklaves nach dem Tod Pauls VI. stattfanden, zu sprechen. Kardinal Vagnozzi, Präsident der Präfektur für die wirtschaftlichen Angelegenheiten des Apostolischen Stuhls, malte die finanzielle Situation des Heiligen Stuhls in düsteren Farben. Die 15 Jahre unter dem Pontifikat Pauls VI. hatten einen Verfall der Konten gebracht, wie er erklärte. Kardinal Pietro Palazzini warf den Verantwortlichen für die Wirtschaft vor, sie hätten in sträflicher Weise die Manöver der Bank gedeckt und verschwiegen, aber Kardinal Villot erklärte, die Aktivitäten der Bank unterlägen nicht der Aufsicht der Präfektur für die wirtschaftlichen Angelegenheiten und fielen auch nicht in die Zuständigkeit des Kardinalskollegiums.

Das folgende Konklave war wie gesagt sehr kurz. Auf Luciani konnten sich die Purpurträger fast sofort verständigen, und als der Kardinaldekan den Gewählten fragte, ob er das Amt übernehmen wolle, antwortete er: »Gott möge euch verzeihen, dass ihr mich gewählt habt.«

Zum Erzbischof von Manila Jaime Sin, der zu ihm gesagt hatte: »Eminenz, Sie werden der neue Papst sein«, meinte er jetzt: »Sie waren ein Prophet, aber mein Pontifikat wird nicht lange dauern.« Den Gedanken äußerte er mehrfach in diesen Tagen. Nicht nur das. Der theologische Berater Don Pattaro wie auch der Privatsekretär, John Magee, haben berichtet, dass der Papst einer Sache ganz sicher war: Nach ihm werde ein Papst »aus dem Ausland« gewählt. Aber wer? Es war dann der Kardinal, der im Konklave genau vor ihm saß, der Erzbischof von Krakau, Karol Wojtyła.

Aber zurück in die Wohnung Johannes Pauls I. Auf seinem Schreibtisch fand der neue Papst in diesen Septembertagen

1978 die Liste mit den verdächtigten vatikanischen Freimaurern, die Pecorelli veröffentlicht hatte. Zweifellos handelte es sich um ein Manöver, mit dem man ihn beeinflussen wollte. Der sanfte Luciani war aufgerufen, viele Ämter neu zu besetzen, und er hatte seine eigenen Ideen: Für Villots Posten dachte er an Benelli, und auf den Posten des Kardinalvikars Poletti wollte er Felici setzen. Aber vor allem wollte er Marcinkus aus der Vatikanbank entfernen. Am Abend des 28. September, vor dem Abendessen, informierte der Papst, der es gewohnt war, loyal zu handeln, Staatssekretär Villot über seine Pläne. Wie verlief dieses Gespräch? Trifft es zu, dass der Papst danach verstört war und sogar ein Unwohlsein verriet?

Viele Jahre lang kannte man die Einzelheiten dieses Gesprächs nicht, bis schließlich Diego Lorenzi, der Privatsekretär Johannes Pauls I., im Jahr 2005 auf der Internetseite des »Kleinen Werks der Göttlichen Vorsehung« eine Denkschrift veröffentlichte, in der er einige Details über diesen Abend des 28. September 1978 enthüllte: »Nach den Audienzen an diesem Tag waren wir beim Abendessen und der Papst sagte, als er schon am Tisch saß, zu uns beiden Sekretären (der andere war Magee): ›Sonderbar, ich spüre Stiche in der Brust. Aber ich merke schon, dass sie nachlassen.‹ Ich war genauso überrascht wie Monsignore Magee, der gleich darauf sagte: ›Es steht immer ein diensthabender Arzt zur Verfügung; es macht keinerlei Mühe, ihn zu rufen.‹«

Schon im Jahr 1987 hatte Don Diego in einer Fernsehsendung über diese Stiche in der Brust gesprochen, versicherte aber, dass der Papst die Mitarbeiter nicht erst beim Abendessen darüber informiert hatte, sondern schon kurz vor 20 Uhr, als er sich an der Tür seines Arbeitszimmers zeigte, gleich nach der Audienz mit Kardinal Villot.

Handelte es sich um denselben Anfall oder um zwei verschiedene Episoden? Wir wissen es nicht. Dagegen wissen wir auf der Grundlage einer Rekonstruktion Magees, die er in der Monatszeitschrift *Trentagiorni* veröffentlicht hat, dass der Papst sich an diesem 28. September schon am Nachmittag zweimal nicht wohl fühlte. »Es geht mir nicht gut«, sagte er zu Magee, aber auf den Vorschlag, den Arzt, Dr. Buzzonetti, kommen zu lassen, antwortete er.: »O nein, nein, nein, es ist nicht nötig, den Arzt zu rufen. Ich werde mich ein bisschen durch die Räume bewegen.«

Um 17.40 Uhr hörte der Sekretär den Papst heftig husten, er eilte zu ihm hin und schlug ihm erneut vor, den Arzt zu rufen, aber der Papst lehnte erneut ab, allerdings bat er Schwester Vincenza, ihm einige Medikamente zu bringen. Er erschien zum Abendessen, und laut Magee sprach er währenddessen nicht von Stichen in der Brust, sondern verließ den Raum mit dem prophetischen Satz: »Der Rückzug, den ich jetzt antreten möchte, ist der für einen guten Tod.«

Zu diesen entscheidenden Stunden bleiben viele Fragen offen. Warum hat Magee nicht Don Diego mitgeteilt, dass der Papst sich schon am Nachmittag unwohl fühlte? Warum hat keiner von beiden trotz der besorgniserregenden Symptome die Initiative ergriffen und den Arzt gerufen? An ebendiesem Abend, um 21 Uhr, telefonierte Dr. Antonio Da Ros, Lucianis behandelnder Arzt in Vittorio Veneto und Venedig, mit dem Papst, um sich nach seinem Befinden zu erkundigen; warum aber hat keiner von den Schwächeanfällen an diesem Tag und den Stichen in der Brust berichtet?

Soweit man es rekonstruieren kann, hat Schwester Vincenza den Papst am Morgen des 29. September um 4.45 Uhr tot aufgefunden, die offizielle Todesnachricht aber folgte erst drei Stunden danach und einige Begleitumstände wurden verändert wiedergegeben. So wurde verlautbart, dass Magee etwa um 5.30 Uhr, als er den Papst nicht in seiner Privatkapelle antraf, ihn in seinem Zimmer suchte und tot im Bett vorfand;

die Lampe brannte, als wäre er noch in eine Lektüre vertieft. Andererseits wurde genau festgehalten, dass Dr. Buzzonetti sofort gerufen wurde; er stellte den Tod fest, der wahrscheinlich gegen 23 Uhr am Vorabend eingetreten war, als Folge eines akuten Myokardinfarkts.

Um allen Spekulationen wegen der Anwesenheit einer Frau im Zimmer des Papstes zuvorzukommen, beschloss der Vatikan, Schwester Vincenza aus dem offiziellen Bulletin herauszuhalten. Stattdessen wurde bekannt gegeben, dass der Papst das Buch *De Imitatione Christi* in seinen Händen hielt, einen Text aus dem Mittelalter über das Erlangen der Askese. Aber diese Tricks konnten nicht verhindern, dass zahlreiche Fragen auftauchten. Wie konnte der Arzt von Infarkt sprechen, wenn keine Autopsie vorgenommen wurde? Warum wurden aus dem Schlafzimmer sofort die Brille, die Pantoffeln und sämtliche anderen persönlichen Dinge entfernt, dazu die Medizinflasche mit Effortil, das der Verstorbene gegen niedrigen Blutdruck einnahm? Warum wurde das Schlafzimmer sofort gereinigt und in Ordnung gebracht? Warum wurde der Leichnam, der noch auf dem Bett lag, schon um 7.30 Uhr (nach Aussage der Nichte des Papstes, Lina Petri) gewaschen und in seine kirchlichen Gewänder gehüllt? Warum verlangte Kardinal Villot von den Brüdern Signoracci, den Fachleuten für Einbalsamierung, so rasch wie möglich zu beginnen, ohne die nächsten 24 Stunden verstreichen zu lassen, und dem Körper weder Blut noch Organe zu entnehmen, sondern einige chemische Produkte zu injizieren? Auch nach so vielen Jahren sind all diese Fragen unbeantwortet geblieben. Der Schweizergardist Bernhard Dura, der am Leichnam des Papstes Wache hielt, berichtete, irgendwann habe das Gesicht des Toten eine grünliche Farbe angenommen. Sogleich wurden alle Anwesenden weggeschickt und der Sarg eiligst geschlossen.

Am 31. August 1978 wandte sich der Unternehmer Paolo Panerai in der Wochenzeitschrift *Il Mondo* mit folgenden Worten an den Papst: »Heiliger Vater, trifft es zu, dass der Vatikan Geldgeschäfte mit einem Spekulanten abwickelt? Trifft es zu, dass der Vatikan eine Bank hat, die an illegalen Kapitaltransfers aus Italien in andere Länder beteiligt ist? Trifft es zu, dass diese Bank den Italienern hilft, Steuerflucht zu betreiben?« Nach unbestätigten Berichten fand sich auch eine Kopie dieser Zeitschrift auf dem Schreibtisch im Arbeitszimmer des Papstes.

Die ehrlichsten und ehrenhaftesten Worte über den Tod dieses Papstes fand wohl der brasilianische Kardinal Aloisio Lorscheider im Jahr 1998, also 20 Jahre nach den Ereignissen: »Es ist schmerzlich für mich, das zu sagen: Der Verdacht sitzt in unserem Herzen; er ist wie ein bitterer Nachgeschmack, ein Fragezeichen, auf das nie eine vollständige Antwort gegeben wurde.«

MEHMET ALI   Die Marmorplatte, die ins Pflaster auf dem Petersplatz eingelassen ist, erinnert an die Stelle und an den Tag eines Attentats; sie ist sehr klein, nur wenige Zentimeter im Quadrat, aber an dieser Stelle geschah am 13. Mai 1981 etwas wahrhaft Erschütterndes, eine Tat, über deren Hintergründe wir noch heute keinerlei Gewissheit haben. Warum schoss der Türke Mehmet Ali Ağca an diesem Mittwoch um 17.17 Uhr auf den Papst Johannes Paul II.?

Nach so vielen Jahren ergebnisloser Vermutungen und Ermittlungen müssen wir eingestehen, dass es nur eine Antwort gibt: Wir wissen es nicht. Einen zweifelhaften Beitrag zur Aufhellung des absoluten Dunkels hat der Killer selbst geleistet mit seinen unzusammenhängenden Phrasen, widersprüchlichen Darstellungen, seiner vielleicht beabsichtigten und durchgehaltenen Unglaubwürdigkeit, die alle Fäden verwirren sollte. Aber zu dem entmutigenden Ergebnis haben auch andere beigetragen, die sich unter verschiedenen Vorwänden bemühten, das Ereignis für ganz eigene Zielsetzungen zu nutzen, statt Klarheit zu schaffen.

Die drei wichtigsten Hypothesen zu den Hintergründen der Tat sind die bulgarische, die islamistische und schließlich die vatikanische Spur. Die erste wurde lange Zeit als die wahrscheinlichste gehandelt, zumal der weltpolitische Kontext unmittelbar nach dem Attentat im Mai 1981 als der plausibelste erschien. Johannes Paul II., der polnische Papst, steuerte mit seiner Tätigkeit, seiner Lehre und seiner Kritik das Sowjetsystem in eine handfeste Krise. In den frühen achtziger Jahren war die Öffnung der Berliner Mauer noch in weiter Ferne, aber Risse und Spalten hatten sich schon gezeigt und aus Moskauer Sicht waren sie besorgniserregend. Da der Papst den Kampf um die Freiheit unterstützte, für die sich die polnische Gewerkschaft Solidarność einsetzte, war er automatisch ein Feind. Aus Moskau kam die Idee, ihn auszuschalten, aber mittels des bulgarischen Geheimdienstes übertrug man die Aufgabe einer Person, die nicht direkt mit dem Ostblock in Verbindung gebracht werden konnte, dem Türken Ali Ağca, einem Berufskiller und Anhänger der nationalistischen Bewegung »Graue Wölfe«. In seinem Land war er schon wegen Mordes an einem Journalisten inhaftiert und verurteilt worden, dann aber 1979 aus dem Gefängnis ausgebrochen.

In Wirklichkeit gab es neben der bulgarischen noch eine weitere Spur aus östlicher Richtung – sie führte nach Polen. Es wurde zwar weniger darüber gesprochen, aber eine journalistische Recherche brachte es ans Licht. Vielleicht spielten auch die Geheimdienste Warschaus eine gewisse Rolle bei dem Attentat. Oder vielleicht – einer Hypothese zufolge, die noch weniger öffentlich gemacht wurde – spielte hier Warschau sogar die Hauptrolle, und die angebliche bulgarische Beteiligung diente nur der Verschleierung.

Die zweite Möglichkeit war ein islamistischer Hintergrund, mit dem Regime in Teheran als Auftraggeber. Die These wird vor allem von den israelischen Geheimdiensten vertreten, aber auch von dem ehemaligen polnischen Ministerpräsidenten General Jaruzelski, der im April 2011 in einem Interview mit der italienischen Monatsschrift *Jesus* sagte: »Es gab da zweifellos einige Länder und verschiedene Kräfte, die immer den Wunsch hatten, den Papst auszuschalten, was aber nicht bedeutet, dass sie Ali Ağca beauftragt hätten, ihn zu ermorden. Abgesehen vom Kreml gab es da noch einen radikalen Islam, der den Papst hasste und in ihm den Befehlshaber der Kreuzritter sah. Vielleicht ist es kein Zufall, dass Ali Ağca türkischer Staatsbürger und Moslem ist, der im Namen des Islam schon im November 1979 auf einer Reise in der Türkei gedroht hat, Johannes Paul II. zu ermorden. Wurde er von Fundamentalisten angeheuert? Wir wissen es nicht. Jedenfalls, aus der Rückschau, erscheint mir die Spur zum Islam die logischste.«

Dann erzählte Jaruzelski noch: »Während eines Besuchs in Bulgarien 1982 oder 1983 fragte ich den Sekretär der bulgarischen Kommunistischen Partei Todor Schiwkow unumwunden: ›Genosse Todor, ganz unter uns, was können Sie mir zu dieser bulgarischen Spur sagen?‹ Er antwortete: ›Genosse Jaruzelski, ihr glaubt wohl, wir sind die Trottel der Kompanie? Glauben Sie, wir hätten Antonow (Verantwortlicher für die Fluglinie Bulgarien-Rom) in Rom auf seinem Posten belassen, wenn er wirklich in das Attentat verwickelt gewesen wäre?‹«

Jaruzelski gibt zu, dass sein Regime, um den Papst auf Schritt und Tritt zu beobachten, den Vatikan mit Spionen regelrecht auffüllte, vor allem mit »polnischen Priestern, die auch für unsere Geheimdienste arbeiteten«, aber den Pontifex ermorden wollen – das war schon ein gewaltiger Unterschied.

Schließlich könnte man auch über eine Spur in den Vatikan nachdenken, nicht so sehr weil Ali Ağca in einer seiner zahlreichen Enthüllungen irgendwann behauptete, hinter dem Attentat stehe die Regie des damaligen Kardinalstaatssekretärs Casaroli (den Papst umbringen und dann die Schuld der Sowjetunion zuschieben, so sein Schlachtplan), sondern weil der damalige Untersuchungsrichter beim römischen Tribunal Rosario Priore im Jahr 2000 selbst gesagt hat, dass Ağca mit seinem Hinweis auf den Vatikan »möglicherweise ein bisschen zu viel von dem Komplott von 1981 mitbekommen hat«.

Eine Verbindung zwischen dem Killer und dem Vatikan könnte sich aus einer Episode wenige Tage vor dem Attentat ergeben. Am 10. Mai 1981 besuchte der Papst die Kirche San Tommaso d'Aquino in Rom. Einer der Gläubigen fotografierte. In der Mitte einer Gruppe älterer Personen auf dem Foto, die herbeigeströmt waren, um den Papst zu sehen, erkennt man einen jungen Mann, der laut Rosario Priore entweder Ağca selbst oder sein »perfekter Doppelgänger« war. Wie kam dieser Mensch in ein reserviertes Areal, nur wenige Schritte vom Papst entfernt, also dort, wo man im Besitz eines Erlaubnisscheins sein musste, der von der Präfektur des Päpstlichen Hauses ausgestellt wird? Diese Frage wird noch beunruhigender, wenn man bedenkt, dass damals Ercole Orlandi die Erlaubnisscheine aushändigte, die von der Präfektur ausgestellt wurden, und das war der Vater Emanuelas, des Mädchens, das zwei Jahre später entführt und nie wieder aufgefunden wurde.

Marco Ansaldo und Yasemin Taskin behaupten in *Tötet den Papst. Die Wahrheit über das Attentat auf Johannes Paul II.*, der Vatikan sei in das Attentat involviert gewesen. Auch der bulgarische Dolmetscher Asen Marčevski ist davon überzeugt; er war damals Angestellter der bulgarischen Botschaft in Rom und viele Jahre lang bei den Unterredungen zwischen Regierungsmitgliedern aus Sofia und verschiedenen Päpsten anwesend. Johannes Paul II., so versichert er, wollte ganz ähnlich wie sein Vorgänger im Vatikan aufräumen: die Freimaurer entfernen und Marcinkus' Machtvollkommenheit zurückstutzen. Daher kam der Hass auf seine Person von Seiten derer, die sich von ihm bedroht fühlten, und der Beschluss, ihn zu beseitigen, in Kooperation mit der Mafia und einem Berufskiller. Ali Ağca hat wohl nie erfahren, wer seine eigentlichen Auftraggeber waren.

Bewegen wir uns im Reich der Phantasie? Fast möchte man das denken. Was bleibt, ist die bittere Feststellung des Richters Priore im Hinblick auf die mangelnde Zusammenarbeit der vatikanischen Behörden, die nie einen eigenen Beitrag zu den Ermittlungen leisteten. Die italienische Justiz wollte insbesondere die Kardinäle Casaroli, Oddi, Ratzinger und Sodano befragen, aber aus den vatikanischen Palazzi kam immer nur ein abschlägiger Bescheid.

EMANUELA   Am 22. Juni 1983 verschwand die 15-jährige Emanuela Orlandi, Tochter des oben erwähnten Hofdieners der Präfektur des Päpstlichen Hauses, auf völlig unerklärliche Weise aus Rom, ohne irgendwelche Spuren zu hinterlassen. Emanuela war Staatsbürgerin der Vatikanstadt. Eines Tages fuhr sie wie so häufig mit dem Bus in die Musikschule an der Piazza Sant'Apollinare, ganz nah bei der Piazza Navona. Auf dem Schulweg traf sie, soweit man dies rekonstruieren kann, einen Unbekannten. Dieser Mann stieg aus einem BMW und bot ihr eine Arbeit als Verkäuferin für Kosmetika der Firma Avon an und stellte ihr eine monatliche Vergütung von 375 000 Lire in Aussicht – damals eine fürstliche Entlohnung. Woher wissen wir das alles? Ganz einfach: Emanuela hat es selbst erzählt, etwa zwischen dem 19. und dem 22. Juni in einem Telefongespräch mit ihrer Schwester. In ihrer Aufregung verließ sie die Musikschule ein wenig zu früh. Zu dem Unbekannten hatte sie gesagt, sie müsse, bevor sie sich entscheidet, zuerst mit ihrer Familie darüber sprechen, und ihre Schwester riet zur Vorsicht und sagte, das Angebot sei zu verlockend, um ehrlich zu sein. Wichtig ist jedenfalls, dass Emanuela zu Hause anrief und darüber sprach. Nach dem Telefonat erzählte Emanuela ihrer Freundin Raffaella Monzi von ihrer merkwürdigen Begegnung, und diese begleitete sie noch bis zur Bushaltestelle. Als sie sich trennten, war es 19.30 Uhr, und Emanuela war allein. Sie kehrte nie wieder nach Hause zurück.

Nach Aussage einer Polizeistreife wurde ein Mädchen mit den Gesichtszügen Emanuelas nach 19.30 Uhr vor dem Senatorenpalast gesehen. Der Polizist erinnerte sich genau. Das Mädchen wollte eine Auskunft von ihm: Es wollte wissen, wo die Sala Borromini sei. War Emanuela allein? Nein, sie war in Begleitung eines Mannes: schlanker Typ, scharfgeschnittenes Gesicht, etwa 1,75 groß, ungefähr 35 Jahre alt, Geheimratsecken, und er trug eine Aktentasche. Dieser Mann, so sagte der Polizist noch genauer, war aus einem BMW (dunkel metallic) ausgestiegen. Andere Augenzeugen ergänzten noch, dass Emanuela in das Auto eingestiegen sei. Mit Hilfe eines Phantombildes von diesem Unbekannten stellte ein Carabiniere des Geheimdienstes Nucleo operativo in der Via Selci eine sehr starke Ähnlichkeit mit Enrico De Pedis, genannt Renatino, fest, dem Boss der Magliana-Bande, einem Umstand, dem damals keine Bedeutung beigemessen wurde. Die Ermittler hatten gute Gründe anzunehmen, dass De Pedis ins Ausland geflüchtet war, weshalb sie diese Spur nicht weiter verfolgten.

So begann eine Geschichte, die im Laufe der nächsten Tage, Monate und Jahre immer verwickelter und immer unbegreiflicher wurde. Zunächst waren es die seltsamen Telefonanrufe im Haus der Familie Orlandi, dann folgten Vermutungen über Zusammenhänge zwischen Emanuelas Verschwinden und dem Attentat auf Johannes Paul II., dem Skandal der Vatikanbank, dem Mordfall Calvi, den Verbrechen der Magliana-

Bande – ein unentwirrbares Knäuel, ein Vexierbild, das irgendjemand unlösbar machen wollte eben zu dem Zweck, die Wahrheit in immer weitere Ferne zu rücken.

Es gibt im Wesentlichen drei Hypothesen zu diesem Fall, und jede enthält Einzelheiten, die zur Lösung beitragen könnten. Nach der ersten Hypothese könnte das Verschwinden des Mädchens mit dem Attentat auf Johannes Paul II. am 13. Mai 1981 auf dem Petersplatz im Zusammenhang stehen. Demnach hätten Freunde Ali Ağcas das Mädchen entführt, um dem Vatikan eine Botschaft zu übermitteln und Emanuela als eine Art Lösegeld für die Freilassung des türkischen Attentäters zu benutzen. In diese Richtung gingen einige anonyme Anrufe bei der Familie und im Pressebüro des Vatikans, darunter der Anruf des sogenannten »Amerikaners« (einer Person mit angelsächsischem Akzent), der forderte, eine telefonische Direktleitung mit dem damaligen Kardinalstaatssekretär Agostino Casaroli einzurichten. Außerdem verlangte er eine Fürsprache des Papstes.

Dies geschah dann auch am 3. Juli 1983 nach dem sonntäglichen Angelus-Gebet vom Fenster des Apostolischen Palasts aus, als der Papst sagte: »Ich möchte zum Ausdruck bringen, dass ich der Familie Orlandi hier in diesem Haus in tiefer Anteilnahme verbunden bin. Sie befindet sich in großer Betrübnis wegen ihrer Tochter Emanuela, die seit 15 Tagen, also seit dem 22. Juni, nicht nach Hause zurückgekehrt ist. Ich teile die Ängste und das quälende Warten ihrer Eltern, aber ich gebe die Hoffnung auf ein menschliches Gefühl bei den Verantwortlichen für diese Tat nicht auf.« Zahlreiche Anrufe des »Amerikaners« und anderer Unbekannter in diese Richtung folgten, ohne greifbares Resultat.

Am 20. Juli 1984, über ein Jahr nach Emanuelas Verschwinden, meldeten sich die »Grauen Wölfe« selbst zu Wort und behaupteten, sie hätten das Mädchen in ihrer Gewalt, dazu auch Mirella Gregori, eine 17-jährige Jugendliche aus Rom, die am 7. Mai 1983 spurlos verschwunden war. Allerdings meinte Günter Bohnsack, ehemaliger Mitarbeiter des Ministeriums für Staatssicherheit, dass diese Behauptung vom DDR-Geheimdienst lanciert worden sei, um auf eine falsche Fährte zu führen und der These von der Verbindung Ağcas mit türkischen Extremisten Nachdruck zu verleihen. Dadurch sollten die bulgarischen Kollegen entlastet werden, die als mögliche Auftraggeber für das Attentat auf Johannes Paul II. galten.

Die zweite Hypothese verknüpft Emanuelas Verschwinden mit dem Skandal um die Vatikanbank und der Banco Ambrosiano. Der italienische Nachrichten- und Verfassungsschutzdienst SISDE hat eine Expertise erstellt, wonach die Stimme des »Amerikaners« sogar die Stimme des Monsignore Marcinkus gewesen sein könnte. Es gibt auch eine Aussage von Sabrina Minardi, der »Kronzeugin« und langjährigen Geliebten von Renato De Pedis. An der Glaubwürdigkeit dieser Frau bestehen allerdings erhebliche Zweifel, weil sie seit langem drogenabhängig war. Nach Aussage Minardis soll sich Marcinkus selbst mit dem Auftrag an De Pedis gewandt haben, Emanuela verschwinden zu lassen. Doch aus welchem Grund? Ein »Machtkampf« innerhalb des Heiligen Stuhls (so die Formulierung der Zeugin) könnte es erforderlich gemacht haben, kompromittierende Beweise, die Marcinkus belasten konnten, aus dem Weg zu räumen.

Tatsächlich behauptete Minardi, sie selbst habe im Auftrag von De Pedis junge Mädchen für den amerikanischen Monsignore besorgt. Sie begleitete diese Mädchen »in eine Wohnung in der Via di Porta Angelica«, wo er »wie eine normale Person gekleidet war«, und dort sei auch der Sekretär gewesen, »ein gewisser Flavio«. Eben dieser Flavio habe im Namen Marcinkus' angerufen (»aber der Dottore wollte ein Treffen«), und sie habe im Auftrag von De Pedis die »Lieferung« ausgeführt.

Die Beziehungen zwischen Marcinkus und der Magliana-Bande seien sehr eng gewesen, so Minardi.

Eines Tages brachte De Pedis Marcinkus eine Milliarde Lire in bar mit, schmutziges Geld, das Marcinkus in seiner Vatikanbank waschen sollte, um es für ganz eigene Zwecke wieder in Umlauf zu bringen: »Renatino hatte, wie er mir sagte, Interesse daran, mit Marcinkus ins Geschäft zu kommen, weil er diese Gelder, die aus den Entführungen stammten, auf dem ausländischen Markt unterbrachte.« Minardi erinnerte sich sogar an die Marke der Geldtasche, die für den Transport benutzt wurde, und fügte hinzu, De Pedis habe ihr »so viel schönes Kokain« gegeben.

Sabrina Minardi lieferte den Ermittlern auch Einzelheiten darüber, wo und wie sie selbst und De Pedis Emanuela Orlandi einem Mann übergeben hätten (»er sah aus wie ein Geistlicher«), über den Ort, wo das Mädchen nach der Entführung gefangen gehalten wurde (»in einem Haus, das riesige Kellerräume hatte«), und leider auch über den Tod Emanuelas. Sie sei ermordet und in einen Betonmischer geworfen worden; das war in Torvaianica, einem Ort in der Nähe von Pomezia an der Küste Latiums.

Schließlich die dritte Hypothese: Danach könnte Emanuela geraubt und aus dem Weg geräumt worden sein, weil sie in eine Beziehung mit einem hohen Würdenträger des Vatikans verwickelt war. Auf der Grundlage dieser These wurde das Mädchen möglicherweise noch am Tag der Entführung ermordet. Aber wie soll man dann verstehen, was in der Zeit danach geschah? Nur ein gigantischer Staub-Aufwirbler, der unbedingt verhindern wollte, dass die Wahrheit herauskam und mit ihr verschiedene Personen und ihre illegalen Verwicklungen aufflogen, hätte sich mit so viel Eifer einmischen können. Diese Version wird durch zwei Details gestützt: durch die Tonbandaufnahme eines Telefongesprächs, mit dem ein Monsignore von einem Verantwortlichen der Gendarmerie forderte, der italienischen Justiz nicht mitzuteilen, das Staatssekretariat habe Nachforschungen angestellt, und durch die Aussage eines anderen Monsignore, er habe auf seinen Antrag, Nachforschungen anzustellen, vom Vatikan den Rat bekommen, die Dinge so zu belassen, wie sie waren.

Aber diese letzte Hypothese wurde von Pietro Orlandi, dem Bruder Emanuelas, entschieden zurückgewiesen. In dem Buch Mia sorella Emanuela (2011), das der Journalist Fabricio Peronaci geschrieben hat, erzählt er die private Geschichte und enthüllt unter anderem, dass die Familie Orlandi an Benedikt XVI. geschrieben und ihn um Hilfe bei der Suche nach der Wahrheit über diesen Fall gebeten habe. Man erfährt dort auch, dass Ercole Orlandi, der Vater Emanuelas, Pietros und der drei anderen Schwestern (er starb im Jahr 2004), in der Zeit, als das Verbrechen geschah, überzeugt war, es müsse im Vatikan einen Maulwurf gegeben haben, dem es gelang, die Entführer über alle Bemühungen, das Mädchen wiederzufinden, auf dem Laufenden zu halten.

Andererseits erinnert Pietro Orlandi auch an die Verwirrung, den Schmerz und die Wut seines Vaters und der übrigen Familienmitglieder, als sie erfuhren, dass die hohen Würdenträger des Heiligen Stuhls von verschiedenen Seiten, speziell den französischen Geheimdiensten, dringend vor möglichen Entführungen gewarnt worden seien, sich aber niemand bemüßigt gefühlt habe, die Familie Orlandi zu informieren, damit sie Vorkehrungen treffen konnte.

CÉDRIC Am 4. Mai 1998 wurde in dem Haus neben der Kaserne der Schweizergarde eines der scheußlichsten Verbrechen begangen, die sich jemals im Vatikan ereigneten. Der Hauptmann der Schweizergarde Alois Estermann, 44 Jahre alt und erst seit wenigen Stunden zum Hauptmann ernannt, seine Ehefrau Gladys Meza Romero, eine Venezolanerin, 49, und der Vizekorporal Cédric Tornay, 24, wurden tot aufgefunden, ermordet durch eine Schusswaffe. Estermann lag auf dem Fußboden, vermutlich bei einem Telefonat erschossen. Die Ehefrau lehnte in sitzender Haltung an einer Wand. Tornay lag bäuchlings hingestreckt. Die Pistole Kaliber 9, mit der die Bluttat begangen wurde, gehörte ihm; sie lag versteckt unter dem Körper des jungen Mannes.

Estermann und seine Frau wurden zu einem Abendessen im Restaurant des Hotels Columbus in der Via della Conciliazione erwartet. Möglicherweise waren sie im Augenblick ihres Todes gerade im Begriff, das Haus zu verlassen. Nach der offiziellen Version des Vatikans, die den Journalisten des damaligen Direktors des Presse- und Informationsbüros Joaquín Navarro-Valls mitgeteilt wurde, hatte Tornay den Hauptmann und seine Ehefrau umgebracht und anschließend durch einen Schuss in den Mund Selbstmord begangen. Vier Geschosse wurden gefunden: Zwei trafen den Hauptmann, eines die Ehefrau und eines den Korporal. Das Motiv? Tornay empfand einen Groll gegenüber dem Hauptmann, weil er nicht die Verdienstmedaille bekommen hatte, die er sich so sehr wünschte. Der Pressesprecher des Vatikans fügte nach der Autopsie noch hinzu, Tornay habe auch unter psychischen Problemen gelitten, ausgelöst durch eine Zyste im Gehirn. Das erkläre unter anderem auch seinen schwierigen, eher instabilen und rebellischen Charakter. Offensichtlich war er nicht in der Lage, sich der Disziplin zu fügen, die nun einmal den Gardisten des Papstes abverlangt wird.

Estermann war ein bekanntes Gesicht im Vatikan: Wenn man die Bilder vom Attentat auf Johannes Paul II. am 13. Mai 1981 betrachtet, sieht man ihn in der traditionellen Uniform unter der Leibgarde rund um den weißen Jeep. Er fällt auf, weil er einer der schnellsten war, die dem verletzten Papst zu Hilfe eilten.

Der Abend, an dem der Doppelmord und der Selbstmord geschahen, war für ihn ein Anlass zu feiern, da er gerade an diesem 4. Mai zum Hauptmann der Schweizergarde ernannt worden war, nachdem er seit langem nur Kommandant auf Zeit als Ersatz für den zurückgetretenen Roland Buchs gewesen war. Ausgerechnet jetzt musste er sterben. Warum? War der junge Cédric Tornay wirklich verantwortlich dafür?

Die Version der Fakten, wie sie der Vatikan mitteilte, überzeugte die Journalisten nicht, teils weil die vatikanischen Behörden nur drei Stunden brauchten, um den Tathergang zu rekonstruieren, teils weil es zahlreiche widersprüchliche Details gab. Aus der Pistole Kaliber 9 des Vizekorporals fehlten fünf Geschosse, gefunden wurden aber nur vier. War es wirklich möglich, dass das fünfte in dem kleinen Raum, in dem sich das Blutbad ereignet hatte, verloren gegangen war? Außerdem lautete die offizielle Version, Cédric habe sich das Leben genommen, indem er sich in den Mund schoss, aber wenn es sich wirklich so abgespielt hätte, dann wäre der junge Mann durch die Wucht des abgeschossenen Projektils auf den Rücken und nicht nach vorne gefallen. Darüber hinaus stellten die Ärzte fest, dass bei Cédric einige Zähne zersplittert waren, so als sei die Pistole gewaltsam und gegen seinen Willen in den Mund geschoben worden.

Zur Position Cédrics in dem Zimmer im Moment des Selbstmords haben die vatikanischen Ermittler festgestellt, dass der junge Mann in die Knie ging, mit dem Rücken zum Fenster, und das könnte erklären, warum er nach vorne fiel und die Schneidezähne abbrachen; sie zersplitterten durch den Sturz.

Der offiziellen Version hat Cédrics Mutter Muguette Baudat niemals Glauben geschenkt. Viel eher sollten entweder Estermann, seine Frau Gladys oder der junge Cédric Opfer eines

»schlau inszenierten Dramas sein, um Estermann zu beseitigen und einen verrückten und toten Mörder zu haben«. Nach ihrer Auffassung war die offizielle Untersuchung »voll von Heuchelei, Widersprüchen und Lügen, konstruiert, um eine Wahrheit zu unterdrücken, die möglicherweise schändlich war«.

Durch ihre Rechtsanwälte ersuchte sie den Vatikan, den Fall neu aufzurollen, aber dem Ersuchen wurde nicht stattgegeben. Der Familienanwalt der Tornays vermutete, dass der Vizekorporal betäubt und in das Haus Estermanns transportiert wurde, wo er dann durch einen Schuss in den Mund ermordet wurde. Um diese Version zu stützen, zitierte der Anwalt die Resultate einer unabhängigen Autopsie, die im Jahr 1999 vorgenommen wurde. Demnach wurde der junge Mann von einem Geschoss Kaliber 7 getötet und nicht wie vom Vatikan behauptet von einem Kaliber 9. Außerdem bestätigte der Anwalt auf der Grundlage einer grafologischen Expertise, dass der Abschiedsbrief Tornays, in dem er sich die Schuld an dem Vorfall gibt, eine Fälschung ist, obendrein auf einem Papier geschrieben, das man normalerweise nicht in der Kaserne der Schweizergarde vorfindet, sondern in den Ämtern der Kurie. Der Brief war außerdem an die Mutter gerichtet, es wurde aber der Familienname des Vaters verwendet, von dem die Mutter geschieden war – was der junge Mann niemals getan hätte. Dies könne auf die Nachforschung eines Außenstehenden im Archiv hindeuten, denn in den offiziellen Listen des Vatikans ist die Mutter mit dem Familiennamen des Vaters aufgeführt. Schließlich noch eine letzte Unstimmigkeit: In der offiziellen Verlautbarung heißt es, der junge Mann sei »von Wahnsinn überwältigt« worden; in seiner Stube habe man auch Joints gefunden. Aber wie passt die Hypothese vom »Wahnsinnsanfall« mit einem Brief zusammen, der vor den Ereignissen geschrieben wurde?

Auch wegen dieser ungeklärten Fragen gab es die unterschiedlichsten Hypothesen über die wahren Motive für dieses Blutbad. Man sprach von Mord aus Leidenschaft, vielleicht aus Eifersucht oder mit einem homosexuellen Hintergrund. Es wurde behauptet, Estermann sei ein Agent der DDR-Staatssicherheit gewesen. Man unterstellte, im Vatikan tobe ein Grabenkampf um den Posten des Kommandanten der Schweizergarde, wie schon das Intervall von einem ganzen Jahr zwischen dem Rücktritt von Hauptmann Buchs und der Ernennung des Nachfolgers bewiesen habe. Es versteht sich von selbst, dass keine einzige dieser Vermutungen durch stichfeste Beweise bestätigt wurde.

EIN TAG MIT BENEDIKT XVI. – DER TAGESABLAUF EINES PAPSTES

Was wir für »ewig« oder zumindest auf Jahre hinaus gesichert hielten, war innerhalb von Minuten umgestürzt und nur noch Geschichte: Papst Benedikt XVI. trat im Februar 2013 aus eigenem Entschluss zurück – wie es heißt, seit 700 Jahren der Erste, der diesen Schritt wagte, aber die Möglichkeit war durch die Verfassung des Vatikans gegeben. Die Schwäche seines hohen Alters erlaube ihm nicht mehr, das schwere, pflichtenreiche Amt auszufüllen. Mit Staunen und tiefem Respekt reagierte die ganze und nicht nur die katholische Welt. Inzwischen lebt er zurückgezogen und unsichtbar in dem für ihn renovierten Kloster Mater Ecclesiae mitten in den Vatikanischen Gärten, nahe bei dem Gebäude vom Radio Vatikan. Trotz allem wird es aufschlussreich und ein bisschen amüsant bleiben, wie ein unverkennbar deutscher Gelehrter auf dem Papstthron seinen viel zu langen Arbeitstag sorgsam plante und einteilte, um von der Fülle der Aufgaben, die auch einen Jüngeren erschöpft hätten, nicht überrollt zu werden.

JOSEPH DER METHODISCHE Bisher habe ich ausführlich über die Päpste und ihr Verhältnis zum Vatikan gesprochen. Wie aber lebte Benedikt XVI. während seines Pontifikats in der Vatikanstadt? Wie gestalteten sich die Zeiten, Rhythmen und Pflichten seines Arbeitstages? Und wie war sein Verhältnis zu den übrigen Personen im Päpstlichen Haus?

Die Päpste sind zwar die Stellvertreter Christi, aber sie sind immer auch Menschen, und wie alle Menschen haben sie Gewohnheiten, Neigungen, auch Eigenarten und irgendwelche fixen Ideen.

Johannes Paul II. war bekanntlich, solange er sich stabiler Gesundheit erfreute, häufig bestrebt, sich dem Leben in der Abgeschiedenheit zu entziehen, um zu »entwischen« – wenigstens ein bisschen. Es war auch bekannt, dass er mit Vorliebe in Gesellschaft von Gästen – Geistlichen oder Laien – das Mittagessen oder das Abendessen einnahm, und er stellte ihnen viele Fragen. In seiner Privatkapelle betete er meist hingestreckt auf dem Fußboden in Richtung Tabernakel. Sein Sekretär, Don Stanislao, erzählte außerdem, dass der Papst jeden Abend am Fenster des Apostolischen Palasts auf Rom schaute, die Stadt segnete und im Gebet aller ihrer Bewohner gedachte.

Von den *Gewohnheiten* Benedikts XVI. wusste man nicht viel, aber durch einige Äußerungen von ihm selbst und durch die Berichte von Mitarbeitern können wir den Ablauf seines Arbeitstages recht gut rekonstruieren. Wir erfuhren, dass der Papst nach guter deutscher Art strukturiert vorging und sehr gern sein Tagesprogramm bis ins kleinste Detail organisierte, auf die Stunde genau. Er wurde im Jahr 2005 im Alter von 78 Jahren zum Papst gewählt, war also schon ein betagter Mann, der sich unvorhergesehene Arbeitsüberlastung und übermäßige Eile nicht mehr zumuten konnte. Von daher war es geboten, die Verpflichtungen methodisch zu planen. Darüber hinaus war Benedikt XVI. ein überaus akkurater Autor. Er zog sich gern in sein Arbeitszimmer zurück und schrieb seine Texte in aller Ruhe, überprüfte die Quellen selbst und zog seine riesige Privatbibliothek zu Rate. Wenn er nicht Papst geworden wäre, das sagte er oft, hätte er sich dem Schreiben gewidmet. Es gelang ihm, auch als Pontifex zwei Bände über Jesus fertigzustellen, aber diese Tätigkeit war ein wenig in den

Hintergrund gerückt und nahm die Zeit der Erholung und der Ferien in Anspruch. Deshalb wurde ihm bei der Organisation seines Arbeitsalltags ein noch höheres Maß an Aufmerksamkeit abverlangt.

MESSE IN KLEINEM KREIS   Der Wecker klingelte ungefähr um 5 Uhr, wenn die Vatikanstadt noch in Stille versunken war. Schon als Kardinal war Joseph Ratzinger stets ein Frühaufsteher gewesen. Er meinte, die frühen Morgenstunden seien die fruchtbarsten und er wolle sie nicht entwischen lassen.

Die erste Verpflichtung war die Heilige Messe, die der Papst in seiner Privatkapelle etwa um 7 Uhr in italienischer Sprache zelebrierte, genauso wie seine Vorgänger Paul VI., Johannes Paul I. und Johannes Paul II. Mit ihm konzelebrierten die beiden Sekretäre, Don Georg und Don Alfred; die Rolle der »Ministranten« übernahmen die vier Laienschwestern, die sich um die päpstliche Wohnung kümmerten. (Auch in Benedikts Alterssitz übernehmen die vier Laienschwestern wieder den Dienst im Haushalt.) Diese vier Frauen gehören den sogenannten *Memores Domini* (»die des Herrn gedenken«) an. Nonnen sind sie nicht, aber sie haben im Rahmen der katholischen Laienbewegung »Gemeinschaft und Befreiung« ihr ganzes Leben dem Dienst an Gott und der Kirche geweiht und Keuschheit, Gehorsam und Armut gelobt. Ihre Namen sind Carmela, Loredana, Cristina und Rossella. Letztere kam in den ersten Monaten des Jahres 2011 neu zu der Gruppe und übernahm die Stelle Manuelas, die im November 2010 bei einem Autounfall in Rom ums Leben kam.

Loredana und Carmela stammen aus Apulien, Cristina aus den Marken und Rossella aus der Emilia-Romagna. Bis zum Jahr 2005, unter dem Pontifikat Johannes Pauls II., wurde der päpstliche Haushalt von polnischen Ordensschwestern geführt; ihre Leiterin war Schwester Tobiana. Im Allgemeinen wird der päpstliche Wohnsitz zwar von Nonnen betreut, die Präsenz von Laienschwestern ist aber dennoch keine absolute Neuheit, da es bereits Pius XI. vorgezogen hatte, sich wie zuvor in Mailand von der Gouvernante Teodolinda Banfi helfen zu lassen.

An der Messe nahm auch Paolo Gabriele, *Kammerdiener* des Papstes, teil. Früher nannte er sich »privater Majordomus«, aber diese Bezeichnung wurde abgeschafft. Paolo (»Paoletto«) ist verheiratet, Ende vierzig und hat drei Kinder. Seine Aufgabe war es, dem Papst beim Ankleiden zu helfen, ihm das Essen zu servieren und auf Reisen helfend beizustehen. Er übernahm den Posten von dem legendären Angelo Gugel, dem Butler Johannes Pauls II.

An der *Frühmesse* in der Privatkapelle des Papstes nahm auch eine Deutsche teil: Birgit Wansing. Sie gehört der Schönstatt-Bewegung (Marianische Kongregation) an, einer spirituellen Gruppierung, die im Jahr 1914 in Schönstatt (Vallendar bei Koblenz) in der Friedhofskapelle eines Augustinerinnenklosters, dem »Urheiligtum« der Bewegung, gegründet wurde. Sie betätigt sich noch heute mit ihren humanitären und karitativen Werken in zahlreichen Ländern auf der ganzen Welt. Die Rolle von Birgit Wansing im päpstlichen Haushalt war ein wenig die einer Koordinatorin; vielleicht sollte sie auch durch ihre Anwesenheit so etwas wie deutsche Geisteshaltung in die große Schar der italienischen Mitarbeiter einbringen.

Allbekannte *Haushälterin* des Kardinals Joseph Ratzinger, als dieser noch der Glaubenskongregation vorstand, war viele Jahre lang die Laienschwester Ingrid Stampa. Sie ist ebenfalls Mitglied der Schönstatt-Bewegung, ausgezeichnete Übersetzerin und geprüfte Schreibkraft. Sie schrieb sämtliche Texte des Papstes mit der Maschine ab – wie bereits erwähnt, schrieb er nur mit dem Federhalter und in einer winzigen Schrift, die nicht leicht zu entziffern war. Aber vor einigen

Jahren wurde Ingrid Stampa innerhalb des Vatikans versetzt: Sie arbeitet seitdem nicht mehr in der Papstwohnung, sondern im vatikanischen Staatssekretariat als *ufficiale*, in der Sprachregelung der Kurie »Angestellte in einem Amt«.

Nachdem nun die *Mitarbeiter* Benedikts XVI. vorgestellt wurden, sei noch hinzugefügt, was sie im Einzelnen zu tun hatten: Die aus Tarent stammende Loredana befasste sich hauptsächlich mit der Küche; sie bestellte alles Notwendige im Supermarkt des Vatikans oder bei Bedarf auch im Garten und im Landgut von Castel Gandolfo. Sie war eine ausgezeichnete Köchin und auf Vorspeisen spezialisiert wie zum Beispiel Pasta al curry und Rigatoni al prosciutto. Auch Carmela, ebenfalls aus Tarent stammend, arbeitete in der Küche, ihre Spezialität waren Süßspeisen. Da sie den Gaumen eines deutschen Papstes erfreuen musste, beherrschte sie die Kunst des Strudelbackens ebenso wie die Zubereitung von Tiramisù und Crostata (Mürbeteigkuchen), die dem Papst ganz besonders gut mit Heidelbeermarmelade schmeckte. Cristina und Rossella kümmerten sich um die Pflege der Papstwohnung und der päpstlichen Garderobe.

Die *Frühmesse*: Ganz im Gegensatz zur Geselligkeit, die man mit Johannes Paul II. verbindet, kam es bei Benedikt XVI. selten vor, dass auswärtige Gäste der Messe beiwohnten. Die Lesungen übernahm eine der *Memores*. Die Kommunion wurde von den Anwesenden kniend und direkt in den Mund empfangen, weil der Papst es nicht guthieß, wenn die Hostie in die Hände der Gläubigen gelegt wurde. Anschließend legte Benedikt XVI. gern eine lange Pause der Reflexion ein.

Nach der *Messe* nahm der Papst das Frühstück ein und ging dann in sein Arbeitszimmer, wo er sich von 8 bis 11 Uhr aufhielt. Auf dem Schreibtisch standen ein Kruzifix und zwei *Telefone*. Ein *Mobiltelefon* stand dem Papst auch zur Verfügung, aber die Nummer war, wie man sich denken kann, streng geheim. Die Sekretäre brachten ihm eine internationale *Presseschau*, die ein Amt des Staatssekretariats vorbereitet und in eine Ledermappe eingelegt hatte. Die Presseschau war sehr reichhaltig und sorgfältig hergestellt, mit einer Inhaltsangabe der wichtigsten Nachrichten am Anfang. Auf diese Weise konnte sich der Papst einen allgemeinen Überblick über die Ereignisse verschaffen und danach die Artikel auswählen, die ihn besonders interessierten. Da Benedikt XVI. außer seiner Muttersprache noch Italienisch, Englisch, Französisch und Spanisch verstand, mussten die Artikel in diesen Sprachen nicht übersetzt werden.

Zu den Aufgaben der *Sekretäre* gehörte auch, die Post zu sortieren und die Aufmerksamkeit des Papstes nur auf die nach ihrer Ansicht interessantesten oder dringendsten Zusendungen zu lenken. Wenn diese ersten Arbeiten erledigt waren, nahm der Papst den Tagesplan in Augenschein. Meist war eine Unterredung mit Kardinälen und Bischöfen vorgesehen, die entweder aus dem Ausland angereist waren oder im Dienst der Römischen Kurie standen. Thema dieser Zusammenkünfte waren die drängendsten Fragen im Zentrum des Lebens der Weltkirche, in all ihren Aspekten. Außerdem wurden dem Papst Dossiers und schematische Überblicke zu anstehenden Problemen, möglichen Terminen oder Reisen vorgelegt.

Etwa um 11 Uhr begab sich der Papst in seinem privaten Aufzug vom dritten in den zweiten Stock des *Apostolischen Palasts*, wo er die Besucher empfing, darunter auch Staatsoberhäupter, Ministerpräsidenten, akkreditierte ausländische Botschafter und Repräsentanten von Vereinigungen, Gruppen und Organisationen aus allen Teilen der Welt. Diese Empfänge werden von den Ämtern der Präfektur des Päpstlichen Hauses geleitet und finden in der päpstlichen Bibliothek oder in einem anderen Saal statt, je nachdem, wie viele Personen an der Audienz teilnehmen und wie viel Gewicht der Begegnung beigemessen wird. Dieser Teil der Verpflichtungen am Vormittag nimmt zwei Stunden in Anspruch, dauert also bis 13 Uhr.

Am *Mittwochvormittag* findet anstelle der *Privataudienzen* die wöchentliche *Generalaudienz* statt, je nach Jahreszeit und Anzahl der Besucher entweder in der großen Audienzhalle oder auf dem Petersplatz. Sie beginnt um 10.30 Uhr und dauert etwa eineinhalb Stunden. Im Allgemeinen besteht sie aus zwei Teilen: Im ersten Teil trägt der Papst eine *Katechese* vor, also eine Unterweisung zu einem religiösen Thema, in italienischer Sprache, gefolgt von einer Zusammenfassung in englischer, deutscher, spanischer, portugiesischer und polnischer Sprache. Nach der Unterweisung verliest ein Prälat der Kurie am Mikrofon die Namen aller anwesenden Besuchergruppen (Pfarreien, Vereinigungen, kirchliche Bewegungen, geistliche Orden), aufgeteilt nach ihrer jeweiligen Muttersprache. Schließlich richtet der Papst einen Gruß an die Gruppen und übermittelt in bestimmten Fällen, wenn die internationale Lage es erfordert, auch Appelle, die spezielle politische Ereignisse betreffen. Meist sind es Mahnungen, Gewalttaten und Konflikte zu beenden oder einzelne Menschen und ganze Völker zu schützen, die in Not sind und große Leiden erdulden.

Das *Mittagessen* fand um 13.30 Uhr statt. Der Papst wurde bei Tisch von seinem Kammerdiener bedient. Zu speisen pflegte er in Gesellschaft seiner beiden Sekretäre, während nur selten auswärtige Gäste teilnahmen. Die Küche war überwiegend mediterran, da sie dem Papst sehr zusagte. Die einzige Ausnahme bildeten dabei die Getränke: Benedikt XVI. trank keinen Wein, sondern Orangensaft; erst wenn die Süßspeise serviert wurde, genehmigte er sich auch ein Schlückchen Sekt.

COMPUTER – NEIN DANKE   Nach dem *Mittagessen* war Gelegenheit für einen kurzen Spaziergang auf der Dachterrasse des Apostolischen Palasts, zwischen den Orangen- und Zitronenbäumchen und mit einem großartigen Blick über Rom. Von dort scheint auch die Kuppel des Petersdoms zum Greifen nah und der Petersplatz breitet sich zu Füßen des Betrachters aus.

Während des *Spaziergangs* plauderte der Papst mit den beiden Sekretären in einer entspannten und freundschaftlichen Atmosphäre. In der Regel wurden in diesen 10 Minuten keine Arbeitsprobleme angesprochen.

Nach einer etwa einstündigen *Ruhepause* setzte sich der Papst um 15.30 Uhr von Neuem an seinen Schreibtisch. Der Nachmittag war der Abfassung von Dokumenten, Ansprachen und Predigten gewidmet. Alle seine Niederschriften mussten mit dem Computer erfasst und unter Umständen aus dem Deutschen in verschiedene Sprachen übersetzt werden.

Benedikt XVI. übertrug nicht gern anderen die Aufgabe, die Texte seiner *Ansprachen* zu schreiben, aber aus zeitlichen Gründen konnte er natürlich nicht immer alles selbst übernehmen. In solchen Fällen stellten ihm die verschiedenen vatikanischen Ämter Ausdrucke von Texten zu, die der Papst las und gelegentlich abänderte oder ergänzte.

Nach dem Ende dieser *Arbeitsphase* brachten ihm die Sekretäre etwa um 17.30 Uhr noch einmal vorsortierte *Post, Dokumente zur Unterschrift* und danach, etwa um 18.30 Uhr, die Liste der Audienzen, die vorgesehen waren. An verschiedenen Tagen empfing der Papst in seinem *privaten Arbeitszimmer* die wichtigsten Mitarbeiter: den Kardinalstaatssekretär, den Substituten am Staatssekretariat, den Sekretär für die Beziehungen zu den Staaten, die Präfekten der Glaubenskongregation und der Kongregation für die Bischöfe und schließlich die Leiter der übrigen Dikasterien und Ämter des Heiligen Stuhls.

Nachdem auch diese Bürde geschultert war, gönnte sich der Papst einen weiteren *Spaziergang*, diesmal in den Vatikanischen Gärten, in Begleitung eines oder beider Sekretäre.

Das *Abendessen* wurde etwa um 19.30 Uhr serviert und fiel sehr bescheiden aus. Anschließend schaute sich der Papst, wenn ihm der Sinn danach stand, den Anfang der Fernsehnachrichten um 20 Uhr an, zog sich dann noch für kurze Zeit in sein Arbeitszimmer zurück und betete schließlich in seiner Kapelle noch die *Komplet* (das letzte Tagesgebet im Brevier, dem liturgischen Buch der Geistlichen), die so genannt wird, weil sie den Abschluss der kanonischen Stundengebete bildet.

In sein Schlafzimmer zog sich der Papst nicht vor 23 Uhr zurück. Um das festzustellen, musste man nur um diese Zeit über den Petersplatz gehen, von wo man erkennen konnte, wann das Licht hinter dem letzten Fenster ganz rechts im obersten Stockwerk des Apostolischen Palasts gelöscht wurde. In diesem Augenblick kam die ganze Vatikanstadt (mit Ausnahme der diensthabenden Schweizergardisten und einiger technischer Dienste) für einige Stunden zur Ruhe – in Erwartung des neuen Arbeitstages.

ITE, MISSA EST – GEHET HIN IN FRIEDEN

Als in der Kirche noch lateinisch gesprochen wurde, sagte der Priester am Ende der liturgischen Feier: *Ite, missa est – Gehet hin in Frieden*. Das könnte auch ein passendes Schlusswort für unseren Rundgang durch das vatikanische Universum sein.

Da wir gerade von Latein sprechen: Wenn man den Vatikan durch die Porta Sant'Anna betritt, wird man gleich auf der rechten Seite von der Gendarmerie kontrolliert. Dort befindet sich auch ein Geldautomat der Vatikanbank. Er ist in einer Mauernische angebracht und sieht wie jeder andere Geldautomat auf der Welt aus. Aber wenn man näher herantritt (und in Begleitung einer Person mit der erforderlichen Karte ist), entdeckt man eine Besonderheit: Die Bedienungsanleitung ist hier nicht in italienischer, französischer, deutscher, englischer und spanischer Sprache zu lesen, sondern in Latein, der Sprache der Geistlichen. »Carus expectatusque venisti« lautet die Überschrift, also: Willkommen. Dann folgt die Anleitung, wie man vorgehen muss: »Inserto scidulam quaeso ut faciundam cognosces rationem« – Schieben Sie bitte Ihre Karte ein, damit Sie an die zugelassene Funktion gelangen. Latinisten werden ein wenig die Nase rümpfen, da diese Formulierung recht ungelenk anmuten mag, aber sie müssen zugeben, dass es nicht einfach ist, moderne Begriffe in eine antike Sprache zu übersetzen.

Was folgt nun, wenn man die *scidula* in den Automaten gesteckt hat? Vier Optionen: »Deductio ex pecunia« – Geldentnahme; »Rationum exaequatio« – Kontostand; »Negotium argentarium« – Kontobewegungen; und schließlich »Retrahe scidulam deposita« – Entnehmen Sie Ihre Karte. Das einzige Problem bei der ersten Option: Nach wenigen Sekunden spuckt der Automat ganz gewöhnliche Euros aus, und nicht etwa kostbare römische Gold- und Silbermünzen.

Man kann mit Sicherheit davon ausgehen, dass die Mitarbeiter in dem Amt des Vatikans, das für die Übersetzungen aus dem Italienischen ins Lateinische und umgekehrt zuständig waren, großes Vergnügen daran hatten, ein elektronisches Gerät in der Sprache Ciceros sprechen zu lassen. In jedem Fall und über die Kuriosität hinaus bleibt ein symbolischer Aspekt: Der Bankomat spricht lateinisch und ist damit unbewusst auch ein Spiegelbild dieser seltsamen Welt des Vatikans: in der Schwebe zwischen Erde und Himmel, zwischen Vergangenheit und Gegenwart. Kanonisten, Theologen und alle anderen Experten mögen mir verzeihen, aber man könnte es so formulieren: Letzten Endes ist der Vatikan ein Kompromiss. Aber vielleicht besteht gerade darin sein Reiz. Wenn man ihn durch die Eingangstore betritt, taucht man in eine ganz einzigartige Sphäre ein, in der das Menschliche und das Göttliche, das Profane und das Heilige, das Außergewöhnliche und das Alltägliche, das Glanzvolle und das Schlichte dicht beieinander liegen. Auf der anderen Seite: Ist nicht auch das Christentum eine Religion des Sowohl-als-auch: eines Gottes, der Mensch wurde, und eines Herrenwortes, das Fleisch und Blut wurde?

Wie lange wird dieser Kompromiss halten? Diese Frage könnte seltsam anmuten, aber sie ist nicht ganz unbegründet. Im Laufe der Jahrhunderte hat es gewaltige Veränderungen gegeben. Wenn wir der sogenannten Prophezeiung des Malachias Glauben schenken, müssten wir dem Weltende nahe sein. Gemäß den Deutungen der Sinnsprüche, die der irische Mönch jedem Papst beigab, wäre Benedikt XVI. der letzte

Papst gewesen. Danach wäre nicht nur das Ende des Vatikans, sondern das Ende der Welt gefolgt. Übereinstimmend mit dieser Vision hat auch in Dresden eine Nonne mit prophetischer Gabe, die im 17. Jahrhundert lebte, vorausgesagt, dass der letzte Papst ein Deutscher sein wird.

Seit der Wahl von Kardinal Jorge Mario Bergoglio zum neuen Papst Franziskus am 13. März 2013 wissen wir, dass die Ereignisse eine andere Wendung genommen haben. Ich möchte Ihnen mit diesem kleinen Buch über den kleinsten Staat, der doch eine ganz Welt repräsentiert, nur einen Rat geben: Besuchen Sie den Vatikan, unternehmen Sie eine Reise in Raum, Zeit und Geist.

LITERATUR

Aebischer, Tullio, *Un confine per il papa. Problematiche territoriali nella Questione romana e confine dello Stato della Città del Vaticano*, Bardi, Roma 2009.

Anonymus, *Anche in Vaticano … Aneddoti, curiosità, facetie sui papi del XX secolo*, Àncora, Mailand 1999.

Ansaldo, Marco, und Taskin, Yasemin, *Uccidete il papa. La verità sull'attentato a Giovanni Paolo II*, Rizzoli, Mailand 2011.

Bavoillot-Laussade, Colette, *Una tomba sulla collina vaticana*, Libreria Editrice Vaticana, Città del Vaticano 1997.

Benigni, Giovanni, *Gli angeli custodi del papa*, Utet, Turin 2004.

Ceccarelli, Giovanni, *La salute dei pontifici nelle mani di Dio e dei medici*, Àncora, Mailand 2001.

Clementi, Francesco, *Città del Vaticano*, il Mulino, Bologna 2009.

Comastri, Angelo, *San Pietro. In cammino verso la tomba dell'Apostolo*, San Paolo, Cinisello Balsamo 2009.

Del Re, Niccolò (Hg.), *Mondo Vaticano. Passato e presente*, Libreria Editrice Vaticana, Città del Vaticano 1995.

Di Giovacchino, Rita, *Storie di alti prelate e gangster romani. I misteri della chiesa di Sant'Apollinare e il caso Orlandi*, Fazi, Rom 2008.

Frattini, Eric, *L'Entità. La clamorosa scoperta del servizio segreto vaticano: intrighi, omicidi, complotti degli ultimi cinquecento anni*, Fazi, Rom 2008.

Fuhrmann, Horst, *Storia dei papi. Da Pietro a Giovanni Paolo II*, Editori Laterza, Rom/Bari 1992. Dt.: *Die Päpste. Von Petrus zu Benedikt XVI*, aktual. und erw. Ausg., C. H. Beck, München 2005.

Imposimato, Ferdinando, *Vaticano, un affare di Stato. Le infiltrazioni, l'attentato, Emanuela Orlandi*, Koinè, Rom 2002.

Lai, Benny, *Affari del papa. Storia di cardinali, nobiluomini e faccendieri nella Roma dell'Ottocento*, Editori Laterza, Rom/Bari 1999.

Lai, Benny, *Il »mio« Vaticano. Diario tra pontifici e cardinali*, Rubbettino, Soveria Mannelli 2006.

Lecomte, Bernard, *I Misteri del Vaticano*, San Paolo, Cinisello Balsamo 2010.

Levillain, Philippe, und Uginet, François-Charles, *Il Vaticano o le frontiere della grazia*, Rizzoli, Mailand 1985.

Lo Bello, Nino, *Vaticanerie. Aneddoti e curiosità di una storia millenaria*, Àncora, Mailand 2000.

Martella, Ilario, *13 maggio '81: tre spari contro il papa*, Ponte alle Grazie, Mailand 2011.

Martin, Jacques, *Vaticano sconosciuto*, Libreria Editrice Vaticana, Città del Vaticano 1990.

Melloni, Alberto, *Il conclave*, il Mulino, Bologna 2001.

Mondin, Battista, *Dizzionario enciclopedico dei papi. Storia e insegnamenti*, Città Nuova, Rom 1995.

Nicotri, Pino, *Emanuela Orlandi. La verità. Dai Lupi grigi alla banda della Magliana*, Baldini Castoldi Dalai, Mailand 2008.

Nuzzi, Gianluigi, *Vaticano S.p.A. Da un archivio segreto la verità sugli scandali finanziari e politici della Chiesa*, Chiarelettere, Mailand 2009.

Orlando, Pietro, und Peronaci, Fabrizio, *Mia sorella Emanuela*, Edizioni Anordest, Treviso 2011.

Piazzoni, Ambrogio M., *Storia delle elezioni pontificie*, Piemme, Casale Monferrato 2003.

Poupard, Paul, *Vaticano*, Edizioni San Clemente, Rom 2007.

Riccardi, Andrea, *Il potere del papa. Da Pio XII a Giovanni Paolo II*, Editori Laterza, Rom/Bari 1993.

Santolaria, José-Apeles, *Papi ... in libertà. Manie, stranezze e curiosità*, Piemme, Casale Monferrato 2004.

Saraiva Martin, José, *Come si fa un santo*, Piemme, Casale Monferrato 2005.

Scotti, Rita A., *I misteri di San Pietro. Scandali e intrighi dietro la basilica più famosa del mondo*, Sperling & Kupfer, Mailand 2007.

Trincia, Luciano, *Conclave e potere politico*, Edizioni Studium, Rom 2004.

Ufficio delle celebrazioni liturgiche del Sommo Pontefice (Hg.), *Sede Apostolico vacante. Storia, legislazione, riti, luoghi e cose*, Libreria Editrice Vaticana, Città del Vaticano 2005.

Zanardi Landi, Antonio, und Vian, Giovanni Maria (Hg.), *Singolarissimo giornale. I 150 anni del'»Osservatore Romano«*, Allemandi & C., Turin 2010.

Zizola, Giancarlo, *L'informazione in Vaticano. Da Pio IX a Giovanni Paolo II*, Pazzini, Villa Verucchio 2002.

Zizola, Giancarlo, *Santità e potere. Dal Concilio a Benedetto XVI: il Vaticano visto dall'interno*, Sperling & Kupfer, Mailand 2009.

AUSFÜHRLICHES INHALTSVERZEICHNIS

EINFÜHRUNG. KLEIN UND EIN BISSCHEN SELTSAM – 7
Eine Welt für sich – 7   Auf dem Hügel der Wahrsager – 9   Vom Heiligengrab zum Staat – 13

EIN HEILIGER STUHL – 19   *Cathedra und Papstthron – 19   Ein Mann allein auf der Kommandobrücke – 23   Hinter verschlossener Tür – Das Konklave – 25   Drei Schritte für einen Namen – 28   Es genügt die Taufe – 30*

DARF ICH EINTRETEN? – 33   *Drinnen und draußen – 33   Gittertore und Portale – 33   Tor Petriano – 35   St.-Anna-Tor – 37   Die Kolonnaden – 39   Ein Notausgang – 40   Devotionalien und alte Privilegien – 42*

DIE VATIKANSTADT – 45   *Zwischen Himmel und Erde – 45   Die Staatsgrenzen – 46   Die Symbole – 50   Das Papstwappen – 52   Jurisdiktion – 54   Regierung und Verwaltung – 56*

SPENDEN UND INVESTITIONEN – 58   *Woher kommt das Geld? – 58   Eine Spende für den Papst – 58   Ein einzigartiges Erbe – 62   Der heilige Tresor – 63   Verwalter und Wächter – 65*

AM HOF DES SOUVERÄNS – 67   *Kardinalspurpur – 67   Eine unterschätzte Versammlung – 70   Kämmerer und Wächter – 72   Der Ring des Menschenfischers – 73   Die Entourage des Chefs – 76   Geheimnisvolle Edelmänner – 77   Der Saal mit den vielen Schaltern – 79*

DIE NEUN SCHWESTERN – 82   *Die Kongregationen und ihre Geschichte – 82   Es war einmal das Heilige Officium – 84   Der*

»rote Papst« – 88   Die Heiligen und wie sie dazu gemacht werden – 89   Die Ostkirchen – 92   Gottesdienst und Sakramente – 93   Orden und Säkularinstitute – 95

NOCH MEHR ÄMTER DER RÖMISCHEN KURIE – 98   Päpstliche Räte, Ämter und Kommissionen – 98   Apostolische Signatur – 101   Das Gericht der Römischen Rota – 101   Die Pönitentiarie – Päpstlicher Gnadenhof – 103   Die Apostolischen Nuntien – 105   Beamte und Sachbearbeiter – 109   Arbeitsplätze im Vatikan – 113

KLEINER KOSMOS – 116   Im Dorf – 116   Die Apotheke – 116   Einkaufstour – 117   Die Postämter – 119   Bahnhof und Heliport – 120   Schulen und Kinder – 122   Autoverkehr – die moderne Belagerung – 124   Campo Santo – Der deutsche Friedhof – 129   Die Kirchen – 131   Der Konvent – 133   »Dono di Maria« – Station für die Armen – 134   Das Leben eines Obelisken – 135   Zwischen Inkunabeln und Mikrochips – 139   Musica sacra – 145   Grüner Vatikan – 146   Gardisten und Gendarmen – 150   Sanpietrini – Handwerk und Hingabe – 158   Der Sport – 162

IN DEN HÄUSERN DES PAPSTES – 165   Päpstliche Umzüge 165   Eine wirklich exklusive Wohnung – 167   Päpstliches Mobiliar – 168   Auf der Flucht – 170

LANDHAUS AM SEE – 173   Castel Gandolfo – 173   Das traurige Ende Pius' XII. – 174   Der Tod Pauls VI. – 176   Die Landpartien Johannes' XXIII. – 177   Der polnische Papst in Gesellschaft – 178   Der Papst und sein Schwimmbad – 179   Benedikt XVI. macht Schule – 179   Blick zu den Sternen über Rom – 180   Kühe und Hühner – 183

MASSENMEDIEN – 185   *Druckseiten, Antennen, Satellitenschüsseln – 185   Zeitung – 185   Rundfunk – 187   Fernsehen – 189   Pressesaal – 191   Verlagsbuchhandlung – 194   Internet – 195   Filmarchiv – 197*

DIE ANDERE HÄLFTE DES HIMMELS – 200   *Wenige, aber nahezu perfekt – 200   Pascalina – 201   Hermine – 202   Margherita – 205*

SCHATTENSEITEN – 209   *Paul – 209   Don Albino – 213   Mehmet Ali – 220   Emanuela – 224   Cédric – 229*

EIN TAG MIT BENEDIKT XVI. – DER TAGESABLAUF EINES PAPSTES – 234   *Joseph der Methodische – 234   Messe in kleinem Kreis – 236   Computer – Nein danke – 241*

ITE, MISSA EST – GEHET HIN IN FRIEDEN – 243

PERSONENVERZEICHNIS

Abbondi, Alfredo 45
Accattoli, Luigi 191f.
Ağca, Mehmet Ali 155, 220–224, 226f.
Alazraki, Valentina 192
Alberione, Giacomo 97
Alexander III., Papst 132
Alexander VII., Papst 20, 39
Allegra, Antonio 52
Ambrosoli, Giorgio 210
Andres, Dorothee 130
Andres, Stefan 130
Ansaldo, Marco 223
Antonelli, Giacomo 116
Antonius, hl. 138
Antonow, Sergej 222
Augustinus, hl. Bischof von Hippo 53

Balducci, Angelo 79
Banfi, Teodolinda 203, 237
Banti, Luisa 204
Bartali, Gino 162f.
Baudat, Muguette 231f.
Belli, Giuseppe Gioacchino 42
Beltrán Parra, María Gladys 134
Benedikt von Nursia, hl. 96
Benedikt XV., Papst 85, 172
Benedikt XVI., Papst 24, 27, 33, 52–54, 60, 66, 73, 91, 99f., 108, 111, 120, 122, 124, 127, 132–134, 139, 145f., 154–156, 162, 167f., 172, 179f., 190, 196, 199, 229, 234–242, 244
Benelli, Kardinal Giovanni 215, 217
Beretta Molla, hl. Gianna 91f.

Bergoglio, Kardinal Jorge Mario, siehe auch Franziskus 245
Bernini, Gian Lorenzo 12, 19–21, 34, 39f., 48, 153, 160
Bertagna, Bruno 114
Bertolassi, Eurosia 200
Bertone, Kardinal Tarcisio 200
Blet, Pierre 141
Bohnsack, Günter 227
Bonifatius VIII., Papst 25
Bonis, Donato de 215
Bramante, eigentl. Donato di Pascuccio d'Antonio 145
Bresca, Benedetto 137
Brown, Dan 191
Buchs, Roland 231, 233
Bugatti, Giovanni Battista 56
Buzzonetti, Renato 218f.

Cadorna, Raffaele 14
Caesar, Gaius Iulius 138
Caetani, Kardinal Benedetto, siehe auch Bonifatius VIII. 25
Caligula, eigentl. Gaius Iulius Caesar Germanicus 10, 136
Calò, Pippo 211f.
Calvi, Roberto 210–212, 215, 225
Cammeo, Federico 77
Carafa, Giovanni Pietro, siehe auch Paul IV. 43
Carboni, Flavio 212
Casaroli, Kardinalstaatssekretär Agostino 17, 171, 223f., 226
Castillo Lara, Kurienkardinal Rosalio José 114
Catalán Pueyo, María Paz 134
Cesano, Lorenzina 204

Cicchetti, Maria Sofia 134
Clemens, Josef 127
Clemens V., Papst 142
Clemens VII., Papst 41, 129, 150, 158
Clemens VIII., Papst 12, 158
Coelestin V., Papst 24f.
Cornwell, John 116
Craxi, Bettino 17
Curtius, Ludwig 130

Da Ros, Antonio 218
Dante, Alighieri 198
De Pedis, Renato 225, 227f.
Della Porta, Giacomo 12
Di Giacomo, Filippo 192
Diotallevi, Ernesto 212
Dura, Bernhard 219

Ehrle, Franz 144
Englisch, Andreas 191
Estermann, Alois 156, 229–233
Etchegaray, Kardinal Roger 154

Fanfani, Amintore 121
Ferrua, Antonio 206
Folci, Giovanni 123
Fontana, Domenico 136–138
Frale, Barbara 201
Franchi, Claudio 73f.
Franz von Assisi, hl. 182
Franz von Sales, hl. 133
Franziskus, Papst 245
Freyberg-Eisenberg, Ernst von 64
Fronmen, Eusebio Ludvig 116
Funes, José Gabriel 181f.

Gabriele, Paolo 237
Gaius (röm. Diakon) 11
Galeazzi Lisi, Riccardo 174f.

Galeazzi, Graf Pietro Enrico 127, 174
Galilei, Galileo 85f.
Gänswein, Georg (Kurienerzbischof) 168, 172
Garampi, Giuseppe 140
Gasparri, Kardinalstaatssekretär Pietro 15
Gelasius II., Papst 26
Ghislandi, Gian Battista 163
Gounod, Charles 51f.
Graham, Robert 141
Gregori, Mirella 227
Gregor I., der Große, Papst 12
Gregor X., Papst 26, 75, 88
Gregor XIII., Papst 160, 181
Gregor XVI., Papst 70
Guarducci, Margherita 11, 204–208
Gugel, Angelo 237
Guidi, Silvia 200f.
Gutenberg, Johannes 142

Habsburg, Sophie von 131
Hagman, Larry 147
Halbe, Benjamin 127
Hallmayr, Vittorino 51
Hitler, Adolf 203
Hohenlohe-Schillingsfürst, Kardinal Gustav zu 130

Ibarra, Javier 164
Innozenz III., Papst 140

Jakobus, hl. Apostel 176
Jaruzelski, Wojciech 222
Jesus von Nazareth 10, 13, 20, 59, 134, 176, 180, 235
Johanna von Chantal, hl., eigentl. Jeanne-Françoise Frémyot de Chantal 133

Johannes Paul I., Papst 167, 178,
  213–220, 236
Johannes Paul II., hl. Papst 27, 33,
  44, 52, 55, 60, 66, 74, 79, 85f., 91,
  95, 100, 121, 127f., 131, 133–135,
  146, 148, 155f., 158, 162, 167f.,
  170–172, 178f., 190, 192f., 195–197,
  208, 211, 220–223, 225–227, 230,
  235–238
Johannes von Gott, hl. 117
Johannes, hl. Apostel 176
Johannes VIII., Papst 20
Johannes XXIII., hl. Papst 30, 50,
  72, 107, 121, 161, 163, 166, 175,
  177f., 197
Julius II., Papst 12, 150, 158

Kaas, Ludwig 205f.
Kalixtus II., Papst 12
Karl der Große, Kaiser 40, 129
Karl der Kahle, Kaiser 20
Karl V., Kaiser 41
Kirschbaum, Engelbert 130
Koch, Joseph Anton 130
Konstantin der Große, röm.
  Kaiser 12, 40, 135
Korbinian, hl. Bischof von
  Freising 53
Koyne, George 181
Küng, Hans 86

Lajolo, Kardinal Giovanni 43
Lavagna, Raffaello 52
Lefebvre, Marcel (Erzbischof)
  100
Lehnert, Josephine
  »Pascalina« 201f.
Leo IV., Papst 9, 18, 40f., 124
Leo IX., Papst 92
Leo XIII., Papst 106, 113, 140, 166,
  181, 186, 198

Lombardi, Federico 192f.
Lorenzi, Diego 217f.
Lorscheider, Kardinal Aloisio 220
Lubich, Chiara 200
Luciani, Kardinal Albino, *siehe auch*
  Johannes Paul I. 213–218
Luther, Martin 150, 158

Macchi, Pasquale 215
Mäder, Elmar Theodor 152
Maderno, Carlo 160
Magno, Vito 192
Marčevski, Asen 223
Marcinkus, Paul C. 209f., 212,
  215–217
Marconi, Guglielmo 188
Martial, Marcus Valerius
  (röm. Dichter) 10
Martín López, María Belén 134
Martin von Tours, hl. 151
Martini, Angelo 142
Michael Kerullarios, Patriarch von
  Konstantinopel 92
Michelangelo 9, 12, 26, 153, 160
Minardi, Sabrina 227f.
Monzi, Raffaella 225
Moro, Aldo 176
Morrone, Pietro da, eigentl
  Angeleri, Pietro, *siehe auch*
  Coelestin V. 24
Moscati, hl. Giuseppe 92
Mozart, Wolfgang Amadeus 145
Mussolini, Benito 15f., 40

Navarro-Valls, Joaquín 113, 172,
  192f., 230
Neri, hl. Philipp 97
Nero, Claudius, Kaiser 10, 129,
  136
Nervi, Pier Luigi 49, 147
Nikolaus von Flüe, hl. 151f.

Nikolaus III., Papst 148
Nikolaus IV., Papst 25
Nogara, Bartolomeo 204
Norsa, Medea 204
Nuñez Gaitán, Angela 144, 201
Nünlist, Robert 157

Oddi, Kardinal Silvio 224
Orlandi, Emanuela 223–229, 247
Orlandi, Ercole 223f., 229
Orlandi, Familie 225f., 229
Orlandi, Pietro 229

Pacelli, Eugenio, *siehe auch*
 Pius XII. 106, 201
Pacelli, Francesco 54, 77
Padovan, Maria Francesca 134
Palazzini, Kardinal Pietro 216
Palestrina, Pierluigi da 72, 145
Panerai, Paolo 220
Paul VI., Papst 167
Paulus von Tarsus, hl. Apostel 13, 60, 96
Paul III., Papst 84
Paul IV., Papst 43, 82, 131
Paul V., Papst 139f.
Paul VI., Papst 12, 21, 48, 50, 55, 65, 71, 76, 78, 113, 122, 126, 141, 153, 163, 167, 174, 176–178, 192, 206f., 210, 213–216, 236
Pecci, Vicenzo, Nuntius, *siehe auch* Leo XIII. 106
Pecorelli, Carmine 214f., 217
Peronaci, Fabricio 229, 247
Perosi, Lorenzo 145
Pertini, Sandro 171
Petrillo, Saverio 177–179
Petrus, hl. Apostel, erster Papst 10–13, 20, 22, 31, 41, 49f., 59f., 74, 89, 135, 160, 176, 205–208, 214

Philipp IV., der Schöne, König von Frankreich 142
Pius V., Papst 82, 132
Pius IX., Papst 15, 21, 51, 56, 59, 70, 116, 165, 173
Pius X., Papst 28, 85, 121f., 146, 158, 166
Pius XI., Papst 77, 106, 121, 141, 162, 173f., 180, 183, 187, 202f., 237
Pius XII., Papst 11, 27, 51, 54, 77, 106, 122, 127, 162f., 166, 174–176, 185, 199, 202, 205
Plinius der Ältere 136
Poletti, Kardinalvikar Ugo 215, 217
Posati, Maria Sebastiana 200
Prieto del Corral, Ana María 134
Priore, Rosario 223f.

Raffael 150, 165
Ratti, Achille, Nuntius, *siehe auch* Pius XI. 106, 162
Ratzinger, Kardinal Joseph, *siehe auch* Benedikt XVI. 86, 127, 224, 236f.
Ricci, Stefano 73f.
Rocco, Alfredo 54
Romero, Gladys Meza 156, 230f.
Roncalli, Angelo Giuseppe, Nuntius, *siehe auch* Johannes XXIII. 106
Ruckert, Adolf 157

Sailer, Gudrun 204
Sancho Herreros, María Begoña 134
Sangallo, Giuliano da 160
Schiwkow, Todor 222
Schneider, Burkhart 142
Sebastian, hl. 151

Sergius II., Papst 40
Signoracci, Arnaldo, Ernesto u. Massimo 219
Silenen, Kaspar von 150
Sin, Jaime (Erzbischof) 216
Sindona, Michele 210
Siri, Kardinal Giuseppe 170
Sixtus IV., Papst 145
Sixtus V., Papst 84, 136–138, 158, 168
Sobótka, Tobiana 236
Sodano, Kardinal Angelo 224
Speier, Hermine 131, 202–205
Spellman, Kardinal Francis 51
Stampa, Ingrid 200, 237 f.
Stanislao, Don, eigentl. Dziwisz, Stanisław 235
Stendhal, eigentl. Beyle, Marie-Henri 39
Strong, Eugenia 204
Svidercoschi, Gianfranco 187

Tacitus, Publius Cornelius 10
Taffarel, Vincenza 213, 218 f.
Taskin, Yasemin 223
Teresa, hl. Mutter 91, 135
Thelner, Augustin 130
Tisserant, Kardinaldekan Eugène 202
Tornay, Cédric 156, 229–233

Tovini, Giuseppe 210
Trujillo Barraquero, Pilar María 134
Urban VIII., Papst 42, 88

Vagnozzi, Kardinal Egidio 216
Vanvitelli, Luigi 160
Veronika, hl. 20
Vian, Gian Maria 200
Villot, Kardinal Jean-Marie 215–217, 219

Wagner, Johann Martin von 130
Wansing, Birgit 200, 237
Windisch-Graetz, Prinz Alexis zu 130
Windisch-Graetz, Prinz Mariano Hugo zu 131
Wojtyła, Kardinal Karol, *siehe auch* Johannes Paul II. 170, 178, 216

Xuereb, Alfred 168

Zabaglia, Nicola 159
Zanardelli, Giuseppe 54
Zancani, Paola 204
Zizola, Giancarlo 187
Zuppi, Enrico 187
Zygmunt, Piotr 45

LEGENDE

1. Bronzetor
2. Scala di S. Pio IX
3. Scala Regia
4. Scala Nobile
5. Loggien
6. Damasushof
7. Turm Nikolaus V. (Vatikanbank)
8. Majordomushof
9. Hof Sixtus V.
10. Dreieckshof
11. Marschallhof
12. Papageienhof
13. Borgiahof
14. Sentinellahof
15. Sixtinische Kapelle
16. Borgiaturm
17. Borgia-Gemächer, Stanzen Raffaels (2. Stock)
18. Belvederehof
19. Apostolische Bibliothek (Saal Sixtus V.)
    19a. Geheimarchiv
20. Apostolische Bibliothek (Museo Sacro); Galerie der Landkarten (2. Stock)
21. Galleria Lapidaria
22. Bibliothekshof
23. Turm der Winde
24. Neuer Flügel des Museo Chiaramonti
25. Museo Chiaramonti
26. Pinienhof
27. Apostolische Bibliothek (Museo Profano); Galerie der Kandelaber und der Gobelins
28. Atrium der Vier Tore
29. Gregorianisch-Ägyptisches Museum; Gregorianisch-Etruskisches Museum (2. Stock)
30. Museo Pio-Clementino
31. Achteckiger Hof
32. Scala del Bramante
    32a. Magazin »Gewächshäuser«
33. Galeerenbrunnen
34. Neuer Eingang zu den Vatikanischen Museen
    34a. Ausgang der Vatikanischen Museen
35. Museo Gregoriano-Profano, Pio-Cristiano und Missionario-Etnologico
36. Pinakothek
37. Museum historischer Fahrzeuge
38. Eingangstor Sant'Anna
39. Pfarrkirche Sant'Anna
40. Hof der Schweizergarde
41. Via del Belvedere
42. Vatikanische Druckerei
43. Via del Pellegrino
44. Reparaturwerkstatt für Gobelins
45. Päpstlicher Wohltätigkeitsdienst
46. Gebäude des »Osservatore Romano«
47. Kaserne der Gendarmerie
48. Hauptpost
49. Lebensmittelgeschäfte
    49a. Via della Tipografia
    49b. Via della Posta
50. Belvedere-Palast
    50a. Vatikanische Apotheke
    50b. Thermoelektrische Zentrale
    50c. Hauptmagazin und Industriezentrum
51. Via S. Pio X
    51a. Parkplatz
52. Sakramentsbrunnen
    52a. Via dell'Aquilone
    52b. Rampa dell'Archeologia
    52c. Piazza del Forno
53. Allee an den Vatikanischen Gärten
54. Päpstliche Akademie der Wissenschaften
55. Casina (Villa) Pio IV
56. Viale del Giardino Quadrato
57. Adlerbrunnen
58. Viale del bosco
    58a. Viale S. Marco
    58b. Viale S. Benedetto
59. Hauptgebäude Radio Vatikan
    59a. Viale della Radio
60. Lourdes-Grotte
    60a. Viale degli Olivi
    60b. Viale Benedetto XV
61. Johannesturm
    61a. Viale Pio XI
    61b. Via Pio XI
62. Äthiopisches Kolleg
63. Viale del Collegio Ethiopico
64. Sendezentrum »Marconi« (Leo-Turm)
65. Bahnhof
66. Parkplatz des Bahnhofs
67. Viale dell'Osservatorio
68. Governatoratspalast
69. Via del Governatorato
70. Via delle Fondamenta
71. Kirche St. Stephanus der Abessinier
72. Largo S. Stefano degli Abissini
73. Tribunalspalast und Amtsräume der Gendarmerie
74. Palais des Erzpriesters
75. Palazzo San Carlo
    75a. Proseminar Pius X.
76. Piazza S. Marta
77. Hospiz S. Marta
    77a. Ingresso del Perugino (Eingangstor)
    77b. Domus Sanctae Marthae (Gästehaus)
78. Fabbrica (Bauhütte) Sankt Peter
79. Sakristei, Pfarrwohnung, Kunsthistorisches Museum (Schatzkammer)
80. Pfarramt
81. Amt für die Ausgrabungen
82. Ausgang der Vatikanischen Grotten
83. Ausgabe von Devotionalien
84. Piazza dei Protomartiri Romani
85. Collegio und Campo Santo Teutonico
86. Große Audienzhalle
87. Palast des Heiligen Offiziums
88. Glockenbogen
89. Kirche S. Salvatore in Ossibus
90. Eingang Petriano
91. Tankstelle
92. Gewächshäuser der Vatikanischen Gärten
93. Dono di Maria (Armenhaus)
94. Werkstatt zur Restaurierung von Skulpturen
95. Magazine für Getränke
96. Neuer Bibliothekskatalog
97. Tennisplatz
98. Heliport
99. Sockel der Antoninussäule
100. Parkplatz der Kirche S. Rosa